Barron's Regents Exams and Answers

Italian

DIEGO F. COSCARELLI, ED. D.
Former Chairman, Foreign Language Department
John Jay High School, Brooklyn
Former Principal, Fort Hamilton High School, Brooklyn

BARRON'S

Barron's Educational Series, Inc.

All inquiries should be addressed to:
Barron's Educational Series, Inc.
250 Wireless Boulevard
Hauppauge, New York 11788
http://www.barronseduc.com

ISBN-13: 978-0-8120-3149-2
ISBN-10: 0-8120-3149-0
ISSN: 1071-4855

PRINTED IN THE UNITED STATES OF AMERICA
9 8 7 6 5 4 3 2 1

Contents

**Definitions of Basic Grammatical Terms with Examples
in English and Italian**   **89**

Part Four   125

Italian Regents Exams and Answers   125

Introduction

This book is divided into four parts.

Part One contains fifteen short warm-up tests intended for classroom use or homework to prepare for the next Italian Regents examination. The tests cover essential points in grammar, vocabulary, and idiomatic expressions. The answers to these tests begin on page 33, right after Test 15.

Part Two contains Tests 16 to 20. They consist of five pictures to study and about which to write brief compositions. Instructions as to what to write in Italian are found at the beginning of Part Two. This new feature has been added in order to place emphasis on composition because students are expected to write in Italian on the Regents examinations. I have, therefore, included more practice in writing Italian, not only through picture studies in Part Two, but also in many of the short warm-up tests in Part One.

Part Three contains a thorough review of basic vocabulary and idioms, including verbal, idiomatic, common, and useful expressions. The content of this part meets the standards set by the Foreign Language Section of the Bureau of Secondary Curriculum Development of the New York State Education Department. At the beginning of Part Three there is a section on how to study and tips on how to take the Regents exam and score high. At the end of Part Three there is a section on definitions of basic grammatical terms with examples in English and Italian. If you study this section thoroughly and the examples in Italian and English, you will train yourself to analyze sentences on the next Italian Regents exam. Take a minute to flip the pages to that section now to become familiar with it.

Part Four contains past and current Italian Regents examinations and answers.

The purpose of this book—in particular, Parts One, Two, and Three—is to help the student review intensively either in the classroom or at home. I believe that the best way to review for final examinations in Italian is to take a battery of short tests about two or three weeks before examination time.

If I have inadvertently omitted any points in Italian grammar, vocabulary, and idiomatic expressions you think are important, and if you have any suggestions as to the improvement of Parts One, Two, and Three in this book, please write to me, care of the publisher, so that I may include them in the next edition.

Diego F. Coscarelli, ED. D.

Part One

Tests 1 to 15

Short warm-up tests to practice for the next Italian Regents Exam with answers after the last test in this part.

Test

1

A. Completate le seguenti frasi: Use: *fai*

  1. La mamma _____ gli stivali per
     Gina.   vende

  2. Io _____ la cartolina alla ragazza.   compra

  3. Domani devo _____ un esame
     d'italiano.   scrivo

  4. Il signore _____ una camera in un
     albergo.   mando

  5. Tu _____ una telefonata molto
     importante.   prenota

  6. Il commesso _____ i francobolli
     alla gente.   dare

B. Date il contrario di:

  1. nemico   _____
  2. sopra   _____
  3. vendere   _____
  4. mai   _____
  5. entrare   _____

C. Date il sinonimo di:
1. dottore   _____
2. contento   _____
3. celebre   _____
4. vecchio   _____
5. straniero   _____

D. Scrivete le seguenti parole al plurale.
1. la lezione   _____
2. la mano   _____
3. la luce   _____
4. il giovane   _____
5. il giardino   _____

E. Scrivete il participio passato di ciascun verbo.
1. aprire   _____
2. leggere   _____
3. vendere   _____
4. essere   _____
5. parlare   _____

F. Scrivete la forma corretta del verbo in parentesi.
1. Se Paolo (essere) _____ ricco, viaggerebbe sempre.
2. È possibile che Elena (venire) _____ a vedermi.
3. Quando ero giovane, (andare) _____ spesso alla spiaggia.
4. Egli (vendere) _____ la casa la settimana prossima.
5. Essi desiderano di (lavorare) _____ sempre.

Test

2

A. Completate le seguenti frasi usando il verbo "FARE":

1. Oggi egli _____ tutto bene.
2. Domani essi _____ una gita.
3. Mentre io _____ il compito egli dormiva.
4. Ieri esse _____ molto chiasso.
5. Temo che voi _____ lo stesso sbaglio.

B. Riscontrare la colonna A con la colonna B. (*Match column A with column B*)

A	**B**
_____ Di mattina presto mangio	1. la cena
_____ A mezzogiorno mangio	2. la merenda
_____ Dopo la scuola mangio	3. la colazione
_____ Negli Stati Uniti tutta la famiglia mangia insieme	4. il pranzo

C. Date il contrario di:

1. sempre _____
2. alto _____
3. mattina _____
4. ricordare _____
5. notte _____

D. Scrivete il participio passato di ciascun verbo.

1. scrivere _____

2. insegnare _____

3. fare _____

4. venire _____

5. rispondere _____

E. Scrivete l' articolo determinativo o indeterminativo, secondo il caso.

1. Parla Lei _____ inglese?

2. Mi piace _____ latte.

3. Paolo è _____ avvocato.

4. _____ signor Rossi è assente oggi.

5. Andiamo alla spiaggia tutti _____ giorni.

F. Date il sinonimo di:

1. posto _____

2. severo _____

3. selva _____

4. sala _____

5. rumore _____

Test

3

A. Cambiate al passato remoto.
1. egli dice   _____
2. io sono   _____
3. noi parliamo   _____
4. essi domandano   _____
5. Lei ha   _____

B. Cambiate al plurale i seguenti nomi.
1. il pianista   _____
2. la mano   _____
3. il banco   _____
4. la classe   _____
5. l' amico   _____

C. Date il contrario di:
1. maggiore   _____
2. ovest   _____
3. partire   _____
4. sedersi   _____
5. pieno   _____

D. Scrivete l'infinitivo dei seguenti verbi, secondo l'esempio.

Egli fa ___fare___

1. io do   _____
2. egli chiamò   _____
3. Lei fece   _____
4. essi risposero   _____
5. noi ballammo   _____

E. Riscontrare la colonna B con la colonna A. (*Match column B with column A*)

A	B
_____ Dove fai la spesa?	1. con un tovagliolo
_____ Che cosa ti piace come antipasto ?	2. al mercato
_____ Con che pulisci la bocca ?	3. i dolci
_____ Che cosa compri alla pasticceria ?	4. i gamberi

F. Date il sinonimo di:
1. calmo   _____
2. faccia   _____
3. domandare   _____
4. regalo   _____
5. bottega   _____

Test

4

A. Riscontrare la colonna A con la colonna B. (*Match column A with column B.*)

A	B
_____ lanciare	1. il vento
_____ gridare	2. la partita
_____ vincere	3. la squadra
_____ giocare	4. i tifosi
_____ tirare	5. la palla

B. Traducete in inglese.
1. l'aceto   _____
2. biancheria   _____
3. spogliarsi   _____
4. agnello   _____
5. pellìcola   _____

C. Traducete in italiano.
1. to take place   _____
2. to be sleepy   _____
3. to wake up   _____
4. to my taste   _____
5. to be in a hurry   _____

D. Completate le seguenti frasi con la forma corretta del verbo in parentesi.

1. Io gli (dare) _____ il libro oggi.
2. Se avessi quel libro (studiare) _____ .
3. Non so se egli (avere) _____ ragione.
4. Esse _____ (leggere) quando egli è entrato.
5. Ieri lei _____ (alzarsi) di buon'ora.

E. Completate le seguenti frasi, scegliendo l'espressione corretta.

Com'è bello!   se fossi
chiunque   chi

1. _____ sia, fallo entrare!
2. Ho visto il Vaticano _____ !
3. _____ re, io ti farei regina.
4. _____ è venuto oggi?

F. Cambiate alla forma negativa.

1. alzatevi _____
2. diteglielo _____
3. insegnatela _____
4. parliamo _____
5. si accomodi _____

Test

5

A. Traducete in italiano.

1. Next Saturday I plan to go shopping._____

   _____

2. I have a lot to do._____

   _____

3. For example, I would like to buy something for my
   best friend._____

   _____

4. We shall leave the house at nine o'clock._____

   _____

5. He shall be back around four in the afternoon. _____

   _____

B. Riscontrare la colonna A con la colonna B. (*Match column
A with column B.*)

A	**B**
_____ il calcio	1. la palestra
_____ la pésca	2. la pista di ghiaccio
_____ la lotta	3. il mare
_____ lo sci acquatico	4. il campo
_____ il pattinaggio	5. il fiume

C. Traducete in inglese.

1. in maniche di camicia _____

2. di buona voglia _____

3. chiedere scusa _____

4. sano e salvo _____

5. da capo a piedi _____

D. Cambiate al futuro

1. davano   _____

2. dissi   _____

3. parlò   _____

4. vendiamo   _____

5. facevano   _____

E. Completate le seguenti frasi con la forma corretta di "ESSERE" o "AVERE."

1. Carlo e Maria _____ nella classe.

2. Il nonno _____ un cappello.

3. Gli studenti _____ dei libri d' italiano.

4. Anche tu e Carlo _____ buoni amici.

5. Questa ragazza non _____ inglese.

Test

6

A. Traducete in italiano.

1. tonight _____

_____

2. without saying goodbye _____

_____

3. Monday night _____

_____

4. to be a lawyer _____

_____

5. to be fond of _____

_____

B. Traducete in inglese.

1. a quattr'occhi _____

_____

2. a braccia aperte _____

_____

3. valere la pena _____

_____

4. conoscere di vista _____

_____

5. fare finta di _____

_____

C. Riscontrare la colonna B con la colonna A. (*Match column B with column A*)

A	**B**
_____ wine	1. briscola
_____ ice cream	2. bibita fresca
_____ card game	3. morra
_____ cold drink	4. spumone
_____ game	5. chianti

D. Traducete in italiano.

1. I have to go to bed early. _____

2. Tomorrow I'm to take a trip with some friends._____

3. I have to pack a suitcase. _____

4. I have to get up at daybreak. _____

5. I have to ask for the bill. _____

E. Riscontrare la colonna B con la colonna A. (*Match column B with column A*)

A	**B**
_____ idioma	1. sposalizio
_____ favorito	2. parere
_____ impedimento	3. ostàcolo
_____ opinione	4. prediletto

Test

7

A. Riscontrare la colonna B con la colonna A. (*Match column B with column A*)

A	B
_____ uva	1. monkey
_____ noce	2. chestnut
_____ pappagallo	3. grape
_____ castagna	4. parrot
_____ scimmia	5. walnut

B. Traducete in italiano.

1. to get hurt _____

_____

2. to go and look for _____

_____

3. little by little _____

_____

4. at breakneck speed _____

_____

5. to make fun of _____

_____

C. Riscontrare la colonna A con la colonna B. (*Match column A with column B.*)

A	B
_____ mezzo di trasporto	1. il gelato
_____ il dolce	2. il treno
_____ lo sport	3. l'estate
_____ la stagione	4. il maglione
_____ l'abbigliamento	5. il calcio

D. Traducete in inglese.

1. rubare   _____
2. il sangue   _____
3. tesoro   _____
4. cieco   _____
5. mescolare   _____
6. farfalla   _____
7. la morte   _____
8. la speranza   _____
9. la nebbia   _____
10. stuzzicare   _____

E. Date il sinonimo di:

1. il piroscafo   _____
2. il sacerdote   _____
3. calmo   _____
4. niente   _____
5. l'universo   _____

Test

8

A. Date il contrario di:

1. lontano _____

2. la povertà _____

3. modesto _____

4. amaro _____

5. falso _____

B. Riscontrare la colonna A con la colonna B. (*Match column A with column B.*)

A	B
_____ Disegno i fiori	1. studiare la scienza
_____ Chi ha inventato la radio?	2. l'educazione fisica
_____ Faccio la corsa	3. studiare la musica
_____ Suono lo strumento	4. essere promosso
_____ Superare gli esami	5. fare un viaggio
_____ Bocciare un esame	6. essere felice
_____ Ricevere buoni voti	7. studiare l'arte
_____ Preparo una torta	8. prendere appunti
_____ Scrivo in un quaderno	9. l'economia domestica
_____ Vado in Italia	10. essere rimandato in una materia

C. Completate le seguenti frasi, scegliendo l'espressione corretta.

il migliore	dove
quei	di chi
quanto	

1. Giovanni è _____ della classe.
2. _____ laghi sono belli.
3. _____ costa il vestito?
4. _____ si trova il museo?
5. _____ è questa camicia?

D. Riscontrare la colonna B con la colonna A. (*Match column B with column A*)

A	**B**
_____ il pésce	1. the glass
_____ pesante	2. the watch
_____ il fatto	3. heavy
_____ l'orològio	4. fish
_____ il vetro	5. fact

E. Traducete in italiano.
1. to think of _____
2. to dream of _____
3. after writing it to her _____
   _____
4. before showing it to me _____
   _____
5. once a day _____

Test

9

A. Riscontrare la colonna A con la colonna B. (*Match column A with column B.*)

A	B
_____ Ascolto la musica con	1. gli occhi
_____ Vedo con	2. la bocca
_____ Sulla testa ci sono	3. la mano
_____ Per scrivere uso	4. le orecchia
_____ Per correre uso	5. i capelli
_____ Mangio con	6. la testa
_____ Nella bocca c'è	7. le gambe
_____ Per pensare uso	8. i piedi
_____ C'è sul viso	9. la lingua
_____ Si mette le scarpe sui	10. il naso

B. Cambiate al passato prossimo:

1. vengo   _____
2. faccio   _____
3. do   _____
4. usciamo   _____
5. si alzano   _____

C. Completate le seguenti frasi usando la forma corretta del verbo in parentesi.

1. Antonio (venire) _____ a vedermi la settimana che viene.

2. Carlo ha voluto farlo, però non (potere) _____ .

3. Il ragazzo che (vedere) _____ ieri è mio cugino.

4. Questa casa (essere) _____ costruita dai miei nonni.

5. Che ora (essere) _____ quando è venuto Alberto?

D. Completate le seguenti frasi con la forma corretta del verbo sapere.

1. Egli non _____ fare nulla.

2. Dopodomani io _____ tutto.

3. Non so se essa _____ la risposta.

4. Noi non _____ le parole.

5. L'anno scorso essi non _____ ballare.

A. Riscontrare la colonna B con la colonna A. (*Match column B with column A*)

A	**B**
_____ l'alba	1. fur
_____ guadagnare	2. market
_____ infermiera	3. dawn
_____ l'ala	4. to earn
_____ odorare	5. baggage
_____ divertirsi	6. wing
_____ deluso	7. nurse
_____ bagaglio	8. disappointed
_____ mercato	9. to smell
_____ pelliccia	10. to enjoy oneself

B. Traducete in inglese.
1. dirimpetto (a) _____
2. una volta al giorno _____
3. va bene _____
4. in fretta _____
5. Che peccato! _____

C. Riscontrare la colonna A con la colonna B. (*Match column A with column B*)

A	B
_____ la doccia	1. pettinarsi
_____ il viso	2. lavarsi
_____ la ferita	3. vestirsi
_____ i capelli	4. dimagrire
_____ l'abbigliamento	5. sentirsi male
_____ la dieta	6. cadere
_____ la tosse	7. truccarsi
_____ il cibo	8. essere in forma
_____ la salute	9. curare una malattia
_____ la ricetta medica	10. ingrassare

D. Traducete in italiano.
1. on Thursdays _____
2. two years ago _____
3. last summer _____
4. before returning home _____
5. tomorrow night _____

Test

11

A. Scegliete la parola in parentesi che completa la frase.
1. Il Ponte di Rialto si trova a (Venezia, Roma).
2. La città conosciuta col nome "Dotta" è (Pisa, Bologna).
3. Il 6 di gennaio i ragazzi ricevono regali da (La Befana, San Nicola).
4. Un gran direttore d'orchestra fu (Caruso, Toscanini).
5. "I Promessi Sposi" è un romanzo scritto da (Marconi, Manzoni).

B. Traducete in italiano.
1. I have to study this poem. _____
_____
2. But I don't have the time to study it now. _____
_____
3. I shall study it in a little while. _____
_____

C. Traducete in inglese.
1. avere paura di _____
2. far colazione _____
3. chiudere a chiave _____
4. a due a due _____
5. a destra _____

D. Il maestro (la maestra) farà tre domande. Rispondete con frasi complete in italiano.

1. _____

2. _____

3. _____

E. Cambiate al Passato Remoto.

1. vedo   _____

2. posso   _____

3. diciamo   _____

4. parli   _____

5. hanno   _____

Test

12

A. Traducete in inglese.

1. il secolo _____
2. la bellezza _____
3. consigliare _____
4. la burla _____
5. bussare _____
6. il cuoco _____
7. distratto _____
8. il fango _____
9. fumare _____
10. il francobollo _____

B. Riscontrare la colonna A con la colonna B. (*Match column A with column B.*)

A	**B**
_____ disengna le case	1. il dottore
_____ vende le scarpe	2. l'impiegato di banca
_____ cucina in un ristorante	3. l'architetto
_____ cambia i soldi	4. il calzolaio
_____ aiuta le persone malate	5. il cuoco

C. Scrivete il sinomo di
  1. dottore   _____
  2. contento   _____
  3. celebre   _____
  4. vecchio   _____
  5. pietra   _____

D. Completate le seguenti frasi scegliendo la forma corretta.
  1. Sono andato a comprare le medicine in _____
     (1) farmaca   (2) farmacia   (3) farmacie   (4) farmace
  2. Ecco _____ libri.
     (1) il mio   (2) la mia   (3) le mie   (4) i miei
  3. _____ poeta perferito?
     (1) quali   (2) quale   (3) di che   (4) qualche
  4. Gli dispiace che voi _____ così presto.
     (1) partirete   (2) partiate   (3) partire   (4) partono
  5. Sebbene essa _____ ricca, io non la sposerò.
     (1) sarà   (2) è   (3) sia   (4) era

E. Traducete in italiano.
  1. Mr. Rossi teaches us to write Italian. _____
     _____
  2. I plan to continue studying Italian next year. _____
     _____
  3. I have been studying Italian for four years. _____
     _____

Test

13

A. Traducete in italiano.
1. instead of _____

_____

2. to take a trip _____

_____

3. to laugh at _____

_____

4. to pay a visit _____

_____

5. to marry someone _____

_____

B. Date il contrario di:
1. giusto _____
2. accendere _____
3. campagna _____
4. principio _____
5. fiducia _____

C. Riscontrare la colonna A con la colonna B. (*Match column A with column B.*)

A	B
_____ conosce bene la legge	1. il contadino
_____ scrive a macchina	2. un commerciante
_____ taglia i capelli	3. l'avvocato
_____ lavora la terra	4. il barbiere
_____ lavora in una ditta	5. la segretaria

D. Traducete in italiano.

1. When it rains I read a book in my room. _____

   _____

2. When it snows I go to the park. _____

   _____

3. When the weather is good I take a walk. _____

   _____

E. Scrivete le seguenti parole al plurale.

1. la lezione _____
2. la mano _____
3. il giovane _____
4. il braccio _____
5. la luce _____

Test

14

A. Completate le seguenti frasi scegliendo la forma corretta.

1. I ragazzi sono stanchi di   1. ____

   (1) giocando   (2) giocare   (3) gioco   (4) giocano

2. Qui è proibito di   2. ____

   (1) fumare   (2) fumando   (3) fumano   (4) fumo

3. I ragazzi partiranno senza   3. ____

   (1) dicendo nulla   (2) dice nulla

   (3) dire nulla   (4) dissero nulla

4. Dorotea parte   4. ____

   (1) solamente   (2) solo   (3) sola   (4) solidamente

5. Il mio amico ha proprio adesso finito di   5. ____

   (1) leggendo   (2) legge   (3) leggere   (4) letto

B. Riscontrare la colonna A con la colonna B. (*Match column A with column B.*)

A	B
_____ intervista la gente	1. il poliziotto
_____ suona lo strumento	2. il pompiere
_____ protegge le persone	3. il giornalista
_____ dipinge i quadri	4. il musicista
_____ spegne gli incendi	5. il pittore

C. Riscontrare la colonna A con la colonna B. (*Match column A with column B.*)

A	B
_____ ambedue	1. indossare
_____ incontrare	2. trovare
_____ mettersi	3. tutti è due
_____ minuto	4. soldato
_____ milite	5. momento

D. Traducete in inglese.

1. sordo _____
2. fuoco _____
3. amico _____
4. fischio _____
5. gelo _____

E. Scrivete il contrario di:

1. vicino _____
2. debole _____
3. chiaro _____
4. corto _____
5. dolce _____

Test

15

A. Cambiate al presente dell'indicativo.

1. dissi _____
2. parlaste _____
3. erano _____
4. avessi _____
5. vendemmo _____

B. Riscontrare la colonna A con la colonna B. (*Match column A with column B.*)

A	B
_____ lavora in un ristorante	1. il bagnino
_____ aiuta con le valige	2. l'autista
_____ lavora a casa	3. il cameriere
_____ lavora sulla spiaggia	4. il facchino
_____ guida la macchina	5. il domestico

C. Traducete in inglese.

1. il padrone _____
2. spegnere _____
3. la cameriera _____
4. l'infermiera _____
5. la fiamma _____

D. Traducete in inglese.

1. fare a meno di   _____

2. imparare a memoria   _____

3. al mese   _____

4. fuori moda   _____

5. al giorno d'oggi   _____

E. Traducete in italiano.

1. two years ago   _____

2. at three o'clock sharp   _____

3. sand   _____

4. novel   _____

5. to steal   _____

ANSWERS TO SHORT WARM-UP TESTS 1 TO 15

Test 1

A. 1. compra
2. mondo
3. dare
4. prenota
5. fai
6. vende

B. 1. amico
2. sotto
3. comprare
4. sempre
5. uscire

C. 1. medico
2. allegro
3. noto
4. anziano
5. forestiere

D. 1. le lezioni
2. le mani
3. le luci
4. i giovani
5. i giardini

E. 1. aperto
2. letto
3. venduto
4. stato
5. parlato

F. 1. fosse
2. venga
3. andavo
4. venderà
5. lavorare

Test 2

A. 1. fa
2. farà
3. facevo
4. fecero
5. facevate

B. 3. la colazione
4. il pranzo
2. la merenda
1. la cena

C. 1. mai
2. piccolo
3. notte
4. dimenticare
5. giorno

D. 1. scritto
2. insegnato
3. fatto
4. venuto
5. risposto

E. 1. l'
2. il
3. un
4. Il
5. i

F. 1. luogo
2. rigoroso
3. foresta
4. aula
5. chiasso

Test 3

A. 1. egli disse
2. io fui
3. noi parlammo
4. essi domandarono
5. Lei ebbe

B. 1. i pianisti
2. le mani
3. i banchi
4. le classi
5. gl'amici

C. 1. minore
2. este
3. venire
4. alzarsi
5. vuoto

D. 1. io dare
2. egli chiamare
3. Lei fare
4. essi respondere
5. noi ballare

E. 2. al mercato
4. i gamberi
1. con un tovagliolo
3. i dolci

F. 1. quieto
2. viso
3. chiedere
4. dono
5. negozio

Test 4

A. 5. la palla
4. i tifosi
2. la partita
3. la squadra
1. il bento

B. 1. the vinegar
2. linen
3. to undress
4. lamb
5. film

C. 1. aver luogo
2. aver sonno
3. svegliarsi
4. di mio gusto
5. aver fretta

D. 1. do
2. studierei
3. abbia
4. leggevano
5. si alzà or si è alzata

E. 1. chuinque
2. com'è bello
3. se fossi
4. chi

F. 1. non alzatevi
2. non diteglielo
3. non insegnatela
4. non parliamo
5. non se accomodi

Test 5

A. 1. Sabato prossimo andrà a
fare delle spese.
2. Ho molto da fare.
3. Per esempio, vorrei comprare qualche cosa per il
mio migliore ameca.
4. Partiremo da casa alle
nove.
5. Ritorneremo verso le
quattro del pomeriggio.

B. 1. la palestra
3. il mare
5. il fiume
4. il campo
2. la pista di ghiaccio

C. 1. in shirt sleeves
2. willingly
3. to excuse oneself
4. safe and sound
5. from head to foot

D. 1. daranno
2. dirò
3. parlerò
4. venderemo
5. faranno

E. 1. sono
2. ha
3. hanno
4. siete
5. è

Test 6

A. 1. stasera
2. senza dire arrivederci
3. lunedì sera
4. fare l'avvocato
5. volere bene a

B. 1. eye to eye
2. with open arms
3. to be worthwhile
4. know on sight
5. to make believe

C. 5. chianti
4. spumone
1. briscola
2. bibita fresca
3. morra

D. 1. Devo andare a letto di
buon'ora.
2. Domani devo fare un
viaggio con degli amici.
3. Devo fare la valigia.
4. Me devo alzare all'alba.
Or, Devo alzarmi all'alba.
5. Devo chiedere il conto.

E. 4. prediletto
1. sposalizio
3. ostacolo
2. parere

Test 7

A. 3. grape
    5. walnut
    4. parrot
    2. chestnut
    1. monkey

B. 1. farsi male
    2. andare a cercare
    3. poco a poco
    4. a rotto di collo
    5. burlarsi di or (prendere in giro)

C. 2. il treno
    1. il gelato
    5. il calcio
    3. l'estate
    4. il maglione

D. 1. to steal
    2. the blood
    3. treasure
    4. blind
    5. to mix
    6. butterfly
    7. death
    8. hope
    9. fog
   10. to tease

E. 1. il vapore or la nave
    2. il prete
    3. quieto
    4. nulla
    5. il mondo

Test 8

A. 1. vicino
    2. la ricchezza
    3. vanitoso or inmodesto
    4. dolce
    5. vero

B. 7. studiare l'arte
    1. studiare la scienza
    2. l'educazione fisica
    3. studiare la musica
    4. essere promosso
   10. essere rimandato in una materia
    6. essere felice
    9. l'economia domestica
    8. prendere appunti
    5. fare un viaggio

C. 1. il migliore
    2. quei
    3. quonto
    4. dove
    5. di chi

D. 4. the fish
    3. heavy
    5. the fact
    2. the watch
    1. the glass

E. 1. pensare a
    2. sognare di
    3. dopo averglielo scritto
    4. prima di mostrarmelo
    5. una volta al giorno

Test 9

A. 4. le orecchia
   1. gli occhi
   5. i capelli
   3. la mano
   7. le gambe
   2. la bocca
   9. la lingua
   6. la testa
  10. il naso
   8. i piedi

B. 1. sono venuto
   2. ho fatto
   3. ho dato
   4. siamo usciti
   5. si sono alzati

C. 1. verrà
   2. ha potuto
   3. ho visto
   4. è stata
   5. erano

D. 1. sa
   2. saprò
   3. sappia
   4. sappiamo
   5. sapevano

Test 10

A. 3. dawn
   4. to earn
   7. nurse
   6. wing
   9. to smell
  10. to enjoy oneself
   8. disappointed
   5. baggage
   2. market
   1. fur

B. 1. opposite
   2. once a day
   3. that's fine
   4. in a hurry
   5. what a pity!

C. 2. lavarsi
   7. Truccarsi
   6. cadere
   1. pettinarsi
   3. vestirsi
   4. dimagrire
   5. sentirsi male
  10. ingrassare
   8. essere in forma
   9. curare una malattia

D. 1. il giovedì
   2. due anni fa
   3. l'estate passata (or l'estate scorsa)
   4. prima di ritornare a casa
   5. domani sera

Test 11

A. 1. Venezia
    2. Bologna
    3. La Befana
    4. Toscanini
    5. Manzoni

B. 1. Devo studiare questa
      poesia.
    2. Pero non ho tempo di
      studiarla adesso.
    3. La studierò fra poco.

C. 1. to be afraid of
    2. to have breakfast
    3. to lock (to close with a key)
    4. two by two
    5. to the right

D. 1. vidi
    2. potei
    3. dicemmo
    4. parlasti
    5. ebbero

Test 12

A. 1. century
    2. beauty
    3. to advise
    4. the joke
    5. to knock
    6. the cook
    7. absentminded
    8. mud
    9. to smoke
   10. the stamp

B. 3. l'architetto
    4. ii calzolaio
    5. il cuoco
    2. l'impiegato di banca
    1. il dottore

C. 1. medico
    2. allegro
    3. famoso
    4. anziano
    5. sasso

D. 2. farmacia
    4. i miei
    2. quale
    2. partiate
    3. sia

E. 1. Il signor Rossi ci insegna
      a scrivere in italiano.
    2. Continuerà a studiare
      l'italiano il prossimo anno.
    3. Studio l'italiano da
      quattro anni.

Test 13

A. 1. invece di
2. fare un viaggio
3. fare una risata
4. fare una visita
5. sposarsi

B. 1. sbagliato
2. spegnere
3. città
4. fine
5. sfiducia

C. 3, 5, 4, 1, 2

D. 1. Quando piove leggo un libro nella mia camera.
2. Quando nevica vado al parco.
3. Quando fa bel tempo faccio una posseggiata.

E. 1. le legioni
2. le mani
3. i giovani
4. le braccia
5. le luci

Test 14

A. 1. giocare (2)
2. fumare (1)
3. dire nulla (3)
4. sola (3)
5. leggere (3)

B. 3, 4, 1, 5, 2

C. 3, 2, 1, 5, 4

D. 1. deaf
2. fire
3. friend
4. whistle
5. frozen

E. 1. lontano
2. forte
3. scuro
4. lungo
5. amaro

Test 15

A. 1. dico
2. parlati
3. sono
4. ho
5. vendiamo

B. 3, 4, 5, 1, 2

C. 1. the owner
2. to put out
3. the waitress
4. the nurse
5. the flame

D. 1. to do without
2. to memorize
3. a month
4. out of style
5. nowadays

E. 1. due anni fa
2. alle tre inpanta
3. sabbia
4. romanzo
5. rubare

Part Two

Tests 16 to 20

PICTURE STUDY

There are five pictures to study and about which to write a short story.

INSTRUCTIONS: Study each picture and write a story based on that picture. Past and future events can be included in the story.

In order to qualify for credit, the story must consist of at least ten clauses, and each clause must have a verb and a stated or implied subject and other words relevant to the topic of the story. A sentence may have more than one clause.

Examples:

One clause: Di solito la domenica esco con gli amici.

Two clauses: Di solito la domenica esco con gli amici, ma oggi devo studiare per un esame.

For instructions as to what to write in Italian, see the beginning of Part Two.

Test
17

For instructions as to what to write in Italian, see the beginning of Part Two.

For instructions as to what to write in Italian, see the beginning of Part Two.

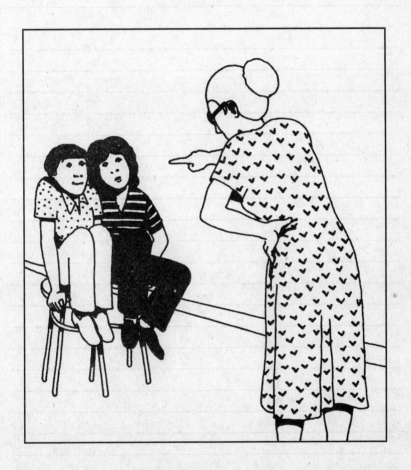

For instructions as to what to write in Italian, see the beginning of Part Two.

Test
20

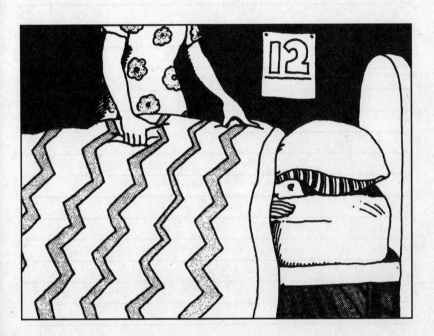

For instructions as to what to write in Italian, see the beginning of Part Two.

Part Three

Tips on How to Study and How to Take the Regents Exam

Review of Vocabulary by Topics

Definitions of Basic Grammatical Terms with Examples in English and Italian

Tips on How to Study and How to Take the Regents Exam

STEP 1

Let's examine carefully the most recent Regents exam and answers in the back pages of this book. Let's analyze how a perfect score of 100 percent is distributed.

PART ONE—Skill in Speaking Italian (24 credits). Your teacher has evaluated your skill, fluency, and progress in speaking Italian in class. Now it's the end of the school year and you're about to take the Regents examination. You ought to ask your teacher how many credits you earned of the twenty-four. If it's below half, that's not good news! This means that you have a lot of review and studying to do so you can do better than usual in the remaining parts of the Regents examination. The most important thing you need to know is vocabulary. What do all those Italian words in the exam mean?! Tips on how to increase your vocabulary are given on page 58.

MORE TIPS

Be confident, be prepared.

SUGGESTIONS
- Review previous classroom tests and learn from your mistakes. Did you save your old tests or did you toss them out?
- At home, do the Regents exams in this book, using a clock or watch. Do one a day until you have done them all. Pretend it's Italian Regents day. After you have finished, compare your answers with the answers in this book.
- After you have done all the Regents exams in this book, do them all again—one a day—and compare your answers with those in this book. Did you do better the second time? If not, do them again.
- Visit www.barronseduc.com or www.barronsregents.com for the latest information on the Regents exams.

PART TWO—Listening Comprehension (30 credits). Twenty-four credits in Part One and thirty credits in this part add up to fifty-four! Already that's a little over half of 100 percent! How you do in this part depends on how well you understand spoken Italian. If you feel you did not have enough practice in listening comprehension during the school year for whatever reasons, ask your teacher to spend about ten minutes near the end of each class period to read aloud one or two of the listening comprehension passages and questions that are found in the Answers section at the end of the latest exam in this book. Why not practice listening to *all* the selections in this part of the Regents exam? Part Four of this book contains many past Regents exams.

Also, ask a classmate to meet with you so you can listen to the selections and questions. You can take turns. Your friend can read aloud to you so you can listen and you can read aloud to your friend. Reading aloud and listening will tune your ear to understanding spoken Italian, and this practice will help you do better in this part of the Regents exam. There are usually fifteen passages with one question based on each. Two credits for each correct answer adds up to thirty credits. That's quite a chunk! There are four multiple-choice answers for each question. To select the correct answer, you must listen carefully to the passage that is read to you, paying careful attention to key words that you can associate with the question and the correct answer. To help yourself do your best in the listening comprehension test, do not attempt to translate silently into English what you hear in Italian. If you do, you will fall behind the speaker and you will not hear everything spoken. Just listen to the Italian attentively and try to get an idea of what's happening.

Also, repeat silently to yourself the Italian words that the examiner reads to you and try to see a picture of the situation. If you don't catch all the words, don't stop to figure out what that last word meant; just keep listening and repeat all the Italian that you hear. Some of it (maybe all of it) will stick with you so you can recognize the correct answer when you read it in the multiple-choice answers.

MORE TIPS

Read exam instructions and questions carefully.
Budget your exam time.

SUGGESTIONS

- Be familiar with the expectations of the examination ahead of time.
- Read carefully the instructions on the exam and if you don't understand them clearly, ask the examiner to explain them.
- Where there is a choice of questions, read them all carefully. When you make a decision, practice writing the answer in Italian on the blank practice sheet of paper.
- Remember that there is a lot of Italian printed in the examination booklet. Therefore, look for Italian words that you can use in your compositions in another part of the exam.
- Underline important words and phrases. They may help you to decide on the right answer; maybe you can use them somewhere else in the exam.
- Answer the easy questions first. Then go back and think about the difficult questions.

STEP 2

Now, let's examine the reading comprehension part of the most current exam in the back pages of this book.

PART THREE—Reading Comprehension (30 credits). This part is divided into three sections (a), (b), and (c). There is no choice. You have to do all three. Each section is worth ten credits. Traditionally, (a) contains a very long selection to read, almost a full page, sometimes longer. It is followed by five multiple-choice questions.

Read the passage from start to finish just to get an idea of what it's all about. Don't look at the five questions or the answer choices yet! While reading the passage, don't waste any time translating it silently into English because you are not being asked to translate it. All you have to do is read it in Italian because you are being tested in reading comprehension, not in the art of translating from Italian into beautiful, perfect English. Besides, there are only five questions based on the lengthy passage and they test your reading comprehension on only certain parts of the selection.

Read all five questions and their answer choices. Read them again. At this point, read the selection a second time, maybe even a third time if there is enough time. Now you are ready to read the questions again to select the correct answers. In doing so, certain key words in the reading selection and in the questions with answer choices will stand out. Usually, the correct answers to the questions are in sequence according to what you read in the passage. In other words, the answer to the first of the five questions is usually in the beginning part of the reading selection, the answer to the second question is in an area after that part, and so on. Sometimes they are not in any sequence.

You must be aware of the fact that synonyms (words of similar meaning) and antonyms (words of opposite meaning) are frequently used. Don't expect the correct answer among the choices to contain the same words and be phrased exactly in the same way as in the reading selection. That would make it too easy to spot the correct answer. At times, you have to interpret what is in the selection to associate it with the thought in the correct answer. For example, in a selection it may state that Mr. and Mrs. X cannot go somewhere because they have a lot of work to do. The question might ask why they are not going to go to that place. The correct answer will surely not say that they can't go because they have a lot of work to do. The correct answer might be worded something like this: They don't have the time. You can figure that out because you know that in the selection it says they have a lot of work to do; therefore, they don't have the time.

If your knowledge of Italian vocabulary is not so great, you must study (and even memorize) frequently used antonyms and synonyms with their English meanings because they are used abundantly in the Regents exams. There are lists of essential Regents vocabulary, idioms, phrases, and expressions in the pages that follow these tips. Pay special attention to those that contain verbs.

Do you know how to study vocabulary? Take a 3×5 card and cover the Italian words. Look at the English and give the Italian equivalent. If you don't know it, move the card to see the Italian, then read it aloud. Repeat this procedure until you know the words from Italian to English and from English to Italian.

Another good way to study vocabulary so you can remember it is to write the Italian words while saying them aloud. Follow this procedure not only with the lists of antonyms and synonyms but with *all* the vocabulary, including verbal, idiomatic, common, and useful phrases and expressions with verbs that are given in this part of the book. They have all been used frequently in past Regents exams. I compiled them for you. Don't just look at them. Study them methodically as I have just suggested. The best way to remember a new word or expression is to use it in a sentence. That way you get to think about it.

MORE TIPS
Read for comprehension. Look for key words.

SUGGESTIONS

- Turn to the June 1996 exam in this book and do the reading comprehension selection (a) in PART THREE. (It's the one about a comparison of two generations.)
- Read the long selection in Italian from beginning to end. Underline key words.
- Read it again. Don't translate it into English—you will understand the Italian better as you read it a second time. Underline more key words that you missed during the first reading.
- Now read all the questions (numbers 16–20) and the multiple-choice answers 1, 2, 3, 4. As you read, underline key words in the questions and in the answer choices.
- When you underlined the key words, did you select "qualche episodio . . . della mia adolescenza?" and did you select "giovane" as a key word in answer 2 in question number 16? That's the right answer. The paragraph does not say anything about what is stated in choices 1, 3, and 4.

STEP 3

Now, let's examine sections (b) and (c) of the Reading Comprehension test in PART THREE of the latest Regents exam in the back pages of this book.

There are five short selections to read in section (b). Each is followed by one question or incomplete statement. Read each selection at least two times to get an idea of what it's all about. Some people may not read very fast. In that case, read the selection the first time to get an idea of what it's about, then read the questions to figure out the point that each question is getting at. Then read the selection again, looking for these points. Always think about the answer you choose. Does it make sense?

In section (c), there is one very long selection to read. In different parts of the selection there are blank spaces that represent missing words or expressions with four answers from which to choose the correct one. Here, too, before selecting an answer, you ought to read the selection at least two times to understand the general meaning. Then, after you have become well acquainted with the selection, read it again and pause during the blank space to read the selection of answers. At that point, you will be ready to select the correct answer. Then, you should go back to the beginning of the selection. Read it again, but this time insert the Italian word or expression you selected as the correct answer and see if it makes any sense.

If your knowledge of Italian vocabulary, synonyms, antonyms, verb forms, idiomatic expressions, and phrases is not as extensive as it ought to be, you must follow the tips on studying given above in **Step 2.** If you really want to do your best to build your vocabulary, you must also do the fifteen short warm-up tests in Part One of this book because the verbs, words, expressions, and phrases they contain have been used in past Regents examinations. You ought to compare your answers in those warm-up tests with the correct answers given in the Answers section at the end of Part One in this book.

MORE TIPS

Look for clues when reading.

SUGGESTIONS

- Now let's continue in the June 1996 exam. Look at PART THREE, question number 21 in part (b). Follow the same analysis used in **MORE TIPS** at the end of **Step 2.**
- The key words in the paragraph are "Questo significa che sei equilibrata e matura." Associate these clues with the right answer, number 2 ("level headed and mature"), which connects nicely with the key words in the text ("...la tua scrittura è armoniosa e regolare"). Choices 1, 3, 4 are wrong because nothing in the paragraph is about laziness, sentimentality, or openness.

STEP 4

Now, let's examine carefully the composition part of the most current Regents exam in the back pages of this book.

PART FOUR—Compositions (16 credits). This part is divided into two sections, (a) and (b). Each section contains a choice of one out of two topics. That means you must write two compositions, one for (a) and one for (b).

In (a), you are required to write a composition containing at least six clauses on the chosen topic, which is worth six credits. The form of the composition is usually a note to someone about something.

In (b), you are required to write at least ten clauses in your composition on the chosen topic, which is worth ten credits. The form of the composition is usually a narrative, based either on a story about a picture that is given or a letter to someone about something. A clause must contain a verb, a stated or implied subject, and additional words necessary to convey meaning. The six clauses for the topic you choose in (a) and the ten clauses for the topic you choose in (b) may be contained in fewer than six or ten sentences if some of the sentences you write include more than one clause.

Exampes:

One clause in one sentence:	**Ho accettato** la cioccolata.
Two clauses in one sentence:	**Ho accettato** la cioccolata ma **ho refiutato** il caffè.
Three clauses in one sentence:	**Ho accettato** la cioccolata ma **ho refuitato** il caffè perchè **non mi piace.**

As you can see, the most important word in each clause is the required use of a verb either in a tense (for example, in the *presente*, *passato prossimo*, or any of the other tenses) or in the infinitive form, for example: Essa **preferisce venire** con noi invece di restare con loro. (She prefers to come with us instead of remaining with them.) At the beginning of the Regents exam, the teacher usually hands out to the students a blank sheet of paper to use as a work sheet. Here is what you should do. On that sheet of paper list the words that come to mind as you study the topic you have chosen, making sure that you jot down at least six verbs you plan to use for the topic worth six credits and at least ten verbs you plan to use for the ten-credit topic. Make sure you understand clearly in your mind what the two topics are that you have chosen so that the verbs you plan to use are appropriate. On your work sheet, write short sentences containing those verbs related to the topic you have chosen. Remember that each sentence may contain one or more clauses. If you write a sentence that contains more than one clause, make sure that you use a verb in each clause, as in the examples given above. More than one clause in the same sentence is usually separated by conjunctions, such as **ma, e, però, quando, perchè, o, ed, che.**

The prepositions **a** and **per** plus a verb in the infinitive form can be used frequently, for example, **per andare, a fare.** As long as you are using a verb in a tense or in the infinitive form, you are complying with the minimum requirements of what you are expected to do. If you want to use the future tense of the verb you have in mind but you don't remember the correct verb form, you can usually get around it by using the verb **essere** in the present tense plus the infinitive to express future action; for example, **Io sarò a casa alle sei** (I will be home at six o'clock). **Io cerco d'essere a casa alle sei** (I am going to be home at six), or, if you don't remember or don't know how to say **Noi nuoteremo nella piscina** (We will swim in the pool), you can write **Noi andiamo a nuotare nella piscina** (We are going to swim in the pool).

Commonly used Italian verbs that students frequently need to write on any topic in a Regents exam are **avere, essere, fare, andare, venire, entrare, partire, uscire, volere, potere, divertirsi, chiamarsi.** You definitely must know these verbs in the three persons of the singular and three persons of the plural in the present tense and the *passato prossimo*. There are many others, of course, but you must be aware of these at least.

To help you do your best in the two compositions you have to write, you must also do the fifteen short warm-up tests in Part One in the beginning pages of this book. They contain a lot of practice in writing sentences and short paragraphs. After you do those short tests, check the Answers section that begins right after Test 15.

Consult the table of contents in the preliminary pages of this book to find the page number of PART TWO. It contains five pictures for you to examine and about which to write a composition containing at least ten clauses. Do them, following the procedure outlined in this step about how to use the work sheet for the composition you selected to do in (a) and the one in (b). Then, ask your teacher to correct what you have written.

You can use more practice in writing compositions based on pictures. There is a picture in every Regents exam given in the past. The exams begin in PART FOUR of this book. Sample compositions are given in the Answers section at the end of each exam.

After you work methodically on the work sheet for the topic you selected in (a) that must contain at least six clauses, use the same side to write your composition. Then, read it at least two times and pretend you are correcting somebody else's work. You are bound to find a few mistakes! Then, write your final composition in the booklet that will be collected. But, wait! Don't make any mistakes when you transfer your composition from the work sheet to the booklet that the examiner will collect. You must check your work.

Then, turn the work sheet to the other side and follow the same suggested procedure for your second composition in (b) where you must write at least ten clauses.

Here's another tip: You probably will not be able to recall the Italian for some words you would like to use in your two compositions. Just remember that the entire examination booklet contains a lot of Italian in it, for example, in the multiple-choice questions where there is a choice to make among four answers containing words, phrases, expressions, or sentences. Consult the reading selections in PART THREE—Reading Comprehension. If you don't remember the present tense, or the *passato prossimo*, or some other tense of a verb, or a particular word you want to use in your compositions, take a careful look at all the Italian printed in your exam booklet. It is natural for someone to recognize the meaning of a printed Italian word but difficult to recall it and to write it. The word you can't recall to use in your two compositions may very well be somewhere in there waiting for you to recognize it and use it. Or, another appropriate word may be there. Seek and you shall find!

STEP 5

When you take the latest exam in the back pages of this book for practice, follow the suggested procedures given above. Set your watch or clock and time yourself to complete it within the three hours allowed. But don't stop after you do only the latest exam! There are eleven complete exams with answers beginning in PART FOUR of this book. Do one a day or every other day until you have completed them all. And don't forget to do the fifteen short warm-up tests in the front half of this book. The answers begin right after Test 15. All the material I put together for you in one place by topics in PART THREE of this book is basic Regents material. Study them until you know them cold, following the suggestions and tips given above.

Cominciate subito!/Start immediately!
Non perdete tempo!/Don't waste your time!
Buona fortuna!/Good luck!

Review of Vocabulary by Topics

La scuola (School)

l'alunno *n., m.,* pupil

l'alunna *n., f.,* pupil

alzare la mano *v.,* to raise one's hand

l'amico *n., m.,* friend

gli amici *n., m., pl.,* friends

le amiche *n., f., pl.,* friends

aprire *v.,* to open

ascoltare *v.,* to listen

l'àula *n., f.,* classroom

il banco *n.,* student's desk

la biblioteca *n.,* library

bocciare un esame *v.,* to fail an exam

il cancellino *n.,* blackboard eraser

capire *v.,* to understand

la cattedra *n.,* teacher's desk

il cestino *n.,* wastebasket

chièdere *v.,* to ask for

chiùdere *v.,* to close

chiuso *adj.,* closed

il cìrcolo *n.,* school club

la classe *n.,* class

il compito *n.,* homework

la conversazióne *n.,* conversation

il corridóio *n.,* hall

dare un esame *v.,* to take an exam

dimenticare *v.,* to forget

la domanda *n.,* question

l'errore *n.,* mistake

l'esempio *n., m.,* example

l'esercizio *n., m.,* exercise

èssere promosso *v.,* to pass

fare i compiti *v.,* to do homework

fare le domande *v.,* to ask questions

la finestra *n.,* window

il foglio di carta *n.,* a sheet of paper

il gesso *n.,* chalk

la gomma *n.,* pencil eraser

imparare *v.,* to learn

insegnare *v.,* to teach

la lavagna *n.,* blackboard

lavorare *v.,* to work

lèggere *v.,* to read

la lezione *n.,* lesson

il libro *n.,* book

il mappamondo *n.,* globe

la matita *n.,* pencil

l'oggetto *n., m.,* object

gli oggetti *n., m., pl.,* objects

l'orològio *n., m.,* clock

la parete *n.,* wall

parlare *v.,* to speak

la parola *n.,* word

la penna *n.,* pen

la porta *n.,* door

praticare *v.,* to practice

prèndere gli appunti *v.,* to take notes

prestare *v.,* to lend

il professore *n.,* professor

il ragazzo *n.,* boy

ricordare *v.,* to remember

rispòndere *v.,* to answer

scrivere *v.*, to write
la sedia *n.*, chair / seat
lo studente *n.*, *m.*, student
gli studenti *n.*, *m.*, *pl.*, students
studiare *v.*, to study
il quaderno *n.*, notebook
il vocabolario *n.*, vocabulary
lo zaino *n.*, *m.*, backpack

gli zaini *n.*, *m.*, *pl.*, backpacks
il voto *n.*, grade
Risponda in italiano!
Answer in Italian!
Vada alla lavagna! Go to the
blackboard!
Tutti insieme! All together!

La scuola e le materie (School and subjects)

l'àlgebra *n.*, *f.*, algebra
l'arte *n.*, art
la biologìa *n.*, biology
la chìmica *n.*, chemistry
il cìrcolo *n.*, club
la contabilità *n.*, accounting
la dattilografìa *n.*, typing
l'economia *n.*, *f.*, economics
l'educazione fisica *n.*, *f.*, PE
l'economia domèstica *n.*, *f.*,
home economics
la fìsica *n.*, physics
il francese *n.*, French
la geografìa *n.*, geography
la geometrìa *n.*, geometry
l'igiene *n.*, *f.*, health / hygiene
l'informàtica *n.*, *f.*, computers
l'inglese *n.*, *m.*, English
l'italiano *n.*, *m.*, Italian
il lavoro *n.*, work
la màcchina *n.*, car
la matemàtica *n.*, mathematics
la mensa *n.*, cafeteria
la mùsica *n.*, music
ogni *adj.*, each / every
l'orario *n.*, schedule
il piano *n.*, floor
la ragionerìa *n.*, accounting
la scienza *n.*, science

lo spagnolo *n.*, Spanish
la storia *n.*, history / social
studies
il tedesco *n.*, German
il voto *n.*, grade / mark

Pratica di conversazione (conversation practice)

1. Qual è la tua materia
preferita?

   _____

2. Chi è il tuo professore?

   _____

3. Perché ti piace questa
materia?

   _____

4. Come sono le lezioni?

   _____

5. Quanti alunni ci sono nella
classe?

   _____

6. Quanti compiti devi fare ogni giorno?

_____

7. Conosci tutti gli alunni?

_____

8. A quali attività partecipi dopo la scuola?

_____

9. Prendi buoni voti?

_____

10. Cosa vuoi fare dopo il diploma?

_____

11. Che lavoro vuoi fare?

_____

12. Vuoi andare all'università dopo il diploma?

_____

13. Come vai a scuola? in macchina?

_____

14. _____ a piedi?

15. Com'è la tua scuola?

_____

16. Dov'è la tua scuola?

_____

17. Quale liceo frequenti?

_____

18. Ti piace la scuola?

_____

19. A quali circoli partecipi?

_____

20. La scuola è vicino a casa tua? è lontano da casa?

_____

21. A quale piano è la biblioteca?

_____

22. A quale piano è la mensa ?

Le professioni ed i mestieri (Professions and trades)

l'attore _n., m.,_ actor
l'attrice _n., f.,_ actress
l'architétto _n., m.,_ architect
l'astronauta _n., m.,_ astronaut
l'avvocato _n., m.,_ lawyer
l'avvocatessa _n., f.,_ lawyer
il bibliotecario _n.,_ librarian
il calzolàio _n.,_ shoemaker
il cameriere _n.,_ waiter
la casalinga _n.,_ housewife

il cliente _n.,_ client / customer
il commesso _n.,_ salesman
il contàbile _n.,_ accountant
il contadino _n.,_ farmer
il cuoco _n.,_ cook
il dentista _n.,_ dentist
il dottóre _n.,_ doctor
l'elettricista _n., m.,_ electrician
il farmacista _n.,_ pharmacist
il fotògrafo _n.,_ photographer

il giornalista *n.*, reporter
l'idràulico *n.*, *m.*, plumber
l'impiegato *n.*, *m.*, employee
l'infermiere *n.*, *m.*, nurse
il macellàio *n.*, butcher
la maestra *n.*, teacher
il maestro *n.*, teacher
il meccànico *n.*, mechanic
il mèdico *n.*, doctor
il modello *n.*, model
il musicista *n.*, musician
il panettiere *n.*, bread baker
il pasticcere *n.*, pastry baker
il pediatra *n.*, pediatrician
il polìtico *n.*, politician
il poliziotto *n.*, policeman
il pompière *n.*, fireman
il postino *n.*, mailman
il professóre *n.*, professor
il programmatóre *n.*,
   programmer
lo psicòlogo *n.*, psychologist
lo psichiatra *n.*, psychiatrist
lo scrittóre *n.*, writer
la segretària *n.*, secretary
lo spazzino *n.*, street cleaner
il tassista *n.*, taxi driver
il veterinàrio *n.*, veterinarian

**Pratica di conversazione
(conversation practice)**

1. Cosa vuoi fare? (What do you want to do?)

   _____

2. Che lavoro fa tuo padre?

   _____

3. Chi insegna nella scuola?

   _____

4. Chi aiuta gli ammalati?

   _____

5. Chi raccoglie l'immondizia?

   _____

6. Chi spegne gli incendi?

   _____

7. Chi distribuisce la posta ogni giorno?

   _____

8. Chi difende i clienti?

   _____

9. Chi scrive i libri?

   _____

10. Chi vende la carne?

    _____

11. Chi vende le scarpe?

    _____

12. Chi cambia i soldi per gli stranieri?

    _____

13. Chi esamina i pazienti?

    _____

14. Chi protegge la gente?

    _____

15. Chi lavora in un ristorante?

    _____

16. Chi lavora la terra?

    _____

17. Chi intervista il presidente?

    _____

Giorni della settimana, i mesi e le stagioni dell' anno
(The days of the week, months, and seasons of the year)

I giorni della settimana

lunedì, Monday
martedì, Tuesday
mercoledì, Wednesday
giovedì, Thursday
venerdì, Friday
sàbato, Saturday
domenica, Sunday
la settimana, week
il giórno, day
**Che giórno della settimana
  è oggi?** What day of the
  week is today?
Oggi è . . . , Today is . . .
Domani è . . . , Tomorrow
  is . . .

I mesi dell'anno

gennàio, January
febbràio, February
marzo, March
aprile, April
maggio, May
giugno, June
lùglio, July
agósto, August
settèmbre, September
ottóbre, October
novèmbre, November

dicembre, December
Qual è la data di oggi?
  What is today's date?
Oggi è il . . . , Today is the . . .
È il . . . , It's the . . .
Quand'è il tuo compleanno?
  When is your birthday?
Il mio compleanno è il . . . ,
  My birthday is the . . .

Le stagioni dell'anno

la primavera, spring
l'estate, summer
l'autunno, fall
l'inverno, winter
la stagióne, season
l'anno, year
**Quali sono le stagioni
  dell'anno?** What are the
  seasons of the year?
**Le stagioni dell'anno
  sono . . . ,** The seasons of
  the year are . . .
**Qual è la tua stagione
  preferita?** What is your
  favorite season?
**La mia stagióne preferita
  è . . . ,** My favorite season
  is . . .

Il clima ed il tempo (The climate and the weather)

Che tempo fa? How is the
  weather?
Fa bel tempo. It's beautiful.
Fa freddo. It's cold.
Fa caldo. It's hot.

Fa mal tempo. The weather is bad.
Fa cattivo tempo. It's bad
  weather.
Non fa né freddo né caldo.
  It's neither cold nor hot.

Fa fresco. It's cool.
C'è sole. It is sunny.
Tira vento. It is windy.
Sta piovendo. It is raining.
Sta nevicando. It is snowing.
È nuvoloso. It is cloudy.
grandinare, to hail
lampeggiare, to flash light-
   ning
tuonare, to thunder
**In quale stagióne fa molto
   fréddo?** In what season is
   it very cold?
Fa molto fréddo in . . . , It
   is very cold in . . .

**Pratica di conversazione
(conversation practice)**

1. Che tempo fa in primavera?
   Fa _____

2. Che tempo fa in autunno?
   Fa _____

3. Che tempo fa d'inverno?
   Fa _____

4. Che tempo fa d'estate?
   Fa _____

5. Qual è la temperatura?
   (What is the temperature?)
   La temperatura è
   _____ gradi.

6. Che tempo fa oggi? (How
   is the weather today?)
   Oggi _____

7. Che tempo ha fatto ieri?
   (How was the weather
   yesterday?)
   Ieri _____

8. Che tempo fa qui in giugno? (How is the weather
   here in June?)
   In giugno _____

9. In che stagione fa freddo
   in Argentina?
   _____

10. In che stagione fa caldo in
    Alaska?
    _____

11. In quali mesi fa qui molto
    freddo?
    _____

12. Quando nevica qui, che
    cosa fai?
    _____

13. Che cosa fai quando fa bel
    tempo?
    _____

14. Dove vai e che cosa fai
    quando fa brutto tempo?
    _____

L'ora (Time of day)
L'orologio (Clock / watch)

Che ora è? What time is it?

È l'una. It's one o'clock.

È mezzogiorno. It is noon.

È mezzanotte. It is midnight.

Che ore sono? What time is it?

Sono le dieci e un quarto.
It's quarter past ten.

Sono le dieci e quindici. It's
ten fifteen.

Sono le sette e mezzo. It's
half past seven.

Sono le sette e trenta. It's
seven thirty.

**Sono le due meno un quar-
to.** It's quarter to two.

È l'una e quarantacinque.
It's one forty-five.

Sono le cinque e venti. It's
five twenty.

Sono le undici e quaranta.
It's eleven forty.

È mezzanotte meno venti.
It's twenty before midnight.

Come si dice . . . How do
you say . . .

Scusi, sa che ore sono?
Excuse me, do you know
the time?

A che ora parti? At what
time do you leave?

Parto alle . . . I leave at . . .

Quanto dura il film? How
long is the film?

Time expressions

la mattina, the morning

il pomeriggio, the afternoon

la sera, the evening

la notte, the night

in anticipo, ahead of time

in punto, sharp

in oràrio, on time

in ritardo, late

presto, early

tardi, late

È tardi. It's late.

È presto. It's early.

èssere in ritardo, to be late

èssere in anticipo, to be
ahead of time

alle sette di mattina, at
seven in the morning

alle sette di sera, at seven in
the evening

Non èssere in ritardo! Don't
be late!

Carlo, fa' presto! Carlo, hurry
up!

I numeri ed i numeri ordinali (Numbers and ordinal numbers)

From 0 to 20

0	zèro
1	uno
2	due
3	tre
4	quattro
5	cinque
6	sei
7	sette
8	otto
9	nove
10	dieci
11	ùndici
12	dòdici
13	trèdici
14	quattòrdici
15	quìndici
16	sèdici
17	diciassètte
18	diciòtto
19	diciannòve
20	venti

From 21 to 1,000,000,000

21	ventuno
22	ventidue
23	ventitrè
24	ventiquattro
25	venticinque
26	ventisei
27	ventisette
28	ventotto
29	ventinove
30	trenta
31	trentuno

32	trentadue
40	quaranta
50	cinquanta
60	sessanta
70	settanta
80	ottanta
90	novanta
100	cento
101	centouno
200	duecento

Take notice: 1,000 **mille** but
   2,000 **duemila**
1,000,000 **un milione**
2,000,000 **due milioni**
1,000,000,000 **un miliardo**

I numeri ordinali (ordinal numbers)

primo, first
secondo, second
terzo, third
quarto, fourth
quinto, fifth
sesto, sixth
sèttimo, seventh
ottavo, eight
nono, ninth
dècimo, tenth
undicèsimo, 11th
ventisettèsimo, 27th
cinquantaseièsimo, 56th
trentatreèsimo, 33rd
prima volta, first time
ùltima volta, last time
pròssima volta, next time

Expressions with numbers

In che anno sei nato/a? In
what year were you born?

**Sono nato/a nel millenove-
cento . . .**
I was born in 19 . . .

Quand'è il tuo compleanno?
When is your Birthday?

Il mio compleanno è . . .
My birthday is . . .

**Qual'è il tuo nùmero di
telefono?** What is your
phone number?

Il mio nùmero è . . .
My number is . . .

Che nùmero è? What number is it?

moltiplicazioni, multiplications

Quanto fa 5 per 5? How
much is 5 times 5?

Fa 25. It is 25.

divisioni, divisions

Quanto fa 40 diviso 5? How
much is 40 divided by 5?

Fa 8. It is 8.

Quanto costa . . . ? How
much does . . . cost?

Quanti abitanti ha Roma?
How many people live in
Rome?

La famiglia (The family)

amare *v.,* to love
l'amore *n.,* love
annunciare *v.,* to announce
il bambino *n.,* baby
il cèlibe *n.,* single male /
bachelor
la cognata *n.,* sister-in-law
il cognato *n.,* brother-in-law
conóscere *v.,* to know
la cugina *n., f.,* cousin
il cugino *n., m.,* cousin
divorziato/a *adj.,* divorced
la donna *n.,* lady
il fidanzamento *n.,* engage-
ment
il fidanzato *n.,* boyfriend
il figlio *n.,* son
i figli *n., pl.,* children
il fratello *n.,* brother
il fratellino *n.,* little brother
la generazióne *n.,* generation
il gènero *n.,* son-in-law
i genitori *n., pl.,* parents

i giòvani *n., pl.,* the young
il marito *n.,* husband
il matrimonio *n.,* marriage
la moglie *n.,* wife
il nipote *n.,* nephew / grandson
la nipote *n.,* niece /
grandaughter
la nonna *n.,* grandmother
il nonno *n.,* grandfather
i nonni *n., pl.,* grandparents
nùbile *n.,* single female
la nuora *n.,* daughter-in-law
i parenti *n., pl.,* relatives
la persona *n.,* person
la ragazza *n.,* girl
la ragazzina *n.,* little girl
la riunione *n.,* reunion
sposare *v.,* to marry
la suocera *n.,* mother-in-law
il suocero *n.,* father-in-law
l'uomo *n., m.,* man
la zia *n.,* aunt
lo zio *n., m.,* uncle

1. Com'è la tua famiglia?

   _____

2. Quante persone ci sono
   nella tua famiglia?

   _____

3. Quanti figli ci sono?

   _____

4. Hai una sorella?

   _____

5. Come si chiama?

   _____

6. Dove abitano i nonni?

   _____

7. Hai un fratello?

   _____

8. Quanti anni ha?

   _____

9. Come si chiama?

   _____

10. Hai un migliore amico/a?

    _____

11. Chi sei tu?

    _____

12. Come sei tu?

    _____

13. Ti piace la tua famiglia?

    _____

14. Da dov'è la tua famiglia?

    _____

15. Hai molti parenti?

    _____

16. Tu vuoi sposarti?

    _____

La salute e le parti del corpo umano (Health and body parts)

The body

la bocca *n.,* mouth
il braccio *n.,* arm
le braccia *n., pl.,* arms
i capelli *n., pl.,* hair
il ciglio *n.,* eyelash
il collo *n.,* neck
il corpo *n.,* body
il cuòre *n.,* heart
il dente *n.,* tooth
il dito *n.,* finger
le dita *n., pl.,* fingers
il dito del piède *n.,* toe
la faccia *n.,* face
il fegato *n.,* liver
la fronte *n., f.,* forehead
la gamba *n.,* leg
il ginocchio *n.,* knee
le ginocchia *n., pl.,* knees
la gola *n.,* throat
il gómito *n.,* elbow
il labbro *n.,* lip
le labbra *n., pl.,* lips
la lingua *n.,* tongue

la mano *n.*, hand
le mani *n.*, *pl.*, hands
il naso *n.*, nose
l'occhio *n.*, *m.*, eye
gli occhi *n.*, *m.*, *pl.*, eyes
l'orécchio *n.*, *m.*, ear
le orécchia *n.*, *pl.*, ears
l'òsso *n.*, bone
le ossa *n.*, *pl.*, bones
il piède *n.*, foot
i polmoni *n.*, *pl.*, lungs
la schièna *n.*, back
le sopraciglia *n.*, *pl.*, eyebrows
la spalla *n.*, shoulder
lo stòmaco *n.*, stomach
la testa *n.*, head
il viso *n.*, face

Health

ammalarsi *v.*, to get sick
l'antibiòtico *n.*, *m.*, antibiotic
l'artrite *n.*, *f.*, arthritis
l'aspirina *n.*, *f.*, aspirin
il calmante *n.*, sedative
la cura *n.*, treatment / care
curare *v.*, to treat
la depressióne *n.*, depression
la diagnosi *n.*, diagnosis
il disturbo *n.*, trouble
il dolore *n.*, pain / ache
la ferita *n.*, wound
guarire *v.*, to be cured / to
   overcome
l'infermiere *n.*, *m.*, nurse /
   hospital attendant
l'influenza *n.*, *f.*, flu
l'iniezióne *n.*, *f.*, injection
il malato *n.*, the sick person
la malattìa *n.*, illness

la medicina *n.*, medicine
mèdico *adj.*, medical
operare *v.*, to operate
ordinare *v.*, to prescribe
la pastiglia *n.*, tablet
il (la) paziente *n.*, patient
il peso *n.*, weight
la pìllola *n.*, pill
la pressióne *n.*, blood pressure
lo psicòlogo *n.*, *m.*, psychologist
raccommandare *v.*, to
   recommend
il raffreddóre *n.*, the cold
la ricetta *n.*, prescription
la salute *n.*, health
scoprire *v.*, to discover
il sìntomo *n.*, symptom
il termòmetro *n.*,
   thermometer

Useful expressions

andare dal mèdico, to go to
   the doctor
èssere nell'ospedale, to be
   hospitalized
riposare nel letto, to rest in bed
prèndere la medicina, to
   take medicine
Che cosa hai? What's wrong?
Ho mal di testa. I have a
   headache.
Ho mal di gola. My throat
   hurts. (I have a sore throat.)
Ho mal di . . . . My . . . hurts.
Cosa ti fa male? What is
   hurting you?
Cosa Le fa male? polite form
Mi fa male la testa. My head
   hurts.

Mi fa male . . . . My . . . hurts.
Mi fanno male le gambe.
  My legs hurt.
Mi fanno male . . . .
  My . . . hurt.
Pronta guarigióne! Hope
  you feel better soon!

Pratica di conversazione
(conversation practice)

1. Come ti senti oggi?

   _____

2. Come stai oggi?

   _____

3. Sei in forma?

   _____

4. Hai il raffreddore?

   _____

5. Hai dolor di stomaco?

   _____

6. Hai la febbre?

   _____

7. Hai la tosse?

   _____

8. Fai una dieta?

   _____

9. Sei ingrassato/a o sei
   dimagrito/a?

   _____

10. Ti sei mai rotto una gamba?

    _____

11. In quale stagione è facile
    prendere il raffreddore?

    _____

12. Quando vai dal dentista?

    _____

13. Che cosa fai quando non
    stai bene?

    _____

14. Cosa prendi quando hai
    raffreddore?

    _____

15. Sei mai stato/a in un
    ospedale?

    _____

L'abbigliamento / Fare le compere (Clothing / Shopping)

l'àbito da sera *n., m.,* evening dress

l'anello *n., m.,* ring

l'argento *n.,* silver

l'asségno turìstico *n., m.,* traveler's check

la borsa *n.,* bag

il braccialetto *n.,* bracelet

le calze *n., pl.,* stockings

i calzini *n., pl.,* socks

la camicetta *n.,* blouse

la camicia *n.,* shirt

il cappello *n.,* hat

il cappotto *n.,* coat

caro *adj.,* expensive

la carta di crédito *n.,* credit card

la cintura *n.,* belt

la collana *n.,* necklace

il completo *n.,* suit

comprare *v.,* to buy

in contanti *adv.,* cash

il cónto *n.,* bill / check

il costume da bagno *n.,* bathing suit

il cotóne *n.,* cotton

la cravatta *n.,* tie

il denaro *n.,* money

econòmico *adj.,* cheap / inexpensive

la giacca *n.,* jacket

i gioièlli *n., pl.,* jewelry

la gonna *n.,* skirt

i guanti *n., pl.,* gloves

l'impermeàbile *n., m.,* raincoat

la lana *n.,* wool

il lino *n.,* linen

la màglia *n.,* sweater

la magliétta *n.,* tee-shirt

il maglióne *n.,* sweater

la manica *n.,* sleeve

la maschera *n.,* mask

mettersi *v.,* to put on

la misura *n.,* size

la moda *n.,* fashion

di moda *adj.,* fashionable

gli occhiali da sole *n., pl.,* sunglasses

il paio *n.,* pair

i pantaloncini *n.,* shorts

i pantaloni *n., pl.,* pants

la pelle *n.,* leather

il pigiama *n.,* pajamas

il portachiave *n.,* key case

il portafoglio *n.,* wallet

portare *v.,* to wear

provare *v.,* to try on

i sandali *n., pl.,* sandals

le scarpe *n., pl.,* shoes

le scarpe da tennis *n., pl.,* sneakers

la sciarpa *n.,* scarf

lo sconto *n.,* discount

la seta *n.,* silk

gli stivali *n., pl.,* boots

la svendita *n.,* sale

la taglia *n.,* size

la tasca *n.,* pocket

véndere *v.,* to sell

la vestaglia *n.,* robe

la veste *n.,* dress

vestirsi *v.,* to get dressed

il vestito *n.,* suit / dress

la vetrina *n.,* store window

Pratica di conversazione
(conversation practice)

1. Che cosa porti oggi?

_____

2. Che cosa porti a una festa?

_____

3. Cosa porti per fare lo sport?

_____

4. Cosa ti metti quando vai alla spiaggia?

_____

5. Che cosa prendi quando piove?

_____

6. Di che colore è la tua giacca?

_____

7. Cosa ti metti quando c'è molto sole?

_____

Fare le compere / Il negozio di abbigliamento
(Shopping / Clothing store)

andare al negozio *v.*, to go to the store
arancione *adj.*, orange
azzurro *adj.*, blue
bianco *adj.*, white
blu *adj.*, dark blue
la calzolerìa *n.*, shoe store
la carta di crédito *n.*, credit card
celeste *adj.*, light blue
cercare *v.*, to look for
il commercio *n.*, business
comprare *v.*, to buy
le confezioni *n., pl.*, ready-made clothes
il cónto *n.*, bill / check
la cosa *n.*, thing
costare *v.*, to cost
a fiori *adj.*, floral
giallo *adj.*, yellow

la gioiellerìa *n.*, jewelry store
grigio *adj.*, gray
guadagnare *v.*, to earn
marrone *adj.*, brown
la misura *n.*, size
nero *adj.*, black
pagare *v.*, to pay
pesante *adj.*, heavy
pràtico *adj.*, practical
il prezzo *n.*, price
a quadretti *adj.*, plaid / checkered
qualcosa *prn.*, something
a righe *adj.*, striped
rosa *adj.*, pink
rosso *adj.*, red
la taglia *n.*, size
in tinta unita *adj.*, solid color
trovare *v.*, to find
verde *adj.*, green
viola *adj.*, purple

Pratica di conversazione
(conversation practice)

1. Quanto costa?

   _____

2. Hai una carta di credito?

   _____

3. È troppo caro . . . ?

   _____

4. È a buon mercato . . . ?

   _____

5. Dove fai le compere?

   _____

6. Ti piace la moda italiana?

   _____

7. Fai le compere al centro
   commerciale?

   _____

8. Che taglia porti?

   _____

9. Che cosa compri alla
   calzoleria?

   _____

10. In quale negozio si compra
    le scarpe?

    _____

11. Dove metti il denaro?

    _____

12. Ti piace provare le cose?

    _____

13. Di solito, come paghi?

    _____

14. Con chi fai le compere?
    Vai da solo? Con . . . ?

    _____

15. Ti piaciono di più i gioielli
    d'oro o d'argento?

    _____

16. Che colore ti piace?

    _____

17. Cosa desidera comprare?

    _____

18. Che tipo di . . . cerca?

    _____

19. Cerca una camicia a
    maniche lunghe?

    _____

Gli sport (Sports)

l'allenatóre *n.*, *m.*, coach
andare in bicicleta *v.*, to ride
  a bike
l'atlèta *n.*, *m.*, athlete
l'àrbitro *n.*, *m.*, referee
il calcio *n.*, soccer
il calciotóre *n.*, soccer player
il canottaggio *n.*, rowing
il ciclismo *n.*, bicycling
correre *v.*, to run
la corsa *n.*, race / track
il culturismo *n.*, bodybuilding
l'equitazióne *n.*, *f.*, horseback
  riding
Evviva! Hurrah!
fare dello sport *v.*, engage in
  sports
fare il tifo *v.*, to cheer
fare della vela *v.*, to go sailing
la fórma *n.*, form / shape
la gara *n.*, race
la ginnàstica *n.*, gymnastics
giocare *v.*, to play
l'incontro *n.*, *m.*, match
la lotta *n.*, wrestling
nuotare *v.*, to swim
la palestra *n.*, gym
il pallacanestro *n.*, basketball
il pallavolo *n.*, volleyball
il pareggio *n.*, tie
la partita *n.*, game
il pattinaggio *n.*, skating
pèrdere *v.*, to lose
la pesistica *n.*, weightlifting
il prèmio *n.*, prize
il pugilato *n.*, boxing
sciare *v.*, to ski
la sconfitta *n.*, defeat

segnare *v.*, to score
lo spettatóre *n.*, spectator
la squadra *n.*, team
lo stadio *n.*, stadium
il tifóso *n.*, sports fan
la trasmissióne *n.*, telecast
vìncere *v.*, to win

Pratica di conversazione
(conversation practice)

1. Che sport fai tu?

    _____

2. Dove fai lo sport?

    _____

3. Con chi giochi a . . . ?

    _____

4. Quale sport ti piace di
   meno?

    _____

5. Quale sport ti piace di più?

    _____

6. Fai lo sci?

    _____

7. Dove vai a sciare?

    _____

8. Preferisci lo sci di discesa
   o lo sci di fondo?

    _____

9. Quali sono i due sport più popolari in Italia?

_____

10. Quale sport negli Stati Uniti ha il maggior numero di tifosi?

_____

11. Che sport fai dopo la scuola?

_____

12. Come si chiama il tuo allenatore?

_____

13. Sei un buon atleta?

_____

14. La tua squadra ha vinto o perso?

_____

15. Hai mai vinto un premio tu?

_____

16. Fai un tifo per una squadra?

_____

17. Da quanti anni fai lo sport?

_____

18. Quale squadra della tua scuola è brava?

_____

I generi alimentari (Food)

l'aceto _n., m.,_ vinegar
l'àcqua minerale _n., f.,_ mineral water
aggiùngere _v.,_ to add
l'agnello _n., m.,_ lamb
gli agrumi _n., m., pl._ citrus fruits
gli alimentari _n., pl.,_ food
l'aragosta _n., f.,_ lobster
l'arancia _n., f.,_ orange
l'aranciata _n., f.,_ orange drink
l'arròsto _n., m.,_ roast
la banana _n.,_ banana
bàttere _v.,_ to beat
bere _v.,_ to drink
la besciamella _n.,_ white sauce
il biscotto _n.,_ cookie
la bistecca _n.,_ steak

il bròdo _n.,_ broth
il burro _n.,_ butter
il cappuccino _n.,_ coffee with milk
la caramèlla _n.,_ candy
la carne _n.,_ meat
la céna _n.,_ supper
le cilliege _n.,_ cherry
il cioccolato _n.,_ chocolate
la colazióne _n.,_ breakfast
il contórno _n.,_ side dish
la crostata _n.,_ pie
il crostino _n.,_ sandwich
la cucina _n.,_ kitchen / cuisine
cucinare _v.,_ to cook
il cuoco _n.,_ cook / chef
il dolce _n.,_ sweet / dessert
l'esprèsso _n.,_ black coffee

i **fagioli** *n.*, *pl.*, beans
i **fagiolini verdi** *n.*, *pl.*, string beans
la **fame** *n.*, hunger
il **formàggio** *n.*, cheese
il **fórno** *n.*, oven
la **fràgola** *n.*, strawberry
il **fritto misto** *n.*, fried mixture
la **frutta** *n.*, fruit
il **fungo** *n.*, mushroom
il **fuoco** *n.*, fire
i **gàmberi** *n.*, *pl.*, shrimp
il **gelato** *n.*, ice cream
il **ghiàccio** *n.*, ice
gli **gnocchi** *n.*, *pl.*, dumplings
l'**insalata** *n.*, *f.*, salad.
la **lattuga** *n.*, lettuce
il **legume** *n.*, vegetable
la **limonata** *n.*, lemonade
il **limone** *n.*, lemon
la **macedonia di frutta** *n.*, fruit cup
il **maiale** *n.*, pork
mangiare *v.*, to eat
il **manzo** *n.*, beef
la **mela** *n.*, apple
il **melone** *n.*, melon
la **merenda** *n.*, snack
la **minestra** *n.*, soup

l'**olio** *n.*, oil
ordinare *v.*, to order
il **pane** *n.*, bread
il **panino** *n.*, sandwich / roll
la **pasta** *n.*, pasta
le **paste** *n.*, pastries
il **pasto** *n.*, meal
il **pepe** *n.*, pepper
la **pera** *n.*, pear
la **pèsca** *n.*, peach
il **pésce** *n.*, fish
i **piselli** *n.*, *pl.*, peas
la **polenta** *n.*, cornmeal
il **pollo** *n.*, chicken
il **pomodòro** *n.*, tomato
il **prosciutto** *n.*, ham
il **riso** *n.*, rice
la **salsìccia** *n.*, sausage
i **salumi** *n.*, *pl.*, cold cuts
servire *v.*, to serve
squisito *adj.*, delicious
il **succo di frutta** *n.*, juice
il **tonno** *n.*, tuna
le **uova** *n.*, *m.*, *pl.*, eggs
l'**uva** *n.*, *f.*, grape
la **verdura** *n.*, greens
il **vino** *n.*, wine
il **vitello** *n.*, veal

Il cibo / I pasti / Apparecchiare la tavola / Fare la spesa
(Food / Meals / Setting the table / Food shopping)

---

apparecchiare *v.*, to set the table
l'**avvenimento** *n.*, *m.*, event
il **bicchiere** *n.*, glass
la **birra** *n.*, beer
la **bottìglia** *n.*, bottle
la **cameriera** *n.*, waitress

il **canestro** *n.*, basket
cenare *v.*, to have supper
chiacchierare *v.*, to chat
il **chilo** *n.*, kilogram
la **colaziόne** *n.*, breakfast
il **coltello** *n.*, knife
il **commerciante** *n.*, vendor

coprire *v.*, to cover
il cucchiaino *n.*, teaspoon
il cucchiaio *n.*, tablespoon
dare da mangiare *v.*, to feed
la domèstica *n.*, maid / servant
fare la spésa *v.*, do the food
  shopping
la forchetta *n.*, fork
la granita *n.*, flavored ice
il grano *n.*, grain
gustoso *adj.*, tasty
imbottito *adj.*, stuffed
il negozio di alimentari *n.*,
  grocery store
nutriente *adj.*, nutritious
lavare *v.*, to wash
odiare *v.*, to hate
l'òspite *n.*, *m.*, guest
òttimo *adj.*, excellent
pagare *v.*, to pay
la paninoteca *n.*, snack bar
la Pasqua *n.*, Easter
pesare *v.*, to weigh
piacere *v.*, to like
il piattino *n.*, saucer
il piatto *n.*, plate
pieno *adj.*, full
la portata *n.*, course (of a
  meal)
pranzare *v.*, to have lunch
preferire *v.*, to prefer
prenotare *v.*, to reserve
la prenotazióne *n.*, reservation
prónto *adj.*, ready
pulire *v.*, to clean
la Quarésima *n.*, Lent
il resto *n.*, change
riempito *adj.*, filled
riscaldare *v.*, to heat
rómpere *v.*, to break

il rubinétto *n.*, faucet
la salsa *n.*, sauce
la salumerìa *n.*, delicatessen
saziare *v.*, to satisfy
sbagliare *v.*, to make a mistake
la scampagnata *n.*, picnic
la schiuma *n.*, foam
sciògliere *v.*, to melt
lo scontrino *n.*, pay stub
spèndere *n.*, to spend
la spésa *n.*, food shopping
spésso *adj.*, often
sporco *adj.*, dirty
il succo *n.*, juice
il sugo *n.*, sauce
tagliare *v.*, to cut
il tartufo *n.*, truffle
la tazza *n.*, cup
la tovaglia *n.*, tablecloth
il tovagliòlo *n.*, napkin
la trattorìa *n.*, informal
  restaurant
valere *v.*, to be worth
la vaniglia *n.*, vanilla
lo zùcchero *n.*, sugar

Pratica di conversazione (conversation practice)

1. Chi fa la spesa a casa tua?

   _____

2. Dove fate la spesa?

   _____

3. Quanto spendete ogni
   settimana?

   _____

Al ristorante / A casa (At the restaurant / At home)

affollato *adj.*, crowded
andare al ristorante *v.*, go to a restaurant
l'aperitivo *n.*, *m.*, aperitif
la bibita *n.*, drink
la bistecca alla griglia *n.*, grilled steak
la céna *n.*, supper
il cèntro *n.*, center / downtown
la cioccolata calda *n.*, hot chocolate
il compleanno *n.*, birthday
entrare *v.*, to enter
fare colazióne *v.*, to have breakfast
il gelato al caffè *n.*, coffee ice cream
il gelato al cioccolato *n.*, chocolate ice cream
il gelato alla crèma *n.*, vanilla ice cream
il gelato alla fràgola *n.*, strawberry ice cream
lasciare *v.*, to leave behind
il latte *n.*, milk
la mancia *n.*, tip
la merenda *n.*, snack
il miele *n.*, honey
la nocciolina *n.*, peanut
l'oliva *n.*, olive
ordinare *v.*, to order
il panino imbottito *n.*, hero sandwich
la panna *n.*, cream
la pasta *n.*, pastry
la patatina *n.*, potato chip
il pompèlmo *n.*, grapefruit
il pranzo *n.*, dinner

il primo piatto *n.*, first course
il secondo piatto *n.*, second course
la sala da pranzo *n.*, dining room
il salatino *n.*, snack
il tavolino *n.*, little table
il tè freddo *n.*, iced tea
troppo *adv.*, too much
il vino bianco *n.*, white wine
il vino rosso *n.*, red wine
la zuppa inglese *n.*, English trifle

Pratica di conversazione (conversation practice)

1. Chi apparecchia la tavola a casa tua?

   _____

2. Quali oggetti sono necessari per apparecchiare la tavola?

   _____

3. Metti la tovaglia ogni giorno?

   _____

4. Usi il servizio di ceramica o piatti di carta?

   _____

5. Cosa ti piace per antipasto?

   _____

6. Come finisci la cena?

_____

7. Con che cosa mangi una bistecca?

_____

8. Che cosa bevi?

_____

9. Preferisci mangiare al ristorante o a casa?

_____

10. Preferisci mangiare il pesce o la carne?

_____

11. Vai spesso al ristorante?

_____

I servizio publico: La posta / I tabaccaio / L'albergo / Il telefono
(Public services: Post office / Tobacconist / Hotel / Telephone)

---

l'albèrgo _n., m.,_ hotel
l'àngolo _n., m.,_ corner
l'aria condizionata _n., f.,_ air-conditioning
l'armadio _n., m.,_ closet
l'ascensóre _n., m.,_ elevator
l'asciugamano _n., m.,_ towel
il balcone _n.,_ balcony
la buca delle lettere _n.,_ mailbox
la busta _n.,_ envelope
la cabina telefònica _n.,_ telephone booth
caro _adj.,_ expensive
la cartolina d'auguri _n.,_ greeting card
la cartolina postale _n.,_ postcard
la chiave _n.,_ key
la coperta _n.,_ blanket
il cuscino _n.,_ pillow
a destra _adv.,_ on the right
dimenticare _v.,_ to forget
dire _v.,_ to say / to tell

dóppio _adj.,_ double
a due passi _adv.,_ two steps away
l'elènco telefònico _n., m.,_ telephone book
fare una telefonata _v.,_ to make a call
fermarsi _v.,_ to stop
formare il nùmero _v.,_ to dial
il francobollo _n.,_ stamp
funzionare _v.,_ to work (as a machine)
il gettóne _n.,_ token
il gran magazzino _n.,_ department store
il letto _n.,_ bed
il letto matrimoniale _n.,_ double bed
lìbero _adj.,_ free / not busy
la luce _n.,_ light
mandare _v.,_ to send
la multa _n.,_ fine
il pacco _n.,_ package
il passapòrto _n.,_ passport

la patente *n.*, permit / license
la pensióne *n.*, boarding house
pericoloso *adj.*, dangerous
il piano *n.*, floor
portare *v.*, to bring
la posta *n.*, mail / post office
il postino *n.*, mailman
il prefisso *n.*, area code
primo *adj.*, first
di prima categorìa *adj.*, first class
ricordare *v.*, to remember
il riscaldamento *n.*, heating
sbagliare *v.*, to make a mistake
secóndo *adj.*, second
di secónda categorìa *adj.*, second class
il semàforo *n.*, traffic light
sembrare *v.*, to seem
sempre dritto *adj.*, all the way straight
sìngola *adj.*, single (room)
a sinistra *adj.*, on the left
spedire *v.*, to send
sporco *adj.*, dirty
la svendita *n.*, sale
il tabaccàio *n.*, tobacconist
il telèfono *n.*, telephone
S.I.P. (Societa italiana per l'esercizio telefònico), Italian telephone company

**Espressioni utili
(Useful expressions)**

andare in vacanza, to go on vacation
comprare un giornale, to buy a newspaper
fare il bagno, to take a bath
fare una telefonata, to make a call
fare la valigia, to pack a suitcase
fare un viaggio, to take a trip
fermarsi al semàforo, to stop at the light
guidare una màcchina, to drive a car
mandare una cartolina, to send a card
prendere l'ascensóre, to take an elevator
prenotare una càmera, to reserve a room
pulire la càmera, to clean the room
scrivere una lèttera, to write a letter
spedire un pacco, to send a package
viaggiare all'èstero, to travel abroad

I mezzi di trasporto: La macchina (Means of transportation: Car)

accelerare *v.*, to accelerate
allacciare la cintura di sicurezza *v.*, to fasten the seat belt
l'ambiente *n., m.*, environment

andare in macchina *v.*, to go by car
l'autista *n., m.*, driver
l'automobilista *n., m.*, driver
avere un guasto al motore *v.*, to have a car breakdown

la benzina *n.*, gasoline
la benzina senza piombo *n.*,
   unleaded gasoline
il còfano *n.*, hood
controllare (l'olio, l'acqua)
   v., to check (oil, water)
dare un passaggio *v.*, to give
   a ride
il distributóre di benzina *n.*,
   gasoline pump
divieto di parcheggio *adj.*,
   no parking
fare il pieno *v.*, to fill up
il finestrino *n.*, car window
frenare *v.*, to brake
i freni *n.*, *pl.*, brakes
la gomma *n.*, tire
la gomma a terra *n.*, flat tire
guidare *v.*, to drive
inquinare *v.*, to pollute
l'inquinamento *n.*, *m.*,
   pollution
il limite di velocità *n.*, speed
   limit
la màcchina *n.*, car
il motóre *n.*, motor
la multa *n.*, fine
parcheggiare *v.*, to park
il parcheggio *n.*, parking
la patente *n.*, driver's license
un pedone *n.*, pedestrian
il poliziotto *n.*, policeman
il portabagagli *n.*, trunk
rallentare *v.*, to slow down
la ruota *n.*, wheel
il semàforo rosso *n.*, red light
il serbatóio *n.*, gas tank
superare *v.*, to exceed
la targa *n.*, license plate
il vìgile *n.*, traffic policeman
il volante *n.*, steering wheel

Pratica di conversazione (conversation practice)

1. Hai la patente?

   _____

2. Da quando hai la patente?

   _____

3. Hai una macchina?

   _____

4. Che macchina hai?

   _____

5. Ti piace guidare?

   _____

6. Come vai a scuola?

   _____

7. Hai mai avuto una gomma
   a terra?

   _____

8. Sei mai stato/a in un inci-
   dente di macchina?

   _____

9. Hai mai ricevuto una multa?

   _____

10. Che fai quando il semaforo
    è rosso?

    _____

I mezzi di trasporto: L'aereo / Il trèno / La barca
(Means of transportation: Airplane / Train / Boat)

---

accompagnare *v.*, to accompany

l'aereo *n., m.*, airplane

l'aeroporto *n., m.*, airport

l'affare *n., m.*, business

per affari *adv.*, on business

l'agenzia di viaggi *n., f.*, travel agency

l'agente di viaggi *n., m.*, travel agent

allungare *v.*, to prolong

annunciare *v.*, to announce

l'arrivo *n., m.*, arrival

aspettare *v.*, to wait

l'asségno turìstico *n.*, traveler's check

attraversare *v.*, to cross

l'avventura *n.*, adventure

i bagagli *n., pl.*, baggage

la barca *n.*, boat

la barca a vela *n.*, sailboat

il biglietto *n.*, ticket

il binario *n.*, track

cambiare *v.*, to change

il capoufficio *n.*, boss

la carta di crédito *n.*, credit card

il cartello *n.*, sign

comodamente *adv.*, comfortably

il consiglio *n.*, advice

il controllóre *n.*, conductor

la costa *n.*, coast

costoso *adv.*, costly

la crocièra *n.*, cruise

depositare i bagagli *v.*, to deposit baggage

la dogana *n.*, customs

èssere seduto/a *v.*, to be seated

fare il biglietto *v.*, to buy a ticket

fare in tempo *v.*, to have enough time

fare un buon viaggio *v.*, to have a good trip

il ferrovière *n.*, railroad / railwayman

la gita *n.*, short trip

la metropolitana *n.*, subway

in oràrio *adv.*, on time

l'oràrio *n., m.*, schedule

l'orològio *n., m.*, clock

la partenza *n.*, departure

partire *v.*, to leave

il passapòrto *n.*, passport

pèrdere il trèno *v.*, to miss the train

il pósto *n.*, seat

la prima classe *n.*, first class

il ràpido *n.*, direct train

in ritardo *adv.*, to be late

ritirare i bagagli *v.*, to pick up baggage

salire *v.*, to get on

sbagliare *v.*, to make a mistake

lo sciòpero *n.*, strike

lo scompartimento *n.*, compartment

il supplemento *n.*, premium

il supplemento ràpido *n.*, direct train premium

traslocare *v.*, to move

il trèno *n.*, train

Pratica di conversazione
(conversation practice)

1. Come preferisci viaggiare?

_____

2. Preferisci viaggiare in
   macchina o in treno?

_____

3. Dove vuoi andare il
   prossimo weekend?

_____

4. Come vuoi andare?

_____

5. Con chi?

_____

6. Ti piace fare un viaggio?

_____

7. Dove vai?

_____

8. Vuoi andare in Italia?

_____

9. Hai un passaporto?

_____

10. Chi conosci in Italia?

_____

Definitions of Basic Grammatical Terms with Examples in English and Italian

The purpose of this section is to prepare you to become aware of the different parts of a sentence and the grammatical terms used when you analyze the structure of a sentence in Italian. If you study this section thoroughly, it will help you train yourself to analyze sentences on the next Italian Regents exam that you take. You can acquire this skill through practice. When you read a sentence in Italian, you must ask yourself, for example:

- What is the subject of this sentence?
- Is there a direct object or indirect object noun or pronoun? If so, where is it?
- Is it in front of the verb or after it?
- Do I have to make it agree in gender and number with some other part of the sentence?
- Are there any words in the sentence that indicate the tense of the verb as being in the present, past, or future?
- What is the tense of the verb?
- Is it singular or plural?
- First, second, or third person?
- Do I know my Italian verb forms in all the tenses?
- Should the past participle agree in gender and number with the subject or with the preceding direct object?
- Is there a certain type of conjunction in the sentence that requires the subjunctive mood in the verb form that follows it?

There are many more questions you should ask yourself while analyzing a sentence in Italian so you can be able to score high.

ACTIVE VOICE
When we speak or write in the active voice, the subject of the verb performs the action. The action falls on the direct object.

Example:

Everyone loves Maria/**Tutti amano Maria.**

The subject is *everyone/**tutti**.* The verb is *loves/**amano**.* The direct object noun is *Maria.*

ADJECTIVE

An adjective is a word that modifies a noun or a pronoun. In grammar, to modify a word means to describe, limit, expand, or make the meaning particular. In Italian an adjective agrees in gender (masculine or feminine) and in number (singular or plural) with the noun or pronoun it modifies.

Examples:

This garden is beautiful/**Questo giardino è bello.**

She is beautiful/**Essa è bella.**

The adjective *beautiful/**bello*** modifies the noun *garden/**giardino.*** It is masculine singular because **il giardino** is masculine singular. The adjective *beautiful/**bella*** modifies the pronoun *She/**Essa.*** It is feminine singular because *she* is feminine singular.

ADVERB

An adverb is a word that modifies a verb, an adjective, or another adverb. An adverb says something about how, when, where, to what extent, or in what way.

Examples:

Catherine runs swiftly/**Caterina corre velocemente.**

The adverb *swiftly/**velocemente*** modifies the verb *runs/**corre.*** The adverb shows *how* she runs.

Jack is a very good friend/**Giovanni è un amico molto buono.**

The adverb *very/**molto*** modifies the adjective *good/**buono.*** The adverb shows *how good* a friend he is.

The song is too long/**La canzone è troppo lunga.**

The adverb *too/troppo* modifies the adjective *long/lunga.* The adverb shows *to what extent* the song is long.

The post office is there/**La posta è là.**

The adverb *there/là* modifies the verb *is/è.* It tells us *where* the post office is.

AFFIRMATIVE STATEMENT, NEGATIVE STATEMENT
A statement in the affirmative is the opposite of a statement in the negative. To negate an affirmative statement is to make it negative.

Examples:

In the affirmative: I like to go to the country/**Mi piace andare in campagna.**

In the negative: I do not like to go to the country/**Non mi piace andare in campagna.**

AGREEMENT OF ADJECTIVE WITH NOUN
Agreement is made on the adjective with the noun it modifies in gender (masculine or feminine) and number (singular or plural).

Examples:

a white house/**una casa bianca.**

The adjective **bianca** is feminine singular because the noun **una casa** is feminine singular.

two white houses/**due case bianche.**

The adjective *white/**bianche*** is feminine plural because the noun *houses/**case*** is feminine plural.

AGREEMENT OF PAST PARTICIPLE OF A REFLEXIVE VERB WITH ITS REFLEXIVE PRONOUN

Agreement is made on the past participle of a reflexive verb with its reflexive pronoun in gender (masculine or feminine) and number (singular or plural) if that pronoun is the *direct object* of the verb. The agreement is determined by looking at the subject to see its gender and number, which is the same as its reflexive pronoun. If the reflexive pronoun is the *indirect object*, an agreement is *not* made.

Examples:

> to wash oneself/**lavarsi**
>
> She washed herself/**Essa s'è lavata.**

There is a feminine agreement on the past participle **lavata** (added **a**) with the reflexive pronoun **si** (here, **s'**) because it serves as a direct object pronoun that is in front of the verb form. What or whom did she wash? Herself, which is expressed in **s'è** (**s'**).

But:

> She washed her hair/**Essa s'è lavata i capelli.**

The direct object is **i capelli** and it is stated *after* the verb. What did she wash? She washed her hair, *on herself* (**s'**).

AGREEMENT OF PAST PARTICIPLE WITH ITS PRECEDING DIRECT OBJECT

Agreement is made on the past participle with its direct object in gender (masculine or feminine) and number (singular or plural) when the verb is conjugated with **avere** in the compound tenses. Agreement is made when the direct object, if there is one, *precedes* the verb.

Examples:

> Where are the little cakes? Paul ate them/**Dove sono i panini? Paolo li ha mangiati.**

The verb **ha mangiati** is in the *passato prossimo*; **mangiare** is conjugated with **avere**. There is a plural agreement on the past participle **mangiati** because the *preceding* direct object *them/li* is masculine plural, referring to *the little cakes/i panini*, which is masculine plural.

Who wrote the letters? Robert wrote them/**Chi ha scritto le lettere? Roberto le ha scritte.**

The verb **ha scritte** is in the *passato prossimo*; **scrivere** is conjugated with **avere.** There is a feminine plural agreement on the past participle **scritte** (added **e**) because the *preceding* direct object *them/le* is feminine plural, referring to *the letters/le lettere*, which is feminine plural. A past participle functions as an adjective. An agreement in gender and number is *not* made with *an indirect object*. *See* indirect object noun, indirect object pronoun.

AGREEMENT OF PAST PARTICIPLE WITH THE SUBJECT
Agreement is made on the past participle with the subject in gender (masculine or feminine) and number (singular or plural) when the verb is conjugated with **essere** in the compound tenses.

Examples:

She went to Milan/**Essa è andata a Milano.**

The verb **è andata** is in the *passato prossimo*; **andare** is conjugated with **essere.** There is a feminine agreement on the past participle **andata** (added **e**) because the subject **essa** is feminine singular.

The boys have arrived/**I ragazzi sono arrivati.**

The verb **sono arrivati** is in the *passato prossimo*; **arrivare** is conjugated with **essere.** There is a plural agreement on the past participle **arrivati** (added **i**) because the subject **i ragazzi** is masculine plural.

AGREEMENT OF VERB WITH ITS SUBJECT
A verb agrees in person (1st, 2nd, or 3rd) and in number (singular or plural) with its subject.

Examples:

Does he always tell the truth?/**Dice egli sempre la verità?**

The verb **dice** is 3rd person singular because the subject *he/egli* is 3rd person singular.

>Where are they going?/**Dove vanno?**

The verb **vanno** (of **andare**) is 3rd person plural because the subject *they/essi* is 3rd person plural.

ANTECEDENT

An antecedent is a word to which a relative pronoun refers. It comes *before* the pronoun.

Examples:

>The girl who is laughing over there is my sister/**La ragazza che ride laggiù è mia sorella.**

The antecedent is *girl/la ragazza.* The relative pronoun *who/che* refers to the girl.

>The car that I bought is expensive/**La macchina che ha comprato costa molto.**

The antecedent is *car/la macchina.* The relative pronoun *that/che* refers to the car.

AUXILIARY VERB

An auxiliary verb is also known as a helping verb. In English grammar it is *to have.* In Italian grammar it is **avere** (to have) or **essere** (to be). An auxiliary verb is used to help form the **passato prossimo** tense and other compound tenses.

Examples:

>I have eaten/**Ho mangiato.**

>She has left/**Essa è partita.**

CARDINAL NUMBER

A cardinal number is a number that expresses an amount, such as *one, two, three,* and so on. *See also* ordinal number.

CAUSATIVE *FARE*

In English grammar, a causative verb causes something to be done. In Italian grammar the idea is the same. The subject of the verb causes the action expressed in the verb to be carried out by someone else.

Example:

> Mr. Bianco is having a house built/**Il signor Bianco si fa costruire una casa.**

CLAUSE

A clause is a group of words that contains a subject and a predicate. A predicate may contain more than one word. A conjugated verb form is revealed in the predicate. A sentence may contain more than one clause.

Example:

> Mrs. Ricci lives in a small apartment/**La signora Ricci vive in un piccolo appartamento.**

The subject is *Mrs. Ricci/Signora Ricci.* The predicate is *lives in a small apartment/vive in un piccolo appartamento.* The verb is *lives (resides)/vive.*

COMPARATIVE ADJECTIVE

When making a comparison between two persons or things, an adjective is used to express the degree of comparison in the following ways.

Examples:

Of the same degree of comparison:

> Robert is *as tall as* his father/**Roberto è alto come suo padre.**

Of a lesser degree of comparison:

> Marissa is *less intelligent than* her sister/**Marissa è meno intelligente di sua sorella.**

Of a higher degree of comparison:

> This apple is *more delicious than* that apple/**Questa mela è più deliziosa di quella mela.**

See also superlative adjective, page 113.

COMPARATIVE ADVERB

An adverb is compared in the same way as an adjective is compared.

Examples:

Of the same degree of comparison:

Mr. Rossi speaks *as fast as* Mr. Bianchi/**Il signor Rossi parla così veloce come il Signor Bianchi.**

Of a lesser degree of comparison:

Rose studies *less seriously than* her sister/**Rosa studia meno seriamenti di sua sorella.**

Of a higher degree of comparison:

Albert works *more slowly than* his brother/**Alberto lavora più lentamente di suo fratello.**

See also superlative adverb.

COMPLEX SENTENCE

A complex sentence contains one independent clause and one or more dependent clauses.

Examples:

One independent clause and one dependent clause:

Richard is handsome but his brother isn't/**Riccardo è bello ma suo fratello non lo è.**

The independent clause is *Richard is handsome*. It makes sense when it stands alone because it expresses a complete thought. The dependent clause is *but his brother isn't*. The dependent clause, which is introduced by the conjunction *but*, does not make complete sense when it stands alone because it *depends* on the thought expressed in the independent clause.

One independent clause and two dependent clauses:

Mary gets good grades in school because she studies but her sister never studies/**Maria riceve buoni voti alla scuola perchè essa studia ma sua sorella non studia mai.**

The independent clause is *Mary gets good grades in school*. It makes sense when it stands alone because it expresses a complete thought. The first dependent clause is *because she studies*. This dependent clause, which is introduced by the conjunction *because*, does not make complete sense when it stands alone because it *depends* on the thought expressed in the independent clause. The second dependent clause is *but her sister never studies*. That dependent clause, which is introduced by the conjunction *but*, does not make complete sense either when it stands alone because it *depends* on the thought expressed in the independent clause.

COMPOUND SENTENCE
A compound sentence contains two or more independent clauses.

Example:

> Mrs. Spinelli went to the supermarket, she bought some groceries, and then she returned home/**La signora Spinelli è andata al supermercato, essa ha fatto delle compre, e poi è ritornata a casa.**

This compound sentence contains three independent clauses. They are independent because they make sense when they stand alone. Review the **passato prossimo.**

CONJUGATION
The conjugation of a verb is the fixed order of all its forms showing their inflections (changes) in the three persons of the singular and the three persons of the plural in a particular tense.

In Italian there are three major types of regular verb conjugations:

1st conjugation type:	regular verbs that end in **are,** for example, **parlare.**
2nd conjugation type:	regular verbs that end in **ere,** for example, **vendere.**
3rd conjugation type:	regular verbs that end in **ire,** for example, **partire.**

CONJUNCTION

A conjunction is a word that connects words or groups of words.

Examples:

> and/**e,** or/**o,** but/**ma**
>
> You *and* I are going downtown/**Lei ed io andiamo in città.**
>
> You can stay home *or* you can come with us/**Puoi restare a casa o puoi venire con noi.**

DECLARATIVE SENTENCE

A declarative sentence makes a statement.

Example:

> I have finished the work/**Ho finito il lavoro.**

DEFINITE ARTICLE

The definite article in Italian has several forms and they all mean *the.*

They are: **il, la, l', lo**

> **il libro**/the book, **la casa**/the house, **l'alunno**/the pupil, **lo zio**/the uncle
>
> **i libri**/the books, **le case**/the houses, **gli aluni**/the pupils, **gli zii**/the uncles

The definite articles are also used as direct object pronouns.

DEMONSTRATIVE ADJECTIVE

A demonstrative adjective is an adjective that points out. It is placed in front of a noun.

Examples:

> this coat/**questo cappotto,** this outfit/**quest'abito,** these flowers/**questi fiori.**

DEMONSTRATIVE PRONOUN

A demonstrative pronoun is a pronoun that points out. It takes the place of a noun. It agrees in gender and number with the noun it replaces.

Examples:

> I have two apples; do you prefer *this one* or *that one*?/**Ho due mele; preferisci questa o quella.**
>
> I prefer *those*/**preferisco quelle.**
>
> Do you like the ones that are on the table?/**Ti piacciono quelle che sono sulla tavola?**

DEPENDENT CLAUSE

A dependent clause is a group of words that contains a subject and a predicate. It does not express a complete thought when it stands alone. It is called *dependent* because it depends on the independent clause for a complete meaning. Subordinate clause is another term for dependent clause.

Example:

> Mary is absent today because she is sick/**Maria è assente oggi perchè è ammalata.**

The independent clause is *Mary is absent today*. The dependent clause is *because she is sick*.

DIRECT OBJECT PRONOUN

The direct object pronouns are summed up as follows:

Person	Singular	Plural
1st	**me** me	**noi** us
2nd	**te** you (*fam.*)	**voi** you (sing. polite or pl.)
3rd	**lui** him	
	lei her	**loro** them (persons or things)

DISJUNCTIVE PRONOUN

In Italian grammar a disjunctive pronoun is a pronoun that is stressed; in other words, emphasis is placed on it.

Examples:

> I speak well; he does not speak well/**Io parlo bene; lui non parla bene.**

A disjunctive pronoun is also the object of a preposition.

Examples:

> She is talking with me/**Essa parla con me.**

> I always think of you/**Penso sempre a te.**

The disjunctive pronouns are summed up below:

Person	Singular	Plural
1st	**me** me, I	**noi** us, we
2nd	**te** you (*fam.*)	**voi** you (sing. polite or pl.)
3rd	**se** oneself	
	lui him, he	**essi** them, they (*m.*)
	lei, ella her, she	**esse** them, they (*f.*)
	lui, esso him, it	**loro** them (*m., f.*)

ENDING OF A VERB
In Italian grammar the ending of a verb form changes according to the person and number of the subject and the tense of the verb.

Example:

To form the present indicative tense of a regular **-are** type verb like **parlare,** drop the **are** ending of the infinitive and add the following endings: **o, i, a** for the 1st, 2nd, and 3rd persons of the singular; **iamo, ate, ano** for the 1st, 2nd, and 3rd persons of the plural.

You then get: **io parlo, tu parli, egli/essa parla,**
                       noi parliamo, voi parlate, essi/esse parlano

FEMININE
In Italian grammar the gender of a noun, pronoun, or adjective is feminine or masculine, not female or male.

Examples:

noun	Masculine pronoun	adjective	noun	Feminine pronoun	adjective
il ragazzo *the boy*	**egli** *he*	**alto** *tall*	**la donna** *the woman*	**ella** *she*	**alta** *tall*
il libro *the book*	**è** *it*	**piccolo** *small*	**la macchina** *the car*	**ella** *it*	**piccola** *small*

GENDER

In Italian and English grammar gender means masculine or feminine.

Examples:

Masculine:
the boy/**il ragazzo;** he, it/**egli;** the rooster/**il gallo;** the book/**il libro**

Feminine:
the lady/**la donna;** she, it/**ella;** the hen/**la gallina;** the house/**la casa**

GERUND

In English grammar, a gerund is a word formed from a verb. It ends in *ing*. Actually, it is the present participle of a verb. But it is not used as a verb. It is used as a noun.

Example:

Seeing is believing/**Vedere è credere.**

However, in Italian grammar, the infinitive form of the verb is used, as in the above example, when the verb is used as a noun. In Italian, *seeing is believing* is expressed as *to see is to believe.*

IMPERATIVE MOOD

The imperative is a mood, not a tense. It is used to express a command. In Italian it is used in the 2nd person of the singular (**tu**), the 2nd person of the plural (**voi**), and in the 1st person of the plural (**noi**).

INDEFINITE ARTICLE

In English the indefinite articles are *a*, *an*, as in *a book*, *an apple*. They are indefinite because they do not refer to any definite or particular noun.

In Italian there are several indefinite articles in the singular: one in the masculine form (**un**) and one in the feminine form (**una, un'**).

Examples:

> Masculine singular: **un libro**/*a book*, **un amico**/*a friend*

> Feminine singular: **una mela**/*an apple*, **un'amica**/*a friend*

In Italian they change to **dei, degli,** and **delle** in the plural.

Examples:

> I have a brother/**Ho un fratello;** I have brothers/**Ho dei fratelli.**

> I have a sister/**Ho una sorella;** I have sisters/**Ho delle sorelle.**

> I have an apple/**Ho una mela;** I have apples/**Ho delle mele.**

INDEPENDENT CLAUSE

An independent clause is a group of words that contains a subject and a predicate. It expresses a complete thought when it stands alone.

Example:

> The cat is sleeping under the bed/**Il gatto dorme sotto il letto.**

INDICATIVE MOOD

The indicative mood is used in sentences that make a statement or ask a question. We use the indicative mood most of the time when we speak or write in English or Italian.

Examples:

> I am going home now/**Vado a casa adesso.**

> Where are you going?/**Dove andate?**

INDIRECT OBJECT NOUN

An indirect object noun receives the action of the verb *indirectly*.

Example:

> I am writing a letter to Mary *or* I am writing Mary a letter/**Scrivo una lettera a Maria.**

The subject is *I/Io.* The verb is *am writing/scrivo.* The direct object noun is *a letter/una lettera.* The indirect object noun is *to Mary/a Maria.* An agreement is not made with an indirect object noun.

INDIRECT OBJECT PRONOUN

An indirect object pronoun takes the place of an indirect object noun. It receives the action of the verb *indirectly.* In Italian a pronoun that is the indirect object of a verb is ordinarily placed *in front of* the verb.

Example:

> I am writing a letter to her *or* I am writing her a letter/**Le scrivo una lettera.**

The indirect object pronoun is *(to) her/**le**.*

An agreement is not made with an indirect object pronoun. An indirect object pronoun is joined to the verb *in the affirmative imperative.*

Example:

> Write to her now/**Scrivetele adesso.**

The indirect object pronouns are summed up below:

Person	Singular	Plural
1st	**mi (m')** to me	**ci** to us
2nd	**ti (t')** to you *(fam.)*	**vi** to you (sing. polite or pl.)
3rd	**gli, le** to him, to her	**loro** to them

INFINITIVE

An infinitive is a verb form. In English, it is normally stated with the preposition *to*, as in *to talk*, *to finish*, *to sell*. In Italian, the infinitive form of a verb consists of three major types: those of the 1st conjugation that end in **-are,** those of the 2nd conjugation that end in **-ere,** and those of the 3rd conjugation that end in **-ire.**

Examples:

> **parlare**/*to talk, to speak*; **vendere**/*to sell*; **finire**/*to finish*

INTERJECTION

An interjection is a word that expresses emotion, a feeling of joy, of sadness, an exclamation of surprise, and other exclamations consisting of one or two words.

Examples:

> Ah!/**Ah!** Oh!/**Oh!** Darn it!/**Peccato!** My God!/**Mio Dio!**

INTERROGATIVE ADJECTIVE

An interrogative adjective is an adjective that is used in a question. It agrees in gender and number with the noun it modifies.

Examples:

> *Which* books do you want?/***Quali* libri desiderate?**
>
> *What* time is it?/***Che* ora è?**

INTERROGATIVE ADVERB

An interrogative adverb is an adverb that introduces a question. As an adverb, it modifies the verb.

Examples:

> *How* are you?/***Come* sta Lei?**
>
> *How much* does this book cost?/***Quanto* costa questo libro?**
>
> *When* are you leaving?/***Quando* partite?**

INTERROGATIVE PRONOUN

An interrogative pronoun is a pronoun that asks a question. There are interrogative pronouns that refer to persons and those that refer to things.

Examples:

> *Who* is on the phone?/*Chi* **è al telefono?**
>
> *What* are you saying?/*Che* **dite?**

INTERROGATIVE SENTENCE

An interrogative sentence asks a question.

Example:

> *What* are you doing?/*Che* **fate?**

INTRANSITIVE VERB

An intransitive verb is a verb that does not take a direct object.

Example:

> The professor is talking too fast/**Il professore parla troppo veloce.**

An intransitive verb takes an indirect object.

Example:

> The professor is talking to us/**Il professore ci parla.**

IRREGULAR VERB

An irregular verb is a verb that does not follow a fixed pattern in its conjugation in the various verb tenses.

Examples of basic irregular verbs in Italian:

> **andare**/to go **avere**/to have **essere**/to be **fare**/to do, to make
> *vado*   *ho*   *sono*   *faccio*

LIMITING ADJECTIVE

A limiting adjective is an adjective that limits a quantity.

Example:

> three tickets/**tre biglietti**

MAIN CLAUSE

Main clause is another term for independent clause. *See* independent clause.

MASCULINE

In Italian grammar the gender of a noun, pronoun, or adjective is masculine or feminine, not male or female.

For examples, *see* gender.

MOOD OF VERBS

Some grammarians use the term *the mode* instead of *the mood* of a verb. Either term means *the manner or way* a verb is expressed. In English and in Italian grammar a verb expresses an action or state of being in the following three moods (modes, *ways*): the indicative mood, the imperative mood, and the subjunctive mood.

NOUN

A noun is a word that names a person, animal, place, thing, condition or state, or quality.

Examples:

> the man/**l'uomo,** the woman/**la donna,** the horse/**il cavallo,** the house/**la casa,** the book/**il libro.**

NUMBER

In English and Italian grammar, number means singular or plural.

Examples:

Masc. sing.:	the man	the arm	the eye
	l'uomo	**il braccio**	**l'occhio**
Masc. pl.:	the men	the arms	the eyes
	gli uomini	**le braccia**	**gli occhi**
Fem. sing.:	the woman	the house	the hen
	la donna	**la casa**	**la gallina**
Fem. pl.:	the women	the houses	the hens
	le donne	**le case**	**le galline**

ORDINAL NUMBER

An ordinal number is a number that expresses position in a series, such as *first*, *second*, *third*, and so on. In English and Italian grammar we talk about 1st person, 2nd person, 3rd person singular or plural regarding subjects and verbs.

PARTICIPLE

See past participle (page 108), present participle (page 110).

PARTITIVE

In Italian grammar the partitive denotes a *part* of a whole. In English we express the partitive by saying *some* or *any* in front of the noun. In Italian we combine **di** + definite article in the following ways:

> Masculine singular: **di + il = del**
>
> Feminine singular: **di + la = della**
>
> Masculine plural: **di + i = dei**
>
> Feminine plural: **di + le = delle**

Examples:

> I have some coffee/**Ho del caffè.**
>
> Bring me some water, please/**Per favore mi porti dell'acqua.**
>
> Is there any meat?/**Avete della carne?**
>
> Do you have any candies?/**Avete dei dolci?**

In the negative, these partitive forms place **non** in the sentence:

> I don't have any coffee/**Non ho del caffè.**
>
> I don't want any water/**Non voglio dell'acqua.**
>
> There isn't any meat/**Non c'è della carne.**
>
> No, I don't have any candies/**No, io non ho dei dolci.**

PASSATO PROSSIMO

This is the name of a commonly used past tense.

PASSIVE VOICE

When we speak or write in the active voice and change to the passive voice, the direct object becomes the subject, the subject becomes the object of a preposition, and the verb becomes *to be* plus the past participle of the active verb. The past participle functions as an adjective.

Example:

Teresa is loved by everyone/**Teresa è amata da tutti.**

The subject is *Teresa*. The verb is *is*/**è**. The object of the preposition *by*/**da** is *everyone*/**tutti**.

PAST INDEFINITE TENSE

In Italian this tense is the **passato prossimo.**

PAST PARTICIPLE

A past participle is derived from a verb. It is used to form any of the seven compound tenses, for example, the **passato prossimo.** Its auxiliary verb in English is *to have*. In Italian, the auxiliary verb is **avere**/*to have* or **essere**/*to be*. It is part of the verb tense.

Examples:

with **avere** as the auxiliary verb:

Essa ha mangiato./She has eaten.

The subject is *she*/**essa**. The verb is *has eaten*/**ha mangiato**. The tense of the verb is the **passato prossimo.** The auxiliary verb is *has*/**ha**. The past participle is *eaten*/**mangiato**.

with **essere** as the auxiliary verb:

Essa è arrivata./She has arrived.

The verb is *has arrived*/**è arrivata**. The tense of the verb is the **passato prossimo.** The auxiliary verb is *has*/**è.** The past participle is *arrived*/**arrivata**.

PERSON (1ST, 2ND, 3RD)

Verb forms in a particular tense are learned systematically according to person (1st, 2nd, 3rd) and number (singular, plural).

Example, showing the present indicative tense of the verb **andare**/to go:

Singular	Plural
1st person: **io vado**	1st person: **noi andiamo**
2nd person: **tu vai**	2nd person: **voi andate**
3rd person: **egli, essa, lei va**	3rd person: **essi, esse, loro, vanno**

PERSONAL PRONOUN

A personal pronoun is a pronoun that refers to a person. For examples of other types of pronouns, *see also* demonstrative pronoun, direct object pronoun, disjunctive pronoun, indefinite pronoun, indirect object pronoun, interrogative pronoun, reflexive pronoun, relative pronoun.

PLURAL

Plural means more than one. *See also* person (1st, 2nd, 3rd), and singular.

POSSESSIVE ADJECTIVE

A possessive adjective is an adjective that is placed in front of a noun to show possession. In Italian their forms change in gender (masculine or feminine) and number (singular or plural) to agree with the noun they modify.

Examples:

> my book/**il mio libro**   my books/**i miei libri**
>
> my dress/**la mia vesta**   my dresses/**le mie veste**

PREDICATE

The predicate is that part of the sentence that tells us something about the subject. The main word of the predicate is the verb.

Example:

> The tourists are waiting for the tour bus/**I turisti aspettano la vettura.**

The subject is *the tourists/i turisti.* The predicate is *are waiting for the tour bus/aspettano la vettura.* The verb is *are waiting/aspettano.* The direct object is *the tour bus/la vettura.*

PREPOSITION

A preposition is a word that establishes a rapport between words.

Examples: with, in, on, at, between

> *with* me/*con* me   *in* the drawer/*nel* cassetto   *on* the table/*sulla* tavola

> *at* six o'clock/*alle* sei   *between* me and you/*fra* me e te

PRESENT PARTICIPLE

A present participle is derived from a verb form. In Italian it is regularly formed as follows: take the **noi** form of the present indicative tense of the verb you have in mind, then drop the ending **iamo** and add **ando, endo.** In English a present participle ends in *ing.*

Examples:

Infinitive	Present Indicative (noi)	Present Participle
cantare to sing	**noi cantiamo** we sing	**cantando** singing
finire to finish	**noi finiamo** we finish	**finendo** finishing
vendere to sell	**noi vendiamo** we sell	**vendendo** selling

PRONOUN

A pronoun is a word that takes the place of a noun, such as *he, she, it, they, them.*

Examples:

l'uomo/egli the man/*he*	**la donna/ella** the woman/*she*	**l'albero** the tree/*it*	**la vettura** the car/*it*

REFLEXIVE PRONOUN AND REFLEXIVE VERB

In English a reflexive pronoun is a personal pronoun that contains *self* or *selves*. In Italian and English a reflexive pronoun is used with a verb that is called reflexive because the action of the verb falls on the reflexive pronoun. In Italian, as in English, there is a required set of reflexive pronouns for a reflexive verb.

Examples:

lavarsi/to wash oneself   **Mi lavo**/I wash myself.

divertirsi/to enjoy oneself   **Essa si diverte**/She enjoys herself.

In Italian a reflexive verb is conjugated with **essere** to form a compound tense.

REGULAR VERB

A regular verb is a verb that is conjugated in the various tenses according to a fixed pattern. For examples, review regular **are, ere,** and **ire** verbs in the present indicative tense.

RELATIVE PRONOUN

A relative pronoun is a pronoun that refers to its antecedent.

Example:

The book which is on the table is old/**Il libro che è sulla tavola è vecchio.**

The antecedent is *book/il libro.* The relative pronoun *which/che* refers to the book.

SENTENCE

A sentence is a group of words that contains a subject and a predicate. The verb is contained in the predicate. A sentence expresses a complete thought.

Example:

The train leaves from the train station of Latina at two o'clock in the afternoon/**Il treno parte dalla stazione di Latina alle due del pomeriggio.**

The subject is *train/il treno*. The predicate is *leaves from the train station of Latina at two o'clock in the afternoon/parte dalla stazione di Latina alle due del pomeriggio*. The verb is *leaves/parte*.

SIMPLE SENTENCE

A simple sentence is a sentence that contains one subject and one predicate. The verb is the core of the predicate. The verb is the most important word in a sentence because it tells us what the subject is doing.

Example:

Mary is eating an apple from her garden/**Maria mangia una mela del suo giardino.**

The subject is *Mary/Maria*. The predicate is *is eating an apple from her garden/mangia una mela del suo giardino*. The verb is *is eating/mangia*. The direct object is *an apple/una mela*. *From her garden/del suo giardino* is an adverbial phrase. It tells you from where the apple came.

SINGULAR

Singular means one. *See also* person (1st, 2nd, 3rd) and plural.

STEM OF A VERB

The stem of a verb is what is left after we drop the ending of its infinitive form. The required endings of a regular verb in a particular verb tense are added to it.

Infinitive	Ending of infinitive	Stem
comprare/to buy	**are**	**compr**
ripetere/to repeat	**ere**	**ripet**
partire/to depart	**ire**	**part**

Examples:

SUBJECT

A subject is that part of a sentence that is related to its verb. The verb says something about the subject.

Examples:

Mary and Catherine are beautiful/**Maria e Caterina sono belle.**

Peter and Paul are handsome/**Pietro e Paolo sono belli.**

SUBJUNCTIVE MOOD
The subjunctive mood is the mood of a verb that is used in specific cases, *e.g.*, after certain verbs expressing a wish, doubt, emotion, fear, joy, uncertainty, an indefinite expression, an indefinite antecedent, certain conjunctions, and others.

SUBORDINATE CLAUSE
Subordinate clause is another term for dependent clause. *See* dependent clause.

SUPERLATIVE ADJECTIVE
A superlative adjective is an adjective that expresses the highest degree

Adjective	Comparative	Superlative
buon/good	**migliore**/better	**il migliore**/the best
cattivo/bad	**peggiore**/worse	**il peggiore**/the worst
basso/low	**inferiore**/lower	**l'inferiore**/the lowest

when making a comparison of more than two persons or things.

Examples:

SUPERLATIVE ADVERB

Adverb	Comparative	Superlative
molto/much	**più**/more	**il più**/the most
bene/well	**meglio**/better	**il meglio**/the best
male/badly	**peggio**/worse	**il peggio**/the worst

A superlative adverb is an adverb that expresses the highest degree when making a comparison of more than two persons or things.

Example:

TENSE OF VERB
In English and Italian grammar, tense means time. The tense of the verb indicates the time of the action or state of being. The three major segments of time are past, present, and future.

TRANSITIVE VERB
A transitive verb is a verb that takes a direct object.

Example:

I am closing the window/**Io chiudo la finestra.**

The subject is *I/Io.* The verb is *am closing/***chiudo.** The direct object is *the window/***la finestra.** *See also* direct object noun, direct object pronoun, intransitive verb.

VERB
A verb is a word that expresses action or a state of being.

Examples:

Action: **Sono andati al cinema ieri sera/**We went to the movies last night.

Uso di *c'è, ci sono, ecco* (The use of *there is, there are, here is/are*)

The verb is *sono andati/went*.

State of being: **Marissa è contenta/**Marissa is happy.

The verb is *è/is*.

> ## Uso di molto, tròppo, e tutto
> (The use of a lot or very, too much or too many, and all or everything)

1. **Molto** as an adjective agrees in gender and number with the noun it modifies.
   (gli studenti) Ci sono molti studenti italiani. There are many Italian students.
   (la pasta) Mangiamo molta pasta. We eat a lot of pasta.

2. **Molto** as an adverb is invariable.
   Carla è molto ottimista. Carla is very optimistic.
   Loro sono molto simpàtici. They are very nice.
   Non studiamo molto. We don't study a lot.

1. **Tròppo** as an adjective agrees in gender and number with the noun it modifies.
   (la frutta) Mangiamo tròppa frutta. We eat too much fruit.
   (i compiti) Abbiamo tròppi compiti. We have too much homework.

2. **Tròppo** as an adverb is invariable.
   La canzone è tròppo lunga. The song is too long.
   Loro sono tròppo simpàtici. They are too nice.
   Parlano tròppo. They talk too much.

1. **Tutto** as an adjective means entire, all, or whole and agrees with the noun.
   (il giorno) Devo studiare tutto il giorno. I have to study all day long.
   (la settimana) Lavoro tutta la settimana. I work the whole week.
   (i ragazzi) Tutti i ragazzi vanno alla spiaggia. All the boys go to the beach.
   (le ragazze) Tutte le ragazze si truccano. All the girls put on makeup.

2. **Tutto** as a pronoun stands alone and it reflects the gender and number of the noun it replaces.
   Tutto è a pósto. Everything is in place.
   Tutti sono pronti. Everybody ready.
   Tutte sono partite. They (girls) all left.
   Tutta (la roba) è là. It's all there.

Gli aggettivi dimostrativi (Demonstrative adjectives)

1. **Questo** (this) agrees in gender and number with the noun that follows.
    (**la gonna**) **questa gonna** this skirt
    (**il cappotto**) **questo cappotto** this coat
    (**le gonne**) **queste gonne** these skirts
    (**i cappotti**) **questi cappotti** these coats
        but
    (**l'abito**) **quest'àbito** this outfit

2. **Quello** (that) reflects the gender and number of the noun that follows:
    quel, quello, quell', quella, quei, quegli, quelle
    (**il cappotto**) **Quel cappotto è nuòvo.** That coat is new.
    (**la gonna**) **Quella gonna è vecchia.** That skirt is old.
    (**i cappotti**) **Quei cappotti sono nuovi.** Those coats are new.
    (**le gonne**) **Quelle gonne sono vecchie.** Those skirts are old.
        but
    (**l'abito**) **Quell'àbito da sera è nuòvo.** That evening outfit is new.
    (**gli abiti**) **Quegli àbiti sono nuovi.** Those outfits are new.

3. **Questo** (this one) and **quello** (that one) as demonstrative pronouns
    also reflect the gender and number of the nouns they replace.
    Questo has the same forms as the adjective: **questo, questa, questi, queste**
    Quello has different forms from the adjective: **quello, quella, quelli, quelle**
        Examples:
        (**il vestito**) **Io preferisco questo!** (this one)
        (**la gonna**) **Tu preferisci quella ?** (that one)

L'aggettivo bello

Bello (beautiful) agrees with the noun in the same form that **quello**
    does. **bel, bello, bell', bella, begli, belle**
        Examples:
        Ecco una bella ragazza. Here is a beautiful girl.
        Ha tanti bei libri. She has many beautiful books.
        Ha una bella gonna. She has a lovely skirt.
        Ha molti begli àbiti. She has many lovely outfits.
        Compro un bel magliόne. I buy a beautiful sweater.
        Compro un bell'àbito. I buy a lovely outfit.

Gli aggettivi. (Adjectives)

Come sei tu? (How do you look / How would you describe yourself?)

antipàtico unpleasant
alto tall
avaro stingy
basso short
bello beautiful
biondo blond
bruno dark haired
brutto ugly
buono good
cattivo mean
contento content
fortunato lucky
generoso generous
gióvane young
grande big
intelligente intelligent
interessante interesting
magro thin
noióso boring
pìccolo small
pigro lazy
sfortunato unlucky
simpàtico nice
snello slender
studióso studious
stùpido stupid
triste sad
vècchio old

I colori (Colors)

arancione orange
azzurro light blue
bianco white
blu blue
giallo yellow
grigio grey
nero black
marrone brown
rosa pink
verde green
rosso red
viola purple

Come sono i tuoi capelli? Hai i capelli _____

bianchi white
biondi blond
castani brown
corti short
grigi grey
lunghi long
neri black
rossi red

Hai gli occhi _____

azzurri light blue
blu blue
castani brown
neri black
grigi grey
verdi green

Da dove vieni? Where do you come from?

Qual'è la tua nazionalità? Sono _____

americano American
canadese Canadian
cinese Chinese
francese French
giapponése Japanese
greco Greek

inglese English
irlandese Irish
italiano Italian
messicano Mexican

polacco Polish
russo Russian
spagnolo Spanish
tedesco German

Espressioni con andare, avere, e fare
(Expressions with to go, to have, and to do)

---

andare in campagna to go to
the countryside
andare in campéggio to go
camping
andare al circo to go to the
circus
andare a fare un picnic to
go on a picnic
andare al luna parc to go to
an amusement park
andare al mare to go to the
seaside
andare in montagna to go to
the montains
andare allo zoo to go to the
zoo
andare in vacanza to go on
vacation
andare d'accòrdo to get along
andare bene to fit
andare in bicicleta to ride a
bike
andare in cerca di to look for
andare in pensióne to retire
andare a pièdi to go by foot
andare a trovare to go to
visit
andare vìa to go away
avere . . . anni to
be . . . years old
avere un'ària to look / appear
avere bisogno di to need

avere caldo to be hot
avere fame to be hungry
avere fréddo to be cold
avere fretta to be in a hurry
avere intenzióne to intend
avere luògo to take place
avere mal di testa to have a
headache
avere mal di . . . to have
a . . . ache
avere paura di to be afraid
avere ragióne to be right
avere torto to be wrong
avere sete to be thirsty
avere sonno to be sleepy
avere voglia di to feel like
fare attenzióne to pay
attention
fare gli auguri to send
greetings
fare l'autostòp to hitchhike
fare il bagno to take a bath
fare un brìndisi to make a
toast
fare caldo to be warm / hot
outside
fare colazióne to have
breakfast
fare cómpere to do shopping
fare i compiti to do homework
fare la conoscènza to meet

fare la corsa to run
fare la dóccia to take a shower
fare una domanda to ask a question
fare un'escursióne to take a short trip
fare una fotografìa to take a picture
fare fréddo to be cold outside
fare bella figura to make a good impression
fare la fila to stand in line
fare legge to study law
fare un giro in màcchina to go for a car ride
farsi male to get hurt
farne a meno to do without
fare il nuòto to swim
fare la pace to make up
fare parte di to take part in

fare una passeggiata to take a walk
fare due passi to take a stroll
fare una pausa to take a break
fare prèsto to hurry
fare una scampagnata to have a picnic
fare sciòpero to be on strike
fare la sièsta to take a nap
fare la spésa to do food shopping
fare lo spiritóso to clown around
fare lo sport to play a sport
fare una telefonata to make a call
fare il tifo to be a fan
fare una visita to pay a visit
fare la valigia to pack a suitcase
fare un viaggio to go on a trip

Espressioni negative (Negative expressions)

1. Forming the negative with **non** + verb:
   Non parlo italiano. I don't speak Italian.
   Parlo italiano. I speak Italian
2. Other negative forms following **non** + verb:
   non + verb +
   Non parlo mai. I never speak.
   Non faccio niente. I do nothing.
   Non capisco nulla. I don't understand anything.
   Non . . . nemméno not even
   Non . . . neanche not even
   Non . . . nessuno no one / nobody
   Non . . . né . . . né neither ....nor
   Non . . . affatto not at all
   Non . . . ancòra not yet
   Non . . . più no longer
   Non c'è più. There is no more.

Uso idiomatico del presente con "da"
(Idiomatic usage of present time with "da"')

Da quanto tempo? How long?
Da quanti giorni? How many days?
Da quanti mesi? How many months?
Da quando? Since when?

Examples:

Da quanto tempo studi l'italiano? How long have you been studying Italian?

Da quanti giorni sei in Italia? How many days are you staying in Italy?

Da quando non ci vediamo? How long has it been since we've seen each other?

Da quando abiti qui? Since when have you been living here?

Indirect object pronoun with piacere (to like)

mi to me **Mi piace la frutta. Mi piacciono i dolci.**
ti to you **Ti piace la verdura? Ti piacciono i funghi?**
gli to him **Gli piace il pesce. Non gli piacciono i funghi.**
le to her **Le piace la carne.**
Le to you (polite) **E a Lei, Le piace la frutta?**
ci to us
vi to you all
loro to them
Loro to you (plural) (polite)

Uso di quanto, quale, alcuni/e, qualche
(Use of quanto, quale, alcuni/e, and qualche)

Quanto (how much) agrees in gender and number with the noun it refers to.

Quanto burro vuole? How much butter do you want?
Quanta frutta devo comprare? How much fruit do I have to buy?
Quanti panini preparo? How many sandwiches should I prepare?
Quante fragole compro? How many strawberries should I buy?

Quale (which one / which ones) has two forms.

Quale frutta preferisce? Which fruit do you prefer?
Quale cibo non mangia? Which food you don't eat?
Quali libri desidera? Which books would you like?
but before **è**
Qual'è l'indirizzo corretto? Which is the correct address?

Alcuni/e (some) is always used in the plural forms.

Oggi alcuni negozi non sono aperti. Today some stores are not open.
Conosco alcune ragazze in questa classe. I know some girls in this class.

Qualche (some / few) is followed by a single noun.

Ogni settimana mando qualche lettera. Every week I send some / a few letters.
Mio fratello ha comprato qualche camicia. My brother bought some / a few shirts.

Aggettivi e pronomi possessivi (Possessive adjectives and pronouns)

	Singolare		Plurale	
	Femminile	Maschile	Femminile	Maschile
my, mine	la mia	il mio	le mie	i miei
your, yours	la tua	il tuo	le tue	i tuoi
his, hers	la sua	il suo	le sue	i suoi
your (formal pl.)	la Sua	il Suo	le Sue	i Suoi
our, ours	la nostra	il nostro	le nostre	i nostri
your (plural)	la vostra	il vostro	le vostre	i vostri
their, theirs	la loro	il loro	le loro	i loro
your (formal pl.)	la Loro	il Loro	le Loro	i Loro

The definite article preceding a possessive adjective or pronoun is omitted when talking about family members except for **mamma, papà, babbo, nonno, nonna, bisnonno /a.**

Verbi (Verbs)

Verbs conjugated with èssere in the past tenses

andare to go
arrivare to arrive
avvenire to happen
bastare to be enough
bisognare to be necessary
cadere to fall
cambiare to change, to be different
campare to live
cominciare to begin
costare to cost
crepare to die
dipèndere to depend
dispiacére to be sorry
diventare to become
durare to last
entrare to enter
esìstere to exist
èssere to be

finire to finish
fuggire to run away
ingrassare to gain weight
morire to die
nàscere to be born
parere to seem
partire to leave
passare to stop by
piacére to be pleased
restare to stay
rimanére to remain
ritornare to return
riuscire to succeed
salire to go up, to get in
scappare to run away
scéndere to go down, to get off
sembrare to seem
stare to stay
succèdere to happen
tornare to return
uscire to go out
venire to come

Some of the above verbs can be conjugated with **avere** when used with a direct object.

Examples:
cambiare Ho cambiato i soldi. I exchanged the money.
cominciare Ho cominciato il lavoro. I began the work.
finire   Ho finito il lavoro. I finished the work.

Conjugation of èssere in the present tense

io	sono	noi	siamo
tu	sei	voi	siete
lui / lei	è	loro	sono
Lei	è	Loro	sono

Conjugation of avere in present tense

io	ho	noi	abbiamo
tu	hai	voi	avete
lui / lei	ha	loro	hanno
Lei	ha	Loro	hanno

Verbs with irregular past participles

acclùdere to enclose **accluso**
aprire to open **aperto**
assùmere to hire **assunto**
avvenire to happen **avvenuto**
bere to drink **bevuto**
chièdere to ask **chiesto**
chiùdere to close **chiuso**
convìncere to convince **convinto**
correre to run **corso**
cuòcere to cook **cotto**
decìdere to decide **deciso**
dipèndere to depend **dipeso**
dipìngere to paint **dipinto**
dire to say, tell **detto**
discùtere to discuss **discusso**
distìnguere to distinguish **distinto**
divìdere to divide **diviso**
esìstere to exist **esistito**
esprìmere to express **espresso**
èssere to be **stato**
fare to do, make **fatto**
interrómpere to interrupt **interrotto**
iscrìversi to enroll **iscritto**
lèggere to read **letto**
méttere to put **messo**
morire to die **morto**
muòvere to move **mosso**
nàscere to be born **nato**
offèndere to offend **offeso**
offrire to offer **offerto**
parere to seem **parso**

pèrdere to lose **perso** or **perduto**
piàngere to weep, cry **pianto**
prèndere to take **preso**
produrre to produce **prodotto**
prométtere to promise **promesso**
rèndere to return, give back **reso**
richièdere to require **richiesto**
riconóscere to recognize **riconosciuto**
rìdere to laugh **riso**
rimanére to remain **rimasto**
riprèndere to resume **ripreso**
risòlvere to solve **risolto**
rispóndere to answer **risposto**
rómpere to break **rotto**
scégliere to choose **scelto**
scéndere to get off **sceso**
scomméttere to bet **scommesso**
scoprire to discover **scoperto**
scrìvere to write **scritto**
soffrire to suffer **sofferto**
sorprèndere to surprise **sorpreso**
succèdere to happen **successo**
uccìdere to kill **ucciso**
vedere to see **visto** or **veduto**
venire to come **venuto**
vìncere to win **vinto**
vìvere to live **vissuto**

Some irregular verb conjugations

fare:

io	faccio	noi	facciamo
tu	fai	voi	fate
lui	fa	loro	fanno
Lei	fa	Loro	fanno

andare:

io	vado	noi	andiamo
tu	vai	voi	andate
lui	va	loro	vanno
Lei	va	Loro	vanno

venire:

io	vengo	noi	veniamo
tu	vieni	voi	venite
lui	viene	loro	vengono
Lei	viene	Loro	vengono

Part Four

Italian Regents Exams
and Answers

Examination June 1998

Comprehensive Examination in Italian

PART ONE

Your performance on Part 1, Speaking (24 credits), has been evaluated prior to the date of this written examination.

PART TWO

Answer all questions in Part 2 according to the directions for *a* and *b*. [30]

a *Directions* (1–9): For each question, you will hear some background information in English *once*. Then you will hear a passage in Italian *twice* and a question in English *once*. After you have heard the question, the teacher will pause while you read the question and the four suggested answers. Choose the best suggested answer and write its *number* in the space provided. Base your answer *on the content of the passage, only*. The passages that the teacher will read aloud to you are found in the ANSWERS section, Part 2, at the end of this examination. [18]

1 Why did this girl place the advertisement?

   1 to find foreign postcards and stamps
   2 to find pen pals with the same interests
   3 to learn more about soccer games
   4 to learn more about domestic animals   1 _____

2 What is the message you will give Mirella?

  1 bring a camera   3 prepare a dish

  2 come earlier   4 call the school   2 _____

3 What does Professor Lugaresi believe is important?

  1 working in a calm environment

  2 wholesome programs and shows

  3 communicating with friends

  4 rest and relaxation   3 _____

4 For whom would this magazine be useful?

  1 someone who does not have a lot of time to cook

  2 someone who wants to take cooking lessons

  3 someone who would like to exchange recipes

  4 someone who wants to teach cooking courses   4 _____

5 Why is your friend complaining?

  1 The bus is always full.

  2 The bus did not stop.

  3 The bus is running late.

  4 There is too much traffic.   5 _____

6 How does your friend respond?

  1 She does not care much for breakfast.

  2 It is too late for breakfast.

  3 She is very hungry.

  4 She has already eaten breakfast.   6 _____

7 What must you name to win the contest?

1 the album   3 the singer

2 the song   4 the year   7 _____

8 What is "Popotus"?

1 a computer game   3 an encyclopedia

2 a new toy   4 a newspaper   8 _____

9 What was Simona Ventura promoting?

1 a new television variety show

2 the value of education

3 a campaign against noise pollution

4 the recording she recently released   9 _____

b Directions (10–15): For each question, you will hear some background information in English *once*. Then you will hear a passage in Italian *twice* and a question in Italian *once*. After you have heard the question, the teacher will pause while you read the question and the four suggested answers. Choose the best suggested answer and write its *number* in the space provided. Base your answer *on the content of the passage, only*. The passages that the teacher will read aloud to you are found in the ANSWERS section, Part 2, at the end of this examination. [12]

10 A che cosa è dovuto il ritardo della partenza?

1 a problemi di manutenzione dell'aereo

2 allo sciopero del personale dell'aeroporto

3 alle cattive condizioni del tempo

4 al controllo di sicurezza dell'aeroporto   10 _____

11   Di che cosa parla questa persona?

     1   della scuola   3   dello studio
     2   della carriera militare   4   della famiglia   11 _____

12   A chi potrebbe interessare questo tipo di vacanza?

     1   a chi piace la spiaggia
     2   a chi vuole viaggiare in paesi stranieri
     3   a chi desidera visitare musei
     4   a chi ama la natura   12 _____

13   A chi potrebbe interessare questo nuovo
     ristorante?

     1   a chi piace il pesce
     2   a chi piace la carne
     3   a chi cerca un menù cinese
     4   a chi cerca piatti tipici romani   13 _____

14   Perché il tuo amico non risponde al telefono?

     1   È andato in vacanza.
     2   È occupato con dei clienti.
     3   È uscito per ragioni di lavoro.
     4   È partito per affari.   14 _____

15   Che cosa si può vedere il 7 luglio a Pelago?

     1   una sfilata di moda
     2   fiori nelle vie della città
     3   uno spettacolo straordinario
     4   esibizioni di oggetti antichi   15 _____

PART THREE

Answer all questions in Part 3 according to the directions for *a*, *b*, and *c*. [30 credits]

a Directions (16–20): After the following passage, there are five questions or incomplete statements. For *each*, choose the word or expression that best answers the question or completes the statement *according to the meaning of the passage* and write its *number* in the space provided. [10]

A tavola a Roma

La cucina romana in un certo senso, è rappresentativa delle varie tendenze delle cucine regionali d'Italia. Oggi, infatti, il tipico menù romano è ricco di ricette che provengono dal Lazio, dall'Abruzzo e dalle Marche.

La pasta, senza dubbio, è uno dei piatti più significativi nei ristoranti e nelle trattorie. È più che altro pastasciutta. Pensate agli spaghetti alla carbonara, dove il sapore della carne di maiale si unisce a uova, aglio, olio, peperoncino e formaggio pecorino! Questo piatto, oggi considerato romano ha lontane origini in Umbria.

Tipicamente il primo piatto per un romano consiste di pastasciutta o pasta in brodo con legumi come le tradizionali pasta e fagioli, pasta e ceci o pasta e piselli. Questi piatti rappresentano la cucina romana e ne esaltano il suo carattere rustico e popolare.

Ma cosa c'è di più buono di un secondo piatto composto d'abbacchio, cioè d'agnello arrosto, o di saltimbocca detti appunto "alla romana"? Ai nostri giorni, il pesce è anche diventato un elemento essenziale dell'alimentazione della capitale italiana. Branzini, spigole, dentici ed altri tipi di pesce sono i pezzi più comuni proprio come in altre città italiane. Ricordiamo anche il classico fritto di "pezzetti", cioè con

cervella, fegato, carciofi, zucchine, ricotta, mele e pere.
Quest'ultimo piatto, originario del Piemonte, è
apprezzato anche a Roma.

La verdura e gli ortaggi sono altri protagonisti della
mensa "storica" di questa città, con i carciofi in prima
fila. Questi si cuociono con aromi oppure in compagnia
dei piselli. Si possono anche gustare i carciofi in
pinzimonio o leggermente bruciacchiati "alla giudia".

E per completare il pasto non dimentichiamo i dolci
tipici romani come il castagnaccio, una torta a base di
frutta autunnale; le "frappe" un dolce di pasta fritta
zuccherata; ed infine i "maritozzi" panini dolci e soffici
con uva passa. Questi sono solamente tre dei tanti dolci
di origine romana, ma in qualsiasi pasticceria si possono
trovare dolci e paste di tutte le altre regioni d'Italia:
sfogliatelle napoletane, cannoli siciliani, il panforte
senese e gli amaretti di Saronno. Roma non è solo la
capitale politica del paese, ma è diventata uno dei
capoluoghi della gastronomia italiana e ben rappresenta
le ricche tradizioni della cucina regionale.

16 Secondo questa lettura, qual è un aspetto particolare della
cucina romana?

  1 include ricette da altre parti d'Italia
  2 include ricette da altre nazioni
  3 non usa verdure
  4 non usa molti ingredienti   16 _____

17 Un ingrediente non usato negli spaghetti alla
carbonara è

  1 il formaggio   3 l'uovo
  2 la carne   4 il pomodoro   17 _____

18 Qual'è un tipico primo piatto romano?

   1 pasta con legumi   3 zuppa di cipolla

   2 brodo di pollo   4 formaggi assortiti   18 _____

19 Di che cosa consiste un secondo piatto a Roma?

   1 pasta o riso   3 carne o pesce

   2 zuppa e insalata   4 gelato e biscotti   19 _____

20 Secondo quest'articolo, un dolce caratteristico
di Roma è

   1 il cannolo   3 il castagnaccio

   2 la sfogliatella   4 il panforte   20 _____

b *Directions* (21–25): Below each of the following selections, there is either a question or an incomplete statement. For *each*, choose the word or expression that best answers the question or completes the statement *according to the meaning of the selection*, and write its *number* in the space provided.   [10]

21

POWER GROUP

HAI SOLO 2 SETTIMANE DI TEMPO DA DEDICARE ALL'APPRENDIMENTO DI UNA LINGUA?

Ecco la risposta:
Power Group (max 6 persone)
2 settimane dalle 9.00 alle 18.00
corsi in tutte le lingue.
Inizio garantito anche con 1 solo iscritto
il 1° lunedì di ogni mese.
L. 1.480.000

Viale Pasteur, 77- Roma EUR ☎ **5920900**
Via di Torre Argentina, 21 - Roma ☎ **6834000**

What can be learned at Power Group?

1 how to operate a computer
2 how to write correctly
3 how to stay healthy
4 how to speak a foreign language   21 _____

22

Niente pic-nic se sei a rischio

Ecco le precauzioni da prendere per evitare punture di insetti e morsi di ragni.
● *Non mangiare all'aperto e non bere bibite in lattina nelle quali gli insetti potrebbero entrare.*
● *Evitare il giardinaggio e non avvicinarsi ai fiori e alla frutta che si trova ancora sugli alberi.*
● *Non indossare abiti colorati, non utilizzare profumi o altri prodotti dall'odore pronunciato (come creme solari o lacche per capelli) che possono attirare gli insetti.*

c.c.

What does this advertisement suggest to the reader?

1 ways to avoid food poisoning
2 ways to protect against insect bites
3 ways to avoid back problems when gardening
4 ways to protect against sunburn

22 _____

23

GELATI & SORBETTI

Il sorbetto ha origini
più antiche del gelato.
Pare siano stati gli arabi
i veri «inventori» tanto che
il nome deriva appunto
dalla parola araba *shorbet*.
Dall'Arabia il sorbetto arriva
in Sicilia dove, qualche secolo
dopo, si trasforma in gelato.
Sembra sia stato un siciliano,
al seguito di Caterina
de' Medici, a portare il gelato
in Francia. Da qui si diffonde in
tutta Europa e poi ovunque; oggi
gli Stati Uniti sono i maggiori
consumatori di gelato.

According to this article, who is responsible for
changing sherbet into ice cream?

1 the Americans   3 the Arabs

2 the French   4 the Sicilians   23 _____

24

MA NON DIMENTICARE CHE

L'AMORE PER IL VERDE SI RIVELA ANCHE

ATTRAVERSO LA SCELTA DEL CONTENITORE PIÚ

ADATTO AD OSPITARE LE TUE PIANTE. SCEGLI

LA TERRACOTTA, IL MATERIALE NATURALE ED

ECOLOGICO CHE, PIÚ DI OGNI ALTRO, PERMETTE

DI RICREARE UN PERFETTO ECOSISTEMA. LE TUE

PIANTE POTRANNO COSÍ ASSORBIRE IN MODO

UNIFORME L'ACQUA E MANTENERE IN OGNI

STAGIONE LA GIUSTA TEMPERATURA ED UMIDITÁ

DI CUI HANNO BISOGNO PER CRESCERE FORTI E

RIGOGLIOSE. SE AMI VERAMENTE IL TUO FICUS,

TRATTALO BENE. SCEGLI LA TERRACOTTA.

Terracotta:
il miglior modo
di trattare le piante.

Campagna per la diffusione della terracotta promossa da: DEROMA s.p.a. Malo (VI), DESTRO s.r.l. Villaverla (VI), EUGANEA VASI s.r.l. Bastia di Rovolon (PD), VASERIE SENESI s.r.l. Abbadia di Montepulciano (SI), VASERIE TREVIGIANE int. Quinto di Treviso (TV)

According to this advertisement, why should this product be used?

1 It maintains the right temperature.
2 It saves time.
3 It is unbreakable.
4 It is perfect for the house.

24 _____

25

Dalle parole siamo passati ai fatti. Il rinnovamento delle FS sta andando avanti a grande velocità. Sono pronti nuovi collegamenti, nuove linee, nuovi treni (nuove motrici, nuovi Pendolini, nuovi bipiani, nuove cuccette, nuove carrozze), nuovi posti di lavoro e 400 stazioni parzialmente o totalmente rinnovate nei prossimi tre anni. E ognuno di noi è pronto a fornire un servizio di alta qualità perché sappiamo perfettamente che i nostri veri padroni sono i clienti, cioè voi. Ogni dettaglio, anche il più insignificante, è fondamentale per arrivare alla soddisfazione totale. Per questo stiamo rinnovando tutto. Avete capito bene. Proprio tutto.

FERROVIE
DELLO STATO

What does this advertisement describe?

1 an automated ticket booth
2 new security precautions
3 new railroad services
4 a multilevel parking lot

25 _____

c *Directions* (26–30): In the following passage there are five blank spaces numbered 26 through 30. Each blank space represents a missing word or expression. For each blank space, four possible completions are provided. Only one of them makes sense *in the context of the passage.*

First, read the passage in its entirety to determine its general meaning. Then read it a second time. For each blank space, choose the completion that makes the best sense and write its *number* in the space provided.   [10]

La TV in Italia

In genere l'Italia televisiva gode della presenza di tre canali governativi o statali e molti altri canali privati. La R.A.I., Radiotelevisione Italiana, è divisa in tre stazioni televisive: RAIUNO, RAIDUE, e RAITRE. Queste reti trasmettono programmi culturali, scientifici, drammatici, comici, e di varietà. Inoltre si possono seguire film classici e moderni, e il telegiornale. Anche se sono canali con molta varietà non sono graditi come i canali privati. I programmi televisivi preferiti dagli italiani sono quelli trasmessi dalle stazioni private del Presidente Silvio Berlusconi, un uomo di affari che ha fatto fortuna proprio con la _____(26)_____ . Canale 5, Italia 1, e Rete 4 sono alcuni dei molti canali di proprietà di Berlusconi. Canale 5, con l'aiuto di potenti antenne, di radar e di satelliti manda in onda partite di sport italiani e americani, eventi mondiali e competizioni olimpiche. Italia 1 si dedica alle notizie di

attualità e al bollettino metereologico. Durante il
giorno si possono vedere il telegiornale per sapere le
notizie più recenti e le previsioni del ____(27)____ per
ottenere informazioni sulle condizioni meteorologiche.
Rete 4 si specializza in canzoni moderne, video di
cantanti famosi, e dischi classici di tutte le epoche.
Questa rete televisiva trasmette ____(28)____ quasi
24 ore al giorno a milioni di ragazzi e ragazze italiane,
che ammirano i loro autori preferiti mentre si
esibiscono a ritmo di lirica e video.

In ogni casa italiana oggigiorno arrivano almeno trenta
canali tra quelli statali, privati e locali. La tivù locale si
limita a trasmettere documentari sull'arte della cucina.
Questi canali sono seguiti da pochi spettatori perchè
generalmente i giovani italiani, come in tutto il mondo,
danno poca importanza alla televisione informativa e
istruttiva.

Non molto tempo fa, durante gli anni sessanta e
settanta, venivano trasmessi in Italia solamente due
canali statali. La televisione era più un lusso che una
necessità. Pochi italiani erano proprietari di un
televisore. Infatti, venti anni fa solamente il 25%
delle ____(29)____ italiane possedeva un televisore in
casa. Oggi, in molte case italiane ci sono due televisori
a colori. E c'è un vasto assortimento di canali per tutti i
gusti e tutte le generazioni, dai più piccoli, ai giovani, ai

Directions: Write **one** well-organized composition in Italian a[s] directed below. [10]

Choose **either** question 33 **or** 34. Write a well-organized com[position, following the specific instructions given in the question] you have chosen. Your composition must consist of **at least 10 clauses.** To qualify for credit, a clause must contain a verb, [a] stated or implied subject, and additional words necessary to con[vey meaning. The 10 clauses may be contained in fewer than 10 sentences if some of the sentences have more than one clause.

[I]n Italian, write a story about the situation shown in the pictur[e] [b]elow. It must be a story relating to the picture, not a descrip[t]ion of the picture. Do not write a dialogue.

vecchi che generalmente ____(30)____ canali di notizie, religione, attualità e commentari. Gli anziani e i pensionati gradiscono più un buon documentario che un segmento di videomusica.

(26) 1 scuola   3 moda
      2 televisione   4 danza   26 ____

(27) 1 telefilm   3 calcio
      2 telegioco   4 tempo   27 ____

(28) 1 musica   3 storia
      2 propaganda   4 partita   28 ____

(29) 1 piazze   3 famiglie
      2 scuole   4 fabbriche   29 ____

(30) 1 scrivono   3 passano
      2 preferiscono   4 evitano   30 ____

PART FOUR

Write your answers to Part 4 according to the directions for a and b. [16]

a *Directions:* Write **one** well-organized note in Italian as directed below. [6]

Choose **either** question 31 **or** 32. Write a well-organized note, following the specific instructions given in the question you have chosen. Your note must consist of **at least six clauses.** To qualify for credit, a clause must contain a verb, a stated or implied subject, and additional words necessary to convey meaning. The six clauses may be contained in fewer than six sentences if some of the sentences have more than one clause.

31 You just found something that belongs to your friend. You stop by to return it, but your friend is not at home. Write a note in Italian to your friend to explain that you have found something that belongs to him or her.

In the note, you may wish to tell your friend what you found, where you found it, and when it was found. You may wish to suggest how your friend can get it back from you. **Be sure to accomplish the purpose of the note, which is *to tell your friend that you have found something that belongs to him or her.***

> *Use the following:*
>
> Salutation: [your friend's name],
> Closing: Ciao,

The salutation and closing will *not* be counted as part of the six required clauses.

32 You and a friend had made plans to get together t[...] for outside activities. However, bad weather is [...] weekend. Write a note in Italian to your friend sug[...] activities that you could do.

In the note, you may wish to explain that bad weat[...] ed and tell how you learned about it. You may the[...] gest inside activities that you could do together[...] **accomplish the purpose of the note, which [...] *activities that you could do.***

> *Use the following:*
>
> Salutation: [your friend's name],
> Closing: A presto,

The salutation and closing will *not* be cou[...] the six required clauses.

34 You recently participated in a community service activity. In Italian, write a letter to your pen pal telling him or her about this activity.

You must accomplish the purpose of the letter, which is *to tell your pen pal about the community service activity*.

In your letter, you may wish to identify the activity (helping out in a hospital, cleaning local parks, working with young children, etc.). You may want to mention how often you participate, tell where you go and who else is involved with you in this activity, and tell why you like to participate in this activity. You may also want to ask if your pen pal has participated in a similar activity.

You may use any or all the ideas suggested above *or* you may use your own ideas. **Either way, you must tell your pen pal about the community service activity.**

Use the following:

Dateline:	18 giugno 1998
Salutation:	Caro/Cara [name],
Closing:	Cari saluti,

The dateline, salutation, and closing will *not* be counted as part of the 10 required clauses.

Answers
June 1998
Comprehensive Examination
in Italian

PART ONE

This part of the examination was evaluated prior to the date of this written examination. [24 credits]

PART TWO

The following passages are to be read aloud to the students according to the directions given for this part at the beginning of this examination. The correct answers are given after number 15. [30 credits]

1. While sitting at a cafe in Verona, your friend reads this to you from a newspaper:

   Amo la natura, gli animali, le cose belle, le cartoline, il calcio; odio le discoteche, la falsità, l'arroganza. Corrisponderei anche in francese o in inglese con ragazze e ragazzi seri e sinceri italiani o europei, che abbiano i miei stessi interessi. Fiorella Agnelli, via Chivasso, 10, Torino.

   Why did this girl place the advertisement?

2. You are talking with an Italian exchange student in your school. She says:

   La festa d'addio della scuola avrà luogo sabato sera nella palestra alle otto. La professoressa vuole che ci presentiamo prima, alle sette e tre quarti, in segreteria per fare una foto di gruppo. Dí a Mirella che, se vuole, ci vediamo alle sette e mezzo e andiamo insieme.

   What is the message you will give Mirella?

3. While listening to an Italian radio station, you hear this announcement:

Volete vivere bene? Allora seguite i consigli del professor Elio Lugaresi, esperto di sogni ed insonnia. Lugaresi dice che bisogna dormire almeno otto ore al giorno e, per di più, anche un'ora nel pomeriggio. La camera da letto, secondo Lugaresi, dovrebbe essere serena e tranquilla: niente telefono, niente tivù, solamente un ottimo materasso, una camera fresca e buia, e poche distrazioni o rumori. Dormire bene vuol dire alzarsi bene e vivere bene.

What does Professor Lugaresi believe is important?

4. While going from Pisa to Firenze, you hear this advertisement on the radio about a new magazine:

I tempi cambiano e abbiamo sempre meno tempo per cucinare. Per questo, da oggi c'è "Cucina Moderna" per avere ogni giorno a tavola piatti sempre diversi, gustosi, facili e veloci. Ogni mese "Cucina Moderna" insegna, suggerisce e consiglia. Comprate "Cucina Moderna" in edicola ogni mese. "Cucina Moderna" per non passare una vita in cucina.

For whom would this magazine be useful?

5. You and your Italian friend are waiting at a bus stop in downtown Rome. He says to you:

Caspita! È mezz'ora che aspettiamo. È già l'una e l'autobus ancora non arriva! È vero che c'è un po' di traffico, ma non tanto. Con l'ultimo aumento del biglietto il servizio doverbbe essere migliore e gli autobus più puntuali. Chissà a che ora arriveremo a casa?

Why is your friend complaining?

6. You invite your Italian friend to have breakfast with you. She says:

La colazione? Non la faccio mai. Grazie lo stesso, e poi il caffè non mi piace. Di mangiare a quest'ora non ho voglia. Ma se vuoi un po' di compagnia, sì, t'accompagno. Forse prendo un tè.

How does your friend respond?

7. You are listening to the radio in Italy and you hear:

Se volete vincere due biglietti per una crociera di una settimana, telefonate subito al 57 14 02 con la risposta alla seguente domanda: in che anno è uscita la canzone "Volare" di Domenico Modugno? In bocca al lupo!

What must you name to win the contest?

8. While watching television with your host family in Italy, you hear this advertisement:

Nasce "Popotus", il primo giornale d'attualità per bambini. Finalmente ogni sabato i bambini hanno il loro quotidiano, il loro inviato speciale in Italia e nel mondo. "Popotus" li informa dei fatti più importanti della settimana: notizie, sport, spettacoli. Li fa riflettere e li diverte: li aiuta a crescere e li fa sentire grandi.

What is "Popotus"?

9. A recent announcement on Italian radio stated:

Sono Simona Ventura. Lavorando nel continuo rumore dello studio televisivo, ho imparato ad apprezzare il valore del silenzio. Ognuno di noi merita un po' di tranquillità nella vita. Ricordate di rispettare la serenità degli altri. Tenete bassa la voce e abbassate anche il volume della tivù. Non "sgasate" con le moto e non suonate troppo il claxon. Il silenzio è musica per le nostre orecchie.

What was Simona Ventura promoting?

10. You have just arrived at Leonardo da Vinci Airport for your flight back to the United States and hear this announcement over the loudspeaker:

Attenzione, prego! Informiamo i passeggeri che il volo Alitalia 611 delle ore 12,15 diretto a New York partirà con circa due ore di ritardo a causa delle pessime condizioni atmosferiche che persistono lungo la rotta. Preghiamo i signori passeggeri di ascoltare ulteriori annunci per eventuali cambiamenti dell'orario di partenza.

A che cosa è dovuto il ritardo della partenza?

11. You are an exchange student in a school in Italy. You hear a guest speaker say:

Cerchiamo ragazzi coraggiosi, motivati e generosi. Offriamo stipendio mensile, sviluppo di carriera e possibilità di accesso in altre Amministrazioni di Stato, comprese le Forze di Polizia. Per te stesso, per il tuo paese, per la pace. Le Forze Armate ti aspettano.

Di che cosa parla questa persona?

12. You turn on the radio in Italy and hear this announcement:

Quest'estate, invece di andare al mare o in montagna, vieni a fare una gita ai parchi nazionali italiani. Nei parchi nazionali dello Stelvio, del Gran Paradiso, della Calabria e d'Abruzzo, scoprirai il delicato equilibrio tra la natura e l'uomo, un ambiente di bellezza naturale protetto dalla legge, un rifugio per specie di uccelli e animali rari e per numerose specie di flora e fauna. Fatti le "ferie verdi" quest'anno. Telefona al tuo agente di viaggio oggi.

A chi potrebbe interessare questo tipo di vacanza?

13. While in Rome, you hear this radio commercial:

Il ristorante "La Medusa" vi invita a cenare da noi. Nel nostro salone con aria condizionata, potrete gustare tipici piatti della cucina della Sardegna. C'è un menù turistico da 15,000 lire, coperto e servizi inclusi. Siamo vicino all'ingresso dei Musei Vaticani e si accettano varie carte di credito. Le nostre specialità includono pesce arrosto, frutti di mare, e gamberi ai ferri.

A chi potrebbe interessare questo nuovo ristorante?

14. You are in Bologna. You have just telephoned your friend who is an architect and you hear this message on the answering machine:

Salve. Avete appena raggiunto lo studio dell'architetto Rossi. In questo momento non mi è possible rispondere al telefono. Sono partito con la mia famiglia per passare dieci giorni al mare. Vi prego di lasciare il vostro nome, il numero di telefono e la ragione della vostra telefonata. Vi richiamerò. Grazie.

Perché il tuo amico non risponde al telefono?

15. You are spending the summer in Florence with your cousins. You are listening to the radio and this announcement catches your attention:

È sicuramente una delle manifestazioni più curiose dell'estate quella che organizza il comune di Pelago, vicino a Firenze. È una riunione di artisti da strada che il 7 luglio colora le vie della città. Attori, comici, mimi, ballerini, e tantissimi musicisti si esibiscono con divertenti spettacoli. Ognuno si presenta con un look originale e particolare: Ma ciò che tutti hanno in comune è la sensazionalità.

Che cosa si può vedere il 7 luglio a Pelago?

PART TWO

(a) (1) 2   (4) 1   (7) 4   (b) (10) 3   (13) 1
     (2) 2   (5) 3   (8) 4   (11) 2   (14) 1
     (3) 4   (6) 1   (9) 3   (12) 4   (15) 3

PART THREE

(a) (16) 1   (b) (21) 4   (c) (26) 2
     (17) 4   (22) 2   (27) 4
     (18) 1   (23) 4   (28) 1
     (19) 3   (24) 1   (29) 3
     (20) 3   (25) 3   (30) 2

PART FOUR

(a) **Notes in writing**

For each note, an example of a response worth six credits follows. The slash marks indicate how each sample note has been divided into clauses.

31. Salve Paolo,

Ho una buona notizia./₁ Sai quella videocassetta che cercavi/₂ e non trovavi?/₃ L'ho trovata io a casa mia./₄ Era sotto il mio letto./₅ La porto a scuola domani./₆ L'ho messa nello zaino.

Ciao,
Francesco

32. Ciao Francesca,

Lo so/₁ che abbiamo deciso di giocare a calcio questo weekend/₂ ma ora sento/₃ che pioverà fino a lunedì./₄ Allora possiamo giocare a carte a casa mia/₅ oppure andare al cinema/₆ per vedere quel nuovo film. Che vuoi fare?

A presto,

(b) Narrative based on picture/letter

For each narrative/letter, an example of a response worth 10 credits follows. The slash marks indicate how each sample narrative/letter has been divided into clauses.

33. È domenica mattina./₁ Il signor Rossi va al parco con sua moglie./₂ Portano a passeggio il bambino./₃ Il bambino ha sei mesi./₄ Si chiama Franco./₅ Mentre i signori passeggiano/₆ incontrano una vicina di casa la signora Maria./₇ La signora Maria vuole vedere il bambino./₈ Maria dice che il bambino è bello e grande./₉ Dopo una bella chiachierata Maria ritorna a casa./₁₀ I genitori del bambino vanno al parco.

34.   18 giugno 1998

Caro [*name*],

   Cosa fai quest'estate?/₁ Io aiuto in ospedale./₂ Assisto le segretarie con i pazienti/₃ che non parlano bene inglese./₄ Ci vado ogni pomeriggio dopo scuola per tre ore dal lunedì al venerdì./₅ Spesso aiuto anche i dottori e le infermiere/₆ che hanno difficoltà con la lingua italiana./₇ Anche se non ricevo un salario/₈ questo lavoro mi dà molta soddisfazione/₉ perché mi piace aiutare la comunità./₁₀ Perché non lo fai anche tu? Abbiamo bisogno di altre persone.

                                                  Cari saluti,

Examination June 1999

Comprehensive Examination in Italian

PART ONE

Your performance on Part 1, Speaking (24 credits), has been evaluated prior to the date of this written examination.

PART TWO

Answer all questions in Part 2 according to the directions for *a* and *b*. [30]

a *Directions* (1–9): For each question, you will hear some background information in English *once*. Then you will hear a passage in Italian *twice* and a question in English *once*. After you have heard the question, the teacher will pause while you read the question and the four suggested answers. Choose the best suggested answer and write its *number* in the space provided. Base your answer *on the content of the passage, only*. The passages that the teacher will read aloud to you are found in the ANSWERS section, Part 2, at the end of this examination. [18]

1 What does the talk show host ask?

  1 if Pavarotti likes to read in his spare time
  2 if it is true that Pavarotti cannot read music
  3 if it is true that Pavarotti cannot drive
  4 if Pavarotti writes the lyrics to his own songs   1 _____

2 What does the passerby advise you to do?

  1 walk   3 follow the signs
  2 take a bus   4 take the subway   2 _____

3 What does the teacher want you to do?

  1 prepare for a test
  2 sign up for a trip to Italy
  3 think of fundraising ideas
  4 talk to the principal   3 _____

4 What is this announcement about?

  1 a trip   3 a book
  2 a flower shop   4 a jewelry store   4 _____

5 What does your friend suggest that you do?

  1 visit a historical site
  2 look at the map
  3 ask for directions
  4 find a good place to rest   5 _____

6 Why is your friend unable to go to the park with you?

  1 He has schoolwork to do.
  2 He needs to go shopping.
  3 He has to go to work.
  4 He is waiting for an important message.   6 _____

7 What is taking place in Milan?

   1 a fashion show of "ecologically friendly" clothing
   2 a protest against designers who ignore environ-
     mental issues
   3 a program promoting young designers
   4 a ceremony to honor Italian fashion designers   7 ____

8 What does your friend recommend?

   1 borrowing money from her
   2 going to another bank
   3 making a deposit
   4 getting additional information   8 ____

9 What does the classmate suggest that you both do?

   1 wait outside   3 get on the bus
   2 go to a cafe   4 look for the teacher   9 ____

b *Directions* (10–15): For each question, you will hear some background information in English *once*. Then you will hear a passage
in Italian *twice* and a question in Italian *once*. After you have
heard the question, the teacher will pause while you read the
question and the four suggested answers. Choose the best suggested answer and write its *number* in the space provided. Base
your answer *on the content of the passage, only*. The passages that
the teacher will read aloud to you are found in the ANSWERS
section, Part 2, at the end of the examination. [12]

10 Che cosa ci suggerisce di fare questo dottore dopo
   pranzo?

   1 riposare un po'
   2 guardare un po' di televisione
   3 fare una passeggiata
   4 ascoltare musica classica   10 ____

11 Che cosa offre questa iniziativa?

   1 guide turistiche
   2 libri gratis da leggere sulla spiaggia
   3 biciclette da spiaggia in affitto
   4 bevande fredde   11 _____

12 Che cosa devi fare per avere un orologio in regalo?

   1 andare alla partita di calcio
   2 comprare i prodotti della Parmalat
   3 vincere un concorso
   4 guardare il calcio alla televisione   12 _____

13 Perché è diverso questo ristorante?

   1 C'è un concerto durante la cena.
   2 Servono dolci regionali.
   3 Ha una clientela famosa.
   4 Il menù cambia ogni giorno.   13 _____

14 Perché telefona il tuo amico?

   1 Desidera presentarti sua sorella.
   2 Vuole mostrarti un nuovo videogioco.
   3 Vuole andare a una festa stasera.
   4 Desidera invitarti a uno spettacolo.   14 _____

15 Che cosa spiega l'agente di viaggi al cliente?

   1 dove ottenere informazioni turistiche
   2 il prezzo di noleggiare un'automobile
   3 come devono comportarsi i bambini
   4 i vantaggi di un certo albergo   15 _____

PART THREE

Answer all questions in Part 3 according to the directions for *a*, *b*, and *c*. [30 credits]

a Directions (16–20): After the following passage, there are five questions or incomplete statements. For *each*, choose the word or expression that best answers the question or completes the statement *according to the meaning of the passage*, and write its *number* in the space provided. [10]

Un anno in un paese straniero

Lo chiamano l'anno delle meraviglie e per gli studenti che lo vivono è davvero così. Un anno lontano da casa, frequentando una scuola tutta nuova, "adottati" da una famiglia; anch'essa tutta nuova. Che altro potrebbe desiderare di più un alunno di una scuola superiore? Se poi al rientro si parla anche la lingua del posto dove si è stati ospiti, chiamare questa esperienza semplicemente "l'anno delle meraviglie" è ancora poco.

Ai ragazzi italiani l'esperienza piace, anche se ancora sono pochi quelli che ne approfittano perché pochi sono informati dell'opportunità. Ogni anno 500 studenti partono per studiare all'estero, cioè fuori d'Italia. Fino a due anni fa erano meno di cento. La maggior parte, circa l'80 per cento, sceglie come destinazione gli Stati Uniti. Molto apprezzate sono anche l'Australia, il Canada, la Nuova Zelanda e la Francia.

Si entra in contatto con un mondo sconosciuto, quello delle scuole superiori estere, e si vive come ospiti presso una famiglia che adotta lo studente italiano. Scopo del programma è lo scambio culturale. Quando, lo studente ritorna a casa, può tranquillamente frequentare l'anno successivo nella scuola italiana. La legge italiana riconosce l'anno di studio all'estero e permitte di continuare senza perdere l'anno scolastico.

Possono partecipare al programma tutti gli studenti che hanno un'età compresa fra i 14 e i 18 anni. I ragazzi devono dimostrare di aver frequentato regolarmente una scuola italiana durante l'ultimo semestre prima della partenza.

Per iscriversi bisogna contattare un'agenzia di vacanze-studio che organizza il soggiorno all'estero. La domanda d'iscrizione, che non obbliga a partire in caso sia accettata, costa sulle 50 mila lire e deve essere fatta prima della fine di marzo.

Il costo del programma comprende il viaggio aereo di andata e ritorno, l'assistenza di un capogruppo dell'agenzia durante tutto il soggiorno, la sistemazione in famiglie, l'iscrizione alla scuola, i libri di testo e il materiale informativo prima della partenza. Nel prezzo non sono compresi le escursioni e i divertimenti dei ragazzi. Per le spese personali ogni studente provvede da sè.

L'anno scolastico all'estero è un'esperienza unica: il primo vantaggio è imparare un'altra lingua quasi alla perfezione. Al ritorno in Italia, infatti, i ragazzi sono quasi bilingui. Con questo, va considerato anche il fatto che lo studente vive una realtà completamente diversa da quella che conosce, con nuove responsabilità e un continuo confrontarsi con gli altri. La conseguenza è una maturazione che le esperienze di una vita scolastica tradizionale difficilmente possono garantire. Poi c'è da considerare che il ragazzo sviluppa anche un maggior spirito critico, grazie alla continua necessità di confrontare i rapporti interpersonali e familiari che aveva in Italia e quelli del paese in cui è ospite. Infine, soggiornare per un lungo periodo a contatto con un'altra famiglia e con un'altra cultura, prepara ad uno spirito di tolleranza e di ospitalità indispensabile nel mondo del lavoro.

16 Secondo l'articolo, pochi ragazzi partecipano a questa esperienza perché

1 la scuola non lo consiglia
2 il programma è poco conosciuto
3 hanno paura di viaggiare
4 hanno poco tempo libero   16 ____

17 Dove abita lo studente all'estro?

1 con una famiglia
2 con un gruppo di studenti
3 in un albergo
4 in casa di parenti   17 ____

18 Che succede quando il goivane ritorna a scuola in Italia?

1 Organizza un programma di scambio.
2 Ripete l'anno scolastico.
3 Continua gli studi normalmente.
4 Riceve una borsa di studio per l'università.   18 ____

19 Che cosa non è incluso nel prezzo?

1 l'aiuto dell'agenzia
2 i libri di testo
3 il biglietto aereo
4 le gite nel paese straniero   19 ____

20 Secondo l'articolo, questo programma dà agli studenti italiani l'opportunità di

1 conoscere una cultura diversa
2 diplomarsi un anno prima
3 partecipare alla politica straniera
4 iscriversi a corsi di lingua italiana   20 ____

b *Directions* (21–25): Below each of the following selections, there is either a question or an incomplete statement. For *each*, choose the word or expression that best answers the question or completes the statement *according to the meaning of the selection*, and write its *number* in the space provided. [10]

21

AZOLIN Ecologico
8 ore di protezione naturale dagli insetti molesti

Delicatissimo sulla pelle perché rispetta in modo naturale l'equilibrio cutaneo, soprattutto quello dei bambini, evitando così il rischio di allergie.

AZOLIN Ecologico:
il controllo scientifico e le garanzie di una grande casa farmaceutica.

AZOLIN Ecologico
PROTEZIONE NATURALE
Chiedilo al tuo farmacista

BRACCO

This product is designed to be used on a person's

1 eyes   3 skin
2 teeth   4 hair   21 ____

22

LAVARSI SENZA CONSUMARE

Una famiglia di tre persone può risparmiare sino a 40 mila litri d'acqua all'anno seguendo alcuni consigli che l'Agac, Azienda gas acqua consortile di Reggio Emilia, con Legambiente, Pro Natura, Wwf e Cai, segnala in un opuscolo (Agac, via Gastinelli 30, tel. 0522/297391 - 40200 Reggio Emilia).

● Applicate il frangigetto ai rubinetti. Dimezza il flusso dell'acqua. Potete acquistarlo presso le ferramenta, con 3 mila lire (il risparmio, per una famiglia media di 4 persone, sarà ogni anno di 6.000 litri).

● Chiudete il rubinetto, mentre vi insaponate (2.500 litri a persona).

● Riparate il rubinetto che gocciola (21.000 litri) e il water che perde (52.000 litri).

● Fate la doccia anziché il bagno (130 litri a lavaggio).

● Lavate le verdure lasciandole a mollo anziché sotto l'acqua corrente (4.500 litri a famiglia).

● Utilizzate la lavatrice e la lavastoviglie a pieno carico (8.200 litri a famiglia).

What does this advertisement promote?

1 mineral water   3 a lawn service

2 water conservation   4 a new appliance   22 _____

23

INNAMORATE DI EROS

Ciao,
mi chiamo Barbara, ho diciassette anni e compro spesso la rivista "Italiani". Non parlo italiano però voglio impararlo e la rivista mi aiuta molto. Leggendo posso già capire molte cose e, quando non comprendo bene, prendo il dizionario e traduco tutte le parole sconosciute.

Un'altra cosa che mi aiuta molto sono le canzoni di Eros Ramazzotti, di cui sono veramente innamorata. Ho due libri su di lui e tutti i suoi cd.

In un numero di "Italiani" dello scorso anno, ho letto la lettera di Silvana Guerreśe di Rio De Janeiro e sono rimasta molto contenta di trovare una brasiliana innamorata di Eros come me, al punto di scrivere una lettera al fan-club.

Non ho mai trovato nessuno per dividere questa passione e perciò vorrei chiedervi di pubblicare l'indirizzo di Silvana.
Saluti.

Barbara Domingos Isikania
San Paolo, Brasile

Complimenti per il tuo italiano. Ecco esaudito il tuo desiderio: Silvana Losso Brandão Guerrese, rua João Silva, 107 apt. 202 Olarìa, Rio de Janeiro/RJ Brasil, CEP 21031-410.

How is Barbara learning the Italian language?

1 with the help of a Brazilian friend
2 by traveling through Italy
3 by reading and listening to music
4 with the help of an Italian pen pal

23 _____

24

"PROFESSIONE FUTURA"
Centro di formazione professionale

VOLETE TROVARE LAVORO?
E ALLORA PERCHÉ NON VI SPECIALIZZATE?

Ci sono settori in cui c'è continua richiesta di personale specializzato.
Il nostro CENTRO DI FORMAZIONE PROFESSIONALE, in costante
contatto con il mondo imprenditoriale, elabora ed offre le soluzioni
per rendere meno incerto il proprio inserimento nel mondo del lavoro.

Durata dei corsi	Frequenza	Orario
10 Mesi	1/2/3 lezioni settimanali	4/3/2 ore per lezione

Parrucchiera	Shiatsu	Estetista

This advertisement is intended for people who

1 are looking for an employment agency
2 are looking for training for certain jobs
3 want to teach certain courses
4 want to learn for personal enrichment

24 _____

25

Quella che segue è una selezione personale (e che sarà settimanalmente aggiornata) di ristoranti, trattorie e pizzerie di Roma e dintorni aperte per tutto il mese di agosto o per un periodo del mese stesso. La scelta è stata operata tenendo conto di criteri qualitativi e del rapporto qualità/prezzo. Consigliamo in ogni caso di prenotare telefonando in anticipo, anche per accertarsi dell' effettiva apertura dei locali citati. Agosto è un periodo nel quale le chiusure "selvagge" possono smentire le buone intenzioni dichiarate in precedenza.

a cura di
Marco Santarelli

A tavola d'agosto

What recommendation does the author make?

1 check prices before ordering
2 order the specialty of the house
3 call in advance for reservations
4 bring this article to obtain a discount

25 _____

c *Directions* (26–30): In the following passage, there are five blank
spaces numbered 26 through 30. Each blank space represents a
missing word or expression. For each blank space, four possible
completions are provided. Only one of them makes sense *in the
context of the passage*.

First, read the passage in its entirety to determine its general
meaning. Then read it a second time. For each blank space,
choose the completion that makes the best sense and write its
number in the space provided.   [10]

Comprare al mercato all'aperto

Il mercato all'aperto rimane in tutta Italia parte della
tradizione popolare. Ogni settimana arrivano dappertutto
rivenditori ambulanti con merce a buon mercato e a
prezzi competitivi. In questi mercati ___(26)___ di tutto,
dalle calzature all'abbigliamento, dagli elettrodomestici
ad articoli fatti a mano. Ogni sabato, nelle grandi città ha
luogo il "mercato delle pulci".

Il mercato di Porta Portese a Roma e di Via Forcella
a Napoli sono luoghi di grandi acquisti. Qui si trova
anche roba usata, di sceonda mano, che in Italia, per
ragioni di stile, è di moda tra i giovani liceali ed
universitari. Blue jeans americani, giacche paramilitari,
scarponi da campagna e vestiti vari sono alcuni degli
articoli di ___(27)___ che si trovano a prezzi ragionevoli
sulle bancarelle di questi mercati.

La gente passa da un posto all'altro per avere il prezzo
più basso e competitivo che i venditori possano offrire
per la loro merce. Qualche volta, nelle montagne di
oggetti, si acquistano pezzi di antiquariato, quadri e
gioielli di valore, stoffe e vestiti firmati da stilisti di fama

mondiale, e articoli di ottima qualità a __(28)__ ridotti.
Attenzione, però! Ci sono anche articoli che hanno prezzi
elevati e che sono di cattiva qualità. Per esempio, non è
consigliabile comprare piccoli elettrodomestici come
radio, tivù portabili e frullatori perché non c'è la garanzia
se __(29)__ non funziona bene o se si rompe entro poco
tempo. Queste certezze si ottengono solamente
comprando in un negozio di alta fedeltà, anche se poi si
pagano prezzi abbastanza alti e sempre fissi.

Oggi alcuni rivenditori dei mercati all'aperto hanno
imparato anche loro a fare prezzi fissi e non flessibili
come un tempo. Cercano di praticare prezzi uguali
dappertutto perché non si vogliono creare competizioni.
Abolendo la competizione, i mercanti garantiscono a tutti
un equo guadagno. Molto spesso il prezzo è unico e non
si discute. Anche al mercato all'aperto, come in molti
__(30)__ e molte boutique oggi i prezzi sono fissi.

(26) 1 si vende   3 si perde
     2 si fabbrica   4 si ricorda   26 ____

(27) 1 legge   3 giornale
     2 gioielleria   4 abbigliamento   27 ____

(28) 1 prezzi   3 spazi
     2 tempi   4 biglietti   28 ____

(29) 1 l'idea   3 l'oggetto
     2 l'automobile   4 l'orario   29 ____

(30) 1 concerti   3 negozi
     2 parchi   4 viali   30 ____

PART FOUR

**Write your answers to Part 4 according to the directions for
a and *b*.** [16]

a Directions: Write **one** well-organized note in Italian as directed
below. [6]

Choose **either** question 31 **or** 32. Write a well-organized note,
following the specific instructions given in the question you have
chosen. Your note must consist of **at least six clauses.** To qualify
for credit, a clause must contain a verb, a stated or implied subject, and additional words necessary to convey meaning. The six
clauses may be contained in fewer than six sentences if some of
the sentences have more than one clause.

31   The host mother of an Italian exchange student in your school is
having a birthday. The student does not know what to buy for
her and is looking for suggestions. Write a note in Italian to the
exchange student suggesting an appropriate present.

In your note, you may wish to mention why the present you suggest is appropriate, where the student can buy the present, ap-
proximately how much it will cost, and your willingness to help
the student shop. **Be sure to accomplish the purpose of the
note, which is *to suggest an appropriate present.***

     Use the following:
        Salutation: Caro/Cara [name],
        Closing: A presto

**The salutation and closing will *not* be counted as part of
the six required clauses.**

32 Your Italian teacher has given your class a homework assignment
    that is due tomorrow. However, you will be unable to complete
    it by then and want to request a time extension. In Italian, write
    a note to your Italian teacher requesting a time extension on this
    homework assignment.

    In the note, you may wish to include the reason for the request
    (e.g., what you have to do tonight, why completing the home-
    work is not possible), the amount of time you need, and what
    you are going to do to complete the assignment (e.g., work in
    the library, read more books, rewrite material). You may also
    wish to express your appreciation to your teacher for consider-
    ing your request. **Be sure to accomplish the purpose of the
    note, which is** *to request a time extension on the home-
    work assignment.*

    Use the following:

    Salutation: Cara Professoressa Rossi,
    Closing: [your name]

**The salutation and closing will *not* be counted as part of
the six required clauses.**

b *Directions*: Write **one** well-organized composition in Italian as directed below. [10]

Choose **either** question 33 **or** 34. Write a well-organized composition, following the specific instructions given in the question you have chosen. Your composition must consist of **at least 10 clauses.** To qualify for credit, a clause must contain a verb, a stated or implied subject, and additional words necessary to convey meaning. The 10 clauses may be contained in fewer than 10 sentences if some of the sentences have more than one clause.

33 In Italian, write a story about the situation shown in the picture below. It must be a story relating to the picture, **not** a description of the picture. Do *not* write a dialogue.

34 You have just returned from a trip to Italy and have discovered that you left something in your host family's home. In Italian, write a letter to your host family to request the return of the item.

You must accomplish the purpose of the letter, which is *to request the return of the item*.

In your letter, you may wish to mention how much you enjoyed your trip to Italy and staying at your host family's home. You may then want to mention that you left something at their home, describe the item, and explain why the item is important to you. You may want to suggest how the item should be returned to you and offer to pay for the expense. You may also wish to thank the family for their help in returning the item.

You may use any or all of the ideas suggested above *or* you may use your own ideas. **Either way, you must request the return of the item.**

Use the following:

Dateline:	[your city/town], 22 giugno 1999
Salutation:	Cari amici,
Closing:	Grazie di nuovo e un abbraccio a tutti

The dateline, salutation, and closing will *not* be counted as part of the 10 required clauses.

Answers
June 1999

Comprehensive Examination in Italian

PART ONE

This part of the examination was evaluated prior to the date of this written examination. [24 credits]

PART TWO

The following passages are to be read aloud to the students according to the directions given for this part at the beginning of this examination. The correct answers are given after number 15. [30 credits]

1. You are watching a talk show on Italian television. The special guest today is the famous Italian tenor, Luciano Pavarotti. The host says to Pavarotti:

   Signor Pavarotti, è vero quello che dicono di Lei, che non sa leggere la musica? Come è possibile che un grande cantante come Lei, un divo della lirica, l'idolo di milioni di persone, abbia fatto tanta strada senza saper leggere neanche una nota?

   What does the talk show host ask?

2. While sightseeing in Rome, you stop a passerby and you ask her how to get to the Trevi Fountain. She says:

   Ci vuole circa mezz'ora se Lei va a piedi. Meglio prendere l'autobus numero 35 perché la metropolitana non passa lì vicino. Arriverà in dieci minuti. La fermata dell'autobus è qui alla prima traversa, ed il biglietto lo può comprare da quel tabaccaio all'angolo. Scenda all'ultima fermata e poi segua i turisti.

   What does the passerby advise you to do?

3. You are in your Italian class when the teacher makes this announcement:

Ragazzi, sono felice di comunicarvi che la gita in Italia per le prossime vacanze invernali é stata finalmente approvata dal preside della scuola. Purtroppo, ci vorranno molti soldi per poter realizzare questo sogno. Allora, perché non organizziamo attività per procurarci del denaro per aiutare a pagare le spese della gita? Avete qualche idea di che cosa possiamo fare? Pensateci e fatemelo sapere al più presto.

What does the teacher want you to do?

4. You hear this announcement on the radio:

Due scrittrici hanno voluto creare un regalo unico e significativo per tutte le mamme, in occasione della festa della mamma a maggio. Non più fiori quest'anno, ma le citazioni più belle di tanti autori mondiali che si presentano con poesie, proverbi e filastrocche romantiche. È una collezione simpatica e preziosa di 40 pagine ed è raccomandata a tutti come regalo ideale.

What is this announcement about?

5. You and a friend have just started a long car trip from Bergamo to Rome. After a short while, your friend says to you:

Che bel panorama, non è vero? È proprio bella l'Italia. Studiamo sulla carta geografica la strada che dobbiamo fare, così impariamo meglio la geografia dell'Italia. Prima di arrivare a Firenze, ci fermiamo all'autogrill per mangiare qualcosa.

What does your friend suggest that you do?

6. You want to go to the park with your friend. He says:

Mi dispiace, ma non posso venire al parco con te. Aspetto una telefonata dal negozio Cosmo per un lavoro estivo. Sono andato all'intervista due giorni fa e mi hanno detto che mi avrebbero chiamato oggi. Mi piacerebbe tanto lavorare per loro.

Why is your friend unable to go to the park with you?

7. You hear this news item on the radio in Milan:

Per il terzo anno la Lega Ambiente porta la sua mostra, Ecomoda, alla Triennale di Milano da oggi fino a domenica. Diciotto aziende, inclusa quella di Giorgio Armani, presentano le loro linee "ecologiche". Presentano jeans, gonne, giacche ed altro abbigliamento creati da tessuti riciclati o ecologicamente sani. Lo stilista dice che "anche un jeans può rispettare la natura".

What is taking place in Milan?

8. You and a friend are in Ferrara waiting in a bank for service. Your friends says:

Guarda un po' che fila! Non ce la faremo a cambiare gli assegni e ritornare al negozio prima che chiuda. Ti presto io i soldi che ti mancano per comprare quella giacca. Potrai restituirmeli dopo. Che ne dici?

What does your friend recommend?

9. You are on a class trip to Italy. As you are about to go on a field trip to Siena, a classmate says:

Mi sembra che non ci siamo tutti. Contiamo, . . . ah, mancano ancora quattro, no, cinque persone. Dove saranno? Non vedo neanche la professoressa. È troppo presto per salire sul pullman. Facciamo così, mentre aspettiamo andiamo a prendere un cappuccino.

What does the classmate suggest that you both do?

10. You are in Italy. You are watching a doctor being interviewed on television. The doctor says:

Il riposo dopo pranzo, dormire per circa 30 minuti, aiuta a ritrovare i ritmi naturali. Invito tutti gli italiani ad imparare a fare un pisolino durante le ore della digestione pomeridiana. Niente televisione, via con il telefono, e totale assenza di luce in camera de letto. Solamente così si può riposare bene e mantenere intatto il ritmo giornaliero di un individuo.

Che cosa ci suggerisce di fare questo dottore dopo pranzo?

11. While spending your summer in the city of Cervia, you hear this advertisement:

Siete sulla spiaggia con una bibita fresca ma senza un bel romanzo da leggere? Non vi preoccupate! Con la nuova iniziativa "Biblio-Express", tanti giovani in bicicletta distribuiscono gratis letture per tutti i gusti durante le vacanze al mare. Quando avrete finito di leggere il volume, semplicemente restituitelo!

Che cosa offre questa iniziativa?

12. You are shopping in the supermarket when you hear this announcement:

Parmalat ha pensato a un grande regalo per te: "Orologio Sport" è l'orologio esclusivo con i colori e i disegni delle squadre del calcio italiano, ideato e realizzato per Parmalat dall'azienda svizzera produttrice dei famosi Swatch. Ogni volta che compri un prodotto Parmalat, accumuli dei punti. Con settantacinque punti, l'orologio ti viene regalato.

Che cosa devi fare per avere un orologio in regalo?

13. The Italian Club of your school is planning an end-of-year activity. The president of the club says:

Il Circolo Italiano sta organizzando una cena elegante al ristorante Pappagallo per celebrare la fine dell'anno scolastico. Questo ristorante è particolare perché un cantante lirico canta dell arie famose mentre i clienti mangiano. Si mangia bene e ci si diverte.

Perché è diverso questo ristorante?

14. You return to your host family's home and are told that there is a message for you on the answering machine. The message says:

Ciao, sono Paolo. Spero che tu non abbia niente in programma per domani sera perché ho una notizia fantastica. Mio padre è riuscito ad ottenere due biglietti per il concerto. Vuoi venire? Se non puoi do il biglietto a mia sorella. Telefonami!

Perché telefona il tuo amico?

15. You stop at a travel agency in Italy to pick up some brochures and overhear the travel agent speaking to a client. The agent says:

Per quanto riguarda l'alloggio, consigliamo il "Donatello". Una camera doppia con doccia viene £ 250.000 la notte. Sì, il prezzo è alto, ma include la prima colazione e il parcheggio per la macchina. Otre all tivù e al frigobar in camera, c'è una piscina riscaldata, una sala con giochi elettronici per i ragazzi e altri servizi.

Che cosa spiega l'agente di viaggi al cliente?

PART TWO

	(a)							(b)			
(1)	2	**(4)**	3	**(7)**	1		**(10)**	1	**(13)**	1
(2)	2	**(5)**	2	**(8)**	1		**(11)**	2	**(14)**	4
(3)	3	**(6)**	4	**(9)**	2		**(12)**	2	**(15)**	4

PART THREE

(a)	(16)	2	(b)	(21)	3	(c)	(26)	1
	(17)	1		(22)	2		(27)	4
	(18)	3		(23)	3		(28)	1
	(19)	4		(24)	2		(29)	3
	(20)	1		(25)	3		(30)	3

PART FOUR

(a) Notes in writing

For each note, an example of a response worth six credits follows. The slash marks indicate how each sample note has been divided into clauses.

31. Caro Giovanni,

Ho saputo/₁ che vuoi comprare un regalo per la signora Jones./₂ Io conosco la signora Jones da molti anni./₃ A lei piace la musica classica./₄ Perché non andiamo insieme al centro commerciale?/₅ Con lo sconto puoi comprare un bel Cd per dieci dollari./₆ Fammi sapere cosa pensi.

A presto,
Jeff

32. Cara Professoressa Rossi,

Le chiedo un gran favore./₁ Ho bisogno di almeno altri due giorni/₂ per finire il compito./₃ Il problema è che non trovo i libri/₄ di cui ho bisogno nella biblioteca della scuola./₅ Devo andare alla biblioteca dell'università./₆ La prego di darmi un altro po' di tempo e la ringrazio della Sua comprensione.

(b) Narrative based on picture/letter

For each narrative/letter, an example of a response worth 10 credits follows. The slash marks indicate how each sample narrative/letter has been divided into clauses.

33. Questa sera i signori Scotti sono a cena in un ristorante elegante del centro./₁ Festeggiano il ventesimo anniversario del loro matrimonio./₂ Il cameriere porta il menu/₃ e informa che la specialità della casa è il vitello arrosto con i funghi./₄ I signori lo ordinano/₅ ma il signor Scotti vuole essere sicuro/$_6$ di finire la cena con un buon dolce./$_7$ Il cameriere chiama il suo collega/$_8$ che é esperto di dolci./$_9$ I clienti ascoltano una lunga lista/$_{10}$ e poi chiedono di riservare una crostata di fragole. La cena sarà molto cara, ma questa sera il signor Scotti non si preoccupa.

34. Cari amici,

Vi ringrazio molto della vostra ospitalità e della bellissima esperienza/$_1$ che ho fatto con voi in Italia./$_2$ Ho imparato molte cose/$_3$ e spero di tornare presto./$_4$

Vi devo chiedere un favore./$_5$ Temo di aver lasciato a casa vostra/$_6$ la penna che mi ha regalato il nonno per il compleanno./$_7$ È nera con il mio nome scritto in oro./$_8$ L'avete trovata?/$_9$ Magari sarà sotto il letto in camera mia./$_{10}$ Se sì, vi prego di spedirmela. Naturalmente vi rimborseró le spese postali.

Grazie di nuovo e un abbraccio a tutti.

Examination
June 2000

Comprehensive Examination
in Italian

PART ONE

Your performance on Part I, Speaking (24 credits) has been evaluated prior to the date of this written examination.

PART TWO

Answer all questions in Part 2 according to the directions for *a* and *b*. [30]

a Directions (1–9): For each question, you will hear some background information in English *once*. Then you will hear a passage in Italian *twice* and a question in English *once*. After you have heard the question, the teacher will pause while you read the question and the four suggested answers. Choose the best suggested answer and write its *number* in the space provided. Base your answer *on the content of the passage, only*. The passages that the teacher will read aloud to you are found in the ANSWERS section, Part 2, at the end of this examination. [18]

1 What must your friend do?

   1 call to make another appointment
   2 go to the doctor's office the next day
   3 visit relatives in another town
   4 see a different doctor

1 _____

2 What does this project involve?

   1 cleaning up the park
   2 raising money for charity
   3 recycling disposable material
   4 organizing student clubs   2 _____

3 What does your friend want you to get for him?

   1 a painting   3 a museum pamphlet
   2 a gift   4 a birthday card   3 _____

4 What did this person ask for?

   1 the time   3 a brochure
   2 directions   4 a ticket   4 _____

5 Why did Totò Schillaci go to Japan?

   1 to play soccer
   2 to be a soccer commentator
   3 to train soccer players
   4 to receive a soccer award   5 _____

6 Why is your classmate upset?

   1 He spends too much on telephone calls.
   2 He is going back home in two weeks.
   3 He lost a letter from his family.
   4 He has not heard from his family.   6 _____

7 What is the purpose of this concert?

   1 to give recognition to Pavarotti's friends
   2 to help underprivileged children in Liberia
   3 to encourage children's interest in music
   4 to build a children's hospital in Italy   7 _____

8 What is your host brother telling you about tomorrow?

   1 He has work to do at home.
   2 You will have to go on an errand.
   3 He has to study for an examination.
   4 You will have to meet with your teacher.   8 _____

9 Why is your friend unable to come to dinner?

   1 He does not feel well.
   2 He has to read a play.
   3 He already has plans for the evening.
   4 He does not have transportation.   9 _____

b Directions (10–15): For each question, you will hear some background information in English *once*. Then you will hear a passage in Italian *twice* and a question in Italian *once*. After you have heard the question, the teacher will pause while you read the question and the four suggested answers. Choose the best suggested answer and write its *number* in the space provided. Base your answer *on the content of the passage, only.* The passages that the teacher will read aloud to you are found in the ANSWERS section, Part 2, at the end of this examination.   [12]

10 Che cosa ti dice l'impiegato?

   1 che il concerto è stato cancellato
   2 che domani non çè un concerto
   3 che restano solo biglietti costosi
   4 che non ci sono più biglietti   10 _____

11 Perchè ti ha chiamato il tuo amico?

    1 per invitarti a fare una gita
    2 per andare a sciare in montagna
    3 per accompagnarlo ad una festa
    4 per fare una passeggiata   11 _____

12 Di che cosa ti informa Luca?

    1 che partirà per una gita per varie città
    2 che andrà con gli amici a un negozio di musica
    3 che comprerà i biglietti per una partita di calcio
      allo stadio
    4 che ci sarà un concerto che ti potrebbe interessare 12 _____

13 Che notizia interessante hai sentito al telegiornale?

    1 Un ragazzo è andato a curarsi in America.
    2 L'Internet ha salvato la vita di un ragazzo.
    3 Un ospedale di Firenze ha comprato molti nuovi
      computer.
    4 L'ospedale ha ricevuto soldi da uno straniero.   13 _____

14 Di che cosa tratta quest'annuncio?

    1 precauzioni da prendere d'estate
    2 diverse attività estive
    3 luoghi per vacanze
    4 periodi ideali per viaggiare   14 _____

15 Che cosa ti dice di fare l'impiegato di banca?

    1 di andare al prossimo sportello
    2 di non cambiare gli assegni oggi
    3 di andare a prendere un documento di identità
    4 di cambiare gli assegni in albergo   15 _____

PART THREE

Answer all questions in Part 3 according to the directions for
a, b, and c.   [30 credits]

a Directions (16–20): After the following passage, there are five
questions or incomplete statements. For *each,* choose the word or
expression that best answers the question or completes the statement *according to the meaning of the passage,* and write its *num-*
ber in the space provided.   [10]

Emanuele Filiberto di Savoia Principe di Venezia

Ha 26 anni e le sue abitudini sono tipicamente
italiane: tazzina di caffè in una mano ed un telefonino
nell'altra. Eppure in Italia non c'è mai stato. Non ci può
andare; è "in castigo" perché una legge del 1946
proibisce ai membri della famiglia monarchica italiana
di tornare in patria. Emanuele Filiberto di Savoia è
nipote dell'ultimo re d'Italia, ma vive in esilio in
Svizzera con i suoi genitori Vittorio Emanuele e Marina
Doria. Il suo titolo di Principe di Venezia suona un po'
ridicolo, giacchè gli è vietato entrare in Italia.

Emanuele di Savoia è semplicemente considerato il
figlio ricco e privilegiato di una famiglia importante. Al
giovane principe non piace affatto questa
caratterizzazione, ma cerca di non dimostrarlo. Da
bambino gli avevano insegnato a comportarsi in maniera
impeccabile, perché ogni sua azione poteva danneggiare
il nome dei Savoia. Doveva seguire molte regole come
contenersi in pubblico, non piangere mai davanti a
estranei, non voltare mai le spalle al nonno, re Umberto
II, e così via.

"Il fatto che mi chiamo Savoia non mi aiuta", dice il
principe. "Al contrario, spesso mi è di svantaggio. Non è
facile essere diversi dagli altri. Alle elementari gli amici
mi chiamavano l'esule. Anche facendo uno sforzo, non

avrei potuto vivere da persona comune, dovevo sempre essere accompagnato da una guardia. Rifiuto l'immagine che i giornalisti hanno creato di me. Sono solo un ragazzo che si occupa di finanza per una banca".

Attualmente il suo cuore batte per Natacha Andress, nipote della celebre Ursula. Ha 29 anni. Anche lei lavora nello stesso settore, ed è molto diversa da tutte le ragazze che il principe ha conosciuto. Il principe ama la sua sensibilità e il fatto che detesta il materialismo. L'amore per Natacha ha reso Emanuele più maturo. Per il momento non parlano di matrimonio, ma neanche lo escludono.

Ad Emanuele Filiberto piacerebbe andare in Italia, prendere un'automobile e attraversarla dal Monte Bianco alla Sicilia. In particolare gli piacerebbe continuare la tradizione monarchica dei Savoia. Dice infatti: "Se avessi il consenso del popolo italiano, governerei volentieri la nazione. Ma prima di fare il re dovrei studiare e prepararmi; poi potrei prendere delle iniziative per il bene dell'Italia. Soprattutto farei del mio meglio per migliorare la situazione economica del sud dove metterei più industrie. Vorrei anche ridurre la burocrazia …" Sono progetti molto simili a quelli della politica italiana attuale, ma Emanuele Filiberto dice che, se ci sono obiettivi comuni, si può lavorare con tutti i partiti politici. È chiaro che il giovane principe vorrebbe tornare in Italia e dichiara "sarei contento di essere utile al mio paese".

16 Perchè Emanuele Filiberto non vive in Italia?

1 È troppo caro per un Savoia vivere in Italia.
2 Ha avuto un'ottima offerta di lavoro in Svizzera.
3 È in esilio con i suoi genitori.
4 La sua ragazza abita in Svizzera.   16 _____

17 Secondo Emanuele, com'è la vita per lui?

   1 difficile perchè è diversa da quella della gente co-
     mune
   2 piena di esperienze e di viaggi
   3 simile a quella di tutta gli altri
   4 semplice perché in esilio ci sono meno problemi   17 _____

18 Cosa dice Emanuele di Natacha?

   1 Ha ambizioni politiche.
   2 Ha molti amici interessanti.
   3 È un'attrice molto famosa.
   4 È una ragazza molto sensibile.   18 _____

19 Cosa vorrebbe fare Emanuele?

   1 lavorare in una banca
   2 essere a capo dello stato italiano
   3 diventare ambasciatore
   4 fare il soldato   19 _____

20 Cosa farebbe Emanuele se diventasse re?

   1 aumenterebbe la sicurezza nazionale
   2 cambierebbe delle leggi antiche
   3 aiuterebbe l'economia del sud
   4 migliorerebbe le leggi sociali   20 _____

b Directions (21–25): Below each of the following selections, there is either a question or an incomplete statement. For *each,* choose the word or expression that best answers the question or completes the statement *according to the meaning of the selection,* and write its *number* in the space provided.   [10]

21

Cerco, scambio corrispondo

C iao! Siamo una compagnia animata da un entusiasmo irrefrenabile, che desidera fare nuove conoscenze a Parma e provincia. Scrivete a:
Marco Dall'Argine, via S. Lazzaro 69, 43015 Noceto (Pr)

P aola, 24enne amante di musica e viaggi, desidera corrispondere con ragazzi e ragazze della sua città e del Piemonte. Il suo indirizzo è:
Paola Lazzaro, corso Raffaello 5, 10125 Torino

H o 24 anni e mi piacerebbe corrispondere con ragazzi dai 20 ai 27 anni di tutto il mondo. La risposta è assicurata, se scriverete a:
Monica Riu, via Diez 7/A, 07041 Alghero (Ss)

Why are these people writing?

1 to make new friends
2 to request new music
3 to travel to new cities
4 to order new books

21 _____

22

> New York, 8 giugno 2000
>
> Caro Giovanni,
>   Come già sai, mia madre vuole venire a trovarvi in Italia. Ma ha ormai 88 anni e non può viaggiare da sola. Mia sorella ed io abbiamo deciso di accompagnarla. Tre mesi fa ho comprato i biglietti dell'Alitalia per il viaggio, ma poi, mia madre non si è sentita bene, e ho dovuto cambiarli. Adesso sta meglio, e veniamo il 19 settembre, se tutto va bene.
>   Spero che tutti stiano bene in famiglia. Tanti affettuosi abbracci.
>   A presto.
>
>   Adele

What did Adele do with the tickets?

1 She got a refund from Alitalia.
2 She exchanged them for another date.
3 She and her sister used them to go to Italy.
4 She sent them to Giovanni.   22 _____

23

> ROMA – Romanzi
> classici e saggistica per
> i più grandi, «Gian Bur-
> rasca» per i maschietti
> e «Piccole donne» per le
> bambine: queste, le pre-
> ferenze letterarie con-
> fessate dai ragazzi in-
> terpellati nell'indagine
> di «Approdo alla lettu-
> ra» nel corso della ma-
> nifestazione libraria al
> pontile di Ostia sulle a-
> bitudini dei giovani al
> mare.
> Il 70% ha dichiarato
> di leggere almeno un li-
> bro alla settimana e il
> 35% ha precisato che,
> pur non rinunciando ai
> giochi sulla spiaggia,
> dedica alla lettura mol-
> to tempo della giornata.
> Fra i giovani della fa-
> scia di età più alta, i li-
> bri più gettonati da cir-
> ca il 65% sono quelli del-
> le biografie dei cantan-
> ti più noti quali Claudio
> Baglioni e Pino Danie-
> le.

According to this article, what do many young Italians like to do in the summer?

1 practice sports with friends
2 swim and get a tan
3 study foreign languages
4 read books on the beach

23 _____

24

Alitalia

ROMA *(a.m.)* — Cambiano look le hostess dell'Alitalia. Dal primo luglio le 3773 assistenti di volo e di terra della compagnia aerea italiana smetteranno le vecchie uniformi verde olivo/bruno di marte, disegnate dallo stilista Giorgio Armani, per indossare le nuove divise del marchio Mondrian, prodotte dal gruppo modenese Nadini.

La fornitura, 24 capi di abbigliamento per ciascuna hostess dal cappotto alla borsa, dalla giacca alla cintura, nelle due versioni estate inverno, costerà all'Alitalia circa 9 miliardi di lire. L'accordo, raggiunto tra le due aziende al termine di un'attenta selezione tra una decina di concorrenti, durerà fino al 2001.

What is changing at Alitalia Airlines?

1 safety regulations on the airplane
2 type of food service they offer
3 number of carry-on bags allowed
4 clothing of the airline personnel   24 _____

25

Vi diamo Cartaverde. La carta giovane per viaggiare al 100% risparmiando il 20%.

Sì, se avete più di 12 e meno di 26 anni, con CartaVerde potete viaggiare in tutta l'Italia con lo sconto del 20%!

E se partite con CartaVerde gli sconti arrivano ovunque: negli alberghi AIG (Associazione Italiana Alberghi della Gioventù), negli esercizi del gruppo Countdown, a Gardaland e nei negozi Giocheria. Ora fate un po' di conti e poi, fatevi lo sconto: con CartaVerde potete viaggiare al 100% risparmiando il 20%! Se volete saperne di più sulla vostra Carta, informatevi in stazione o nelle agenzie di viaggio.

What is the advantage of having this card?

1 It can be used as a credit card.
2 It can be used for discounts in many places.
3 It can be used almost anywhere in the world.
4 It can be used to access information.   25 _____

c *Directions* (26–30): In the following passage there are five blank spaces numbered 26 through 30. Each blank space represents a missing word or expression. For each blank space, four possible completions are provided. Only one of them makes sense *in the context of the passage.*

First, read the passage in its entirety to determine its general meaning. Then read it a second time. For each blank space, choose the completion that makes the best sense and write its *number* in the space provided. [10]

Vacanze all'italiana

Anche quest'anno la stagione estiva inizia sotto il segno del gran caldo. Tutti gli anni l'aria pesante e umida indebolisce le forze di quelli che rimangono in città per lavoro e rallenta il passo dei turisti. È la stagione __(26)__ . Il primo gruppo dei vacanzieri è quello di luglio. Come ogni anno parte la solita carovana composta di mamma, nonni e bambini, diretta verso località non troppo costose, per una villeggiatura di un paio di mesi che non mandi in rovina il bilancio familiare. Per molti albergatori di località rinomate, eleganti e perciò care, quest'estate non sarà ricordata come una stagione d'oro. Recentemente gli italiani hanno dovuto fare molti sacrifici per pagare nuove tasse. Dunque, meno soldi da spendere, meno divertimenti, vacanze più corte e più __(27)__ .

In diminuzione è anche l'abitudine di passare oltre la vacanza principale, qualche fine settimana fuori città. Quest'anno se non si ha una seconda __(28)__ non è economicamente possibile fare anche gite di fine settimana. E tra quelli che hanno una seconda residenza in una località di villeggiatura, al mare o in montagna, sono sempre più numerosi quelli che passano lì tutte le vacanze. Oggigiorno sono di meno gli italiani che si possono permettere una vacanza all'estero dopo aver passato un po' di tempo al mare in Italia.

Le vacanze meno care però, permettono di concentrare l'attenzione su luoghi meno affollati dell'Italia, di riscoprirne le bellezze artistiche, di cercare quindi attività accessibili, interessanti e poco costose. La gente cerca i divertimenti e le attrazioni come i parchi acquatici e gli spettacoli, ma anche si interessa sempre di più a monumenti e __(29)__ , che sono considerati elementi importanti di una vacanza divertente, intelligente e culturale.

La Sicilia è un luogo che offre insieme al sole, ai bagni e all'abbronzatura a buon mercato, anche un'abbondante dose di elementi culturali. Per queste ragioni molti la considerano un luogo di villeggiatura ideale. In effetti l'isola è una delle __(30)__ preferite, sia dagli italiani che dagli stranieri, proprio per la sua versatilità

Per gl' italiani il concetto delle vacanze è cambiato. Non è più necessario frequentare locali di moda. È invece importante, dopo un anno di lavoro, trovare una spiaggia tranquilla, dedicarsi ad uno sport, chiacchierare con gli amici, giocare a carte e leggere tanti bei libri.

(26) 1 dei lavoratori   3 dei temporali

     2 delle elezioni   4 delle vacanze   26 _____

(27) 1 comode   3 costose

     2 economiche   4 lontane   27 _____

(28)	1 casa	3 macchina	
	2 scuola	4 partita	28 _____

(29)	1 alberghi	3 musei	
	2 negozi	4 ristoranti	29 _____

(30)	1 destinazioni	3 passeggiate	
	2 città	4 occupazioni	30 _____

PART FOUR

Write your answers to Part 4 according to the directions for *a* and *b*. [16]

a Directions: Write **one** well-organized note in Italian as directed below. [6]

Choose **either** question 31 **or** 32. Write the number of the question you have chosen. Write a well-organized note, following the specific instructions given in the question you have chosen. Your note must consist of **at least six clauses.** To qualify for credit, a clause must contain a verb, a stated or implied subject, and additional words necessary to convey meaning. The six clauses may be contained in fewer than six sentences if some of the sentences have more than one clause.

31 An Italian-speaking classmate is recovering from an illness and will not be at school for several days. Write a note in Italian to your classmate offering your help to him or her.

In your note, you may wish to include an expression of sympathy and/or hope for a quick recovery. You may wish to make a general offer to help or you may wish to suggest something specific, such as taking notes in class, providing homework assignments, or performing some errands that he or she needs to have done. **Be sure to accomplish the purpose of the note, which is *to offer to help your classmate*.**

Use the following:

Salutation: Caro Alfredo/Cara Angelina,
Closing: [your name]

The salutation and closing will *not* be counted as part of the six required clauses.

32 Your pen pal is visiting from Italy. You would like to bring him or her to your Italian class. Write a note in Italian to your Italian teacher about bringing your pen pal to class.

In your note, you may wish to include where your pen pal is from, when he or she is coming, and what he or she can contribute to the class. You may also wish to tell your teacher other details about your pen pal. **Be sure to accomplish the purpose of the note, which is *to write about bringing your Italian pen pal to Italian class*.**

Use the following:

Salutation: Caro Professore/Cara Professoressa,
Closing: [your name]

The salutation and closing will *not* be counted as part of the six required clauses.

b Directions: Write **one** well-organized composition in Italian as directed below.   [10]

Choose **either** question 33 **or** 34. Write the number of the question you have chosen. Write a well-organized composition, following the specific instructions given in the question you have chosen. Your composition must consist of **at least 10 clauses.** To qualify for credit, a clause must contain a verb, a stated or implied subject, and additional words necessary to convey meaning. The 10 clauses may be contained in fewer than 10 sentences if some of the sentences have more than one clause.

33   In Italian, write a story about the situation shown in the picture below. It must be a story relating to the picture, **not** a description of the picture. Do **not** write a dialogue.

34 Schools are sometimes the subject of criticism. Your Italian teacher would like to know your ideas about what is positive and/or good about your school. In Italian, write a letter to your Italian teacher discussing what is positive and/or good about your school.

You <u>must</u> accomplish the purpose of the letter, which is *to discuss what is positive and/or good about your school.*

In your letter, you may wish to mention and give some examples of how certain teachers, friends, classes, sports, art, music, drama, clubs, and/or afterschool activities make attending your school a good and positive experience.

You may use any or all of the ideas suggested above *or* you may use your own ideas. **Either way, you must discuss what is positive and/or good about your school.**

Use the following:

Dateline: 20 giugno, 2000
Salutation: Caro Professore/Cara Professoressa
Closing: Cordiali saluti,

The dateline, salutation, and closing will *not* be counted as part of the 10 required clauses.

Answers
June 2000

Comprehensive Examination in Italian

PART ONE

This part of the examination was evaluated prior to the date of this written examination. [24 credits]

PART TWO

The following passages are to be read aloud to the students according to the directions given for this part at the beginning of this examination. The correct answers are given after number 15. [30 credits]

1. You are staying with a friend in Italy. Your friend hears this message on the answering machine:

    Carlo, mi dispiace, ma dobbiamo cambiare il tuo appuntamento per domani mattina. Il dottor Bruni è dovuto andare fuori città per un' emergenza in famiglia. Per piacere telefona allo studio domani per fissare un nuovo appuntamento.

    What must your friend do?

2. You are in a school in Italy. You hear this announcement:

    Attenzione! Vi preghiamo di aiutarci nel nostro programma di riciclaggio. Combattiamo insieme l'inquinamento e salvaguardiamo il nostro pianeta. Incominciando da oggi, troverete recipienti separati per bottiglie, lattine e carta. Siete pregati di mettere i rifiuti negli appositi contenitori. Grazie.

    What does this project involve?

3. You are talking on the telephone with your Italian friend. He says:

Senti, mi fai un piacere? Quando ero a New York, mi sono comprato un orologio al Museo d'Arte Moderna. L'orologio piace tanto a mia sorella che vorrei regalargliene uno per il suo compleanno. Me ne puoi comprare uno e quando vieni me lo porti?

What does your friend want you to get for him?

4. You are standing outside the Galleria Borghese in Rome. Someone says to you:

Senta, scusi. Non avrebbe un biglietto in più per la visita della Galleria? Noi siamo un gruppo del Touring Club della Sicilia, c'è stato un errore nelle nostre prenotazioni. Adesso ci manca un biglietto e una persona non può entrare.

What did this person ask for?

5. You are listening to the radio in Italy and hear this news report:

Totò Schillaci, un calciatore popolare, si è trasferito in Giappone dove giocherà i prossimi due campionati con la squadra, Jubilo Iwata. Totò ha detto che per lui il calcio è molto importante e che è affascinato dall'idea di scoprire un mondo diverso.

Why did Totò Schillaci go to Japan?

6. Your classmate, an Italian exchange student, is upset. He says:

Non so cosa pensare. Da molto tempo non ho notizie della mia famiglia. Di solito mi scrivevano almeno due lettere alla settimana, ma ora sono due settimane che non ricevo nè lettere nè telefonate. Ho cercato di telefonare e non risponde nessuno, neanche la segreteria telefonica. Spero che non sia successo niente di male.

Why is your classmate upset?

7. You hear a commercial on Italian radio for an upcoming concert. The announcer says:

È il megashow più atteso dell'anno: "Pavarotti and Friends". Il concerto, organizzato dal grande tenore è per la raccolta di fondi per costruire un villaggio in Liberia. Il villaggio sarà riservato ai bambini vittime della guerra civile. Avrà una scuola, un campo di calcio e una fattoria. Sarà pronto entro il Duemila.

What is the purpose of this concert?

8. While you are on an exchange program in Italy, your host brother says to you:

> Senti, domani tu devi andare a scuola da solo. Io non posso accompagnarti perché voglio uscire da casa più presto. Devo studiare con un amico per prepararmi per un esame. La materia è difficile e il professore è esigente.

What is your host brother telling you about tomorrow?

9. You are an exchange student in Rome. You invite an Italian friend to dinner and he says:

> Sei molto gentile e ti ringrazio molto per l'invito. Ma non posso perché i miei cugini sono qui a Roma per la prima volta. Ho promesso di passare la serata con loro. Abbiamo biglietti per vedere una commedia di Pirandello al Teatro Sistina. Sarà per un'altra volta.

Why is your friend unable to come to dinner?

10. You have been waiting in line to buy tickets to a concert. When you arrive at the ticket booth, the clerk says to you:

> I biglietti per il concerto di stasera sono completamente esauriti. Ho venduto gli ultimi due al signore davanti a Lei. Mi dispiace. Ha aspettato tanto per niente. Se vuole, abbiamo ancora alcuni biglietti per lo spettacolo di domani sera. È un gruppo nuovo, ma ho sentito dire che sono molto bravi e molto divertenti.

Che cosa ti dice l'impiegato?

11. You are in Italy as an exchange student. Your Italian friend leaves this message on your answering machine:

> Ciao, John, sono Pietro. Questa fine settimana, io e un gruppo di compagni di scuola, faremo un viaggetto a Santa Marinella e passeremo un paio di giorni in un campeggio in una bella pineta. A due passi c'è una stupenda spiaggia pulitissima. C'è posto in macchina anche per te. Vuoi venire? Ti divertirai molto. Telefonami più tardi e dammi la risposta.

Perché ti ha chiamato il tuo amico?

12. While you are in Sorrento, your host mother tells you to listen to the answering machine for a message. You hear:

> Salve. Sono Luca. Ricordi quel CD che ti ho fatto ascoltare? La musica ti è piaciuta tanto. Ho appena saputo che il cantante, Luciano Ligabue, farà uno spettacolo proprio nello stadio della nostra cittá sabato prossimo. Io ci andrò con un gruppo di amici. I biglietti andranno in vendita domani. Fammi sapere al pi ù presto possibile se vuoi che compri un biglietto anche per te.

Di che cosa ti informa Luca?

13. You are listening to the news in Rome and hear this report:

> L'Internet è uno strumento meraviglioso che può salvare la vita anche a chi non sa "navigare". In un ospedale di Firenze un ragazzo è stato curato grazie ai consigli arrivati via rete da una dottoressa americana. Il dottor Guido De Briani aveva un paziente che soffriva di una malattia molto rara in Italia. Per curarlo ha investigato informazioni all'estero. Ha cercato i siti giusti e dall'America gli hanno risposto subito.

Che notizia interessante hai sentito al telegiornale?

14. You turn on the radio in Italy and hear this public service announcement:

> Mai stare in spiaggia tra le ore 11 e le ore 15, le ore più calde della giornata. Mai, e poi mai, esporre ai raggi del sole un bambino di meno di sei mesi, e una volta cresciuto, mettergli sempre una maglietta leggera e un cappellino. Attenzione anche ai raggi riflessi dall'acqua e dalla sabbia. Bere spesso e applicare più di una volta al giorno una crema con un alto fattore di protezione.

Di che cosa tratta quest'annuncio?

15. You are in an Italian bank in Florence and the clerk says to you:

> Mi dispiace, ma è assolutamente impossibile cambiare un assegno turistico senza avere un documento di identificazione appropriato. La cosa migliore da fare è di andare in albergo a prendere il suo passaporto e ritornare in banca prima delle quattordici e trenta questo pomeriggio.

Che cosa ti dice di fare l'impiegato di banca?

PART TWO

(a)(1) 1	**(4)** 4	**(7)** 2	**(b)(10)** 4	**(13)** 2
(2) 3	**(5)** 1	**(8)** 3	**(11)** 1	**(14)** 1
(3) 2	**(6)** 4	**(9)** 3	**(12)** 4	**(15)** 3

PART THREE

(a) **(16)** 3	**(b)** **(21)** 1	**(c)** **(26)** 4
(17) 1	**(22)** 2	**(27)** 2
(18) 4	**(23)** 4	**(28)** 1
(19) 2	**(24)** 4	**(29)** 3
(20) 3	**(25)** 2	**(30)** 1

PART FOUR

(a) Notes in writing

For each note, an example of a response worth six credits follows. The slash marks indicate how each sample note has been divided into clauses.

31. Cara Angelina,

Giovanni mi ha detto che tu stai male./₁ e non puoi venire a scuola per qualche giorno./₂ Mi dispiace./₃ Se vuoi,/₄ ti porto i compiti./₅ Quando posso venire?/₆ Va bene venerdì pomeriggio?

Claudio

32. Caro professore,

Io ho un amico italiano./₁ Si chiama Arturo./₂ Ci scriviamo da due anni./₃ Arturo viene a farmi visita per due settimane nel mese di dicembre./₄ Posso portarlo in classe?/₅ Arturo ci può informare sulla vita dei ragazzi italiani./₆ Sarà molto interessante. Per favore, mi dica sì.

Maria

(b) Narrative based on picture/letter

For each narrative/letter, an example of a response worth 10 credits follows. The slash marks indicate how each sample narrative/letter has been divided into clauses.

33. Franco e Luisa sono usciti da scuola alle tre./₁ Franco era molto preoccu-

pato/₂ perché aveva fatto l'esame di matematica/₃ e l'esame era molto difficile./₄ Luisa ha detto a Franco di calmarsi/₅ e gli ha suggerito di andare con
lei in pizzeria./₆ Luisa ha offerto di comprare una pizza per tutti e due./₇
Quando sono arrivati al ristorante/₈ hanno visto il professore di matematica./₉ I ragazzi l'hanno salutato/₁₀ e il professore li ha congratulati per il
buon lavoro che avevano fatto tutti e due sull'esame. Meno male!

20 guigno, 2000

34. Cara professoressa,

La nostra scuola è una delle migliori dello stato./₁ Ci sono molti studenti intelligenti/₂ ed i professori sono proprio bravi./₃ Gli studenti di
questa scuola possono anche seguire dei corsi Universitari./₄

Nello sport la nostra scuola è il numero uno nella pallacestro e nel
football americano./₅ Anche la squadra delle ragazze è molto buona./₆ Ci
sono poi i club di lingue straniere, musica e dramma./₇

Non capisco/₈ perché certe persone dicono delle cose negative sulla
nostra scuola./₉ Loro non ci conoscono./₁₀ Non sanno quanto siamo bravi.
Dobbiamo informarli!

Cordiali saluti,

Examination June 2001

Comprehensive Examination in Italian

PART ONE

Your performance on Part 1, Speaking (24 credits), has been evaluated prior to the date of this written examination.

PART TWO

Answer all questions in Part 2 according to the directions for *a* and *b*. [30]

a Directions (1–9): For each question, you will hear some background information in English *once*. Then you will hear a passage in Italian *twice* and a question in English *once*. After you have heard the question, the teacher will pause while you read the question and the four suggested answers. Choose the best suggested answer and write its *number* in the space provided. Base your answer *on the content of the passage, only*. The passages that the teacher will read aloud to you are found in the ANSWERS section, Part 2, at the end of this examination. [18]

1 What did the teacher tell you?

   1 The grammar needed improvement.
   2 The essay was chosen for publication.
   3 The topic chosen was unacceptable.
   4 The assignment was well done.

1 _____

2 What does the speaker say about the hotel?

  1 It offers activities dating back to ancient times.
  2 It is far away from the capital.
  3 It provides special assistance for the elderly.
  4 It has luxurious accommodations at bargain prices.   2 _____

3 What does your friend suggest?

  1 order pizza
  2 eat outdoors
  3 go home for lunch
  4 find a nearby restaurant   3 _____

4 What does this store offer?

  1 union-made garments
  2 designer clothes at discount prices
  3 custom-made shirts and sweaters
  4 merchandise that is not harmful to the environment   4 _____

5 What is the focus of this teacher's instruction?

  1 environmental awareness
  2 space exploration
  3 artistic expression
  4 appreciation of history   5 _____

6 What service do these dogs provide?

  1 They help find lost children.
  2 They teach people how to swim.
  3 They rescue people from drowning.
  4 They entertain at aquatic parks.   6 _____

7 What does Anna want you to do?

1 study with her in the library
2 give a message to her friend
3 take a walk with her downtown
4 go see a movie with her   7 _____

8 Why are you unable to enter the restaurant?

1 You did not have reservations.
2 The restaurant is hosting a private party.
3 The restaurant is not opened yet.
4 Your clothes are inappropriate.   8 _____

9 In what endeavor has Pasquale Bruni excelled?

1 writing an advice column
2 designing clothing
3 conducting scientific research
4 creating jewelry   9 _____

b Directions (10–15): For each question, you will hear some background information in English *once*. Then you will hear a passage in Italian *twice* and a question in Italian *once*. After you have heard the question, the teacher will pause while you read the question and the four suggested answers. Choose the best suggested answer and write its *number* in the space provided. Base your answer *on the content of the passage, only*. The passages that the teacher will read aloud to you are found in the ANSWERS section, Part 2, at the end of this examination.   [12]

10 Che cosa si farà a Perugia?

1 una festa dolciaria
2 una gara di moda
3 un concorso musicale
4 un'esposizione scientifica   10 _____

11 Secondo questo annuncio, che cosa è Ydea?

   1 un veicolo per lavori pesanti
   2 un'auto per famiglie numerose
   3 una piccola auto per la città
   4 un'automobilina da bambini per giocare   11 _____

12 Cosa bisogna fare adesso?

   1 Allacciare le cinture e non fumare.
   2 Uscire immediatamente dall'aereo.
   3 Chiamare l'assistente di volo.
   4 Aprire le valigie per un'ispezione.   12 _____

13 Che cosa suggerisce di mangiare questo esperto?

   1 molta frutta fresca e verdura cotta
   2 una varietà di cibi in quantità moderata
   3 carne e pesce in quantità
   4 pane e formaggio con insalata verde   13 _____

14 Perché è in pericolo lo scambio tra le due scuole
    quest'anno?

   1 Il preside è contrario all'idea.
   2 Il prezzo del volo è troppo alto.
   3 Il numero di studenti è insufficiente.
   4 C'è la possibilità di uno sciopero dei servizi aerei.   14 _____

15 A chi può interessare questa pubblicità?

   1 a chi vuole imparare a fare dolci
   2 a chi vuole biglietti per concerti
   3 a chi vuole riparare le automobili
   4 a chi vuole studiare musica   15 _____

PART THREE

**Answer all questions in Part 3 according to the directions for
a, b, and c.**   [30]

a Directions (16–20): After the following passage, there are five
questions or incomplete statements. For *each,* choose the word or
expression that best answers the question or completes the statement *according to the meaning of the passage,* and write its *number* in the space provided.   [10]

La presenza degli italiani nel mondo si manifesta in
ogni campo professionale, con una predominanza nella
moda, nel design e nella cucina. Il cinema, invece, a
livello internazionale, è stato sempre dominio
americano, o meglio hollywoodiano, invadendo le sale
cinematografiche di tutto il mondo. Anche l'Italia,
storicamente, ha sentito il fascino e la supremazia del
cinema americano.

Negli anni '80, le produzioni americane hanno
conquistato i teatri italiani in modo totale e i vari attori e
registi "americani" sono diventati gli eroi. In questo
periodo, il cinema italiano ha attraversato una crisi
senza precedenti.

Recentemente, il cinema italiano ha riconquistato
posizioni importanti. Con l'arrivo di una nuova
generazione di attori e registi italiani nel mondo dello
spettacolo, vediamo ritornare il contributo italiano al
mondo del cinema. Il primo film che ha segnalato
questo ritorno dell'Italia sugli schermi internazionali è
stato "Nuovo Cinema Paradiso" di Tornatore. Questo
film che è uscito nel 1988, ha trionfato in mezzo
mondo e ha anche vinto un Golden Globe e un Oscar,
come migliore pellicola straniera, nel 1990. Nel 1992, la
stessa buona sorte è toccata a "Mediterraneo" di

Gabriele Salvatore e pochi anni più tardi ha trionfato anche "Il Postino", indimenticabile ultimo film di Massimo Troisi.

Ultimamente, un altro film italiano, "La Vita è Bella" di Robert Benigni ha fatto parlare di sé. Premiato al festival di Cannes e anche a Hollywood con l'Oscar, il capolavoro di Benigni è balzato su tutti i giornali e ha conquistato la critica americana. Si tratta di una storia tenera e terribile allo stesso tempo. È la vicenda di una famiglia rinchiusa in un campo di concentramento ai tempi dell'olocausto.

Benigni è conosciuto internazionalmente come l'attore comico italiano per eccellenza. Dal 1983 ha anche cominciato a dirigere i suoi film. È venuto da un passato di satira politica, di diavoletto irriverente che metteva in imbarazzo personaggi famosi durante le sue apparizioni televisive. Benigni ha sempre fatto notizia ovunque andasse e qualunque cosa facesse. Le sue partecipazioni cinematografiche, inclusi i film di cui è stato regista o protagonista, sono troppe da contare. Negli Stati Uniti ha lavorato con i registi Jarmush e Blake Edwards. Benigni ha anche chiamato Walter Matthau per recitare accanto a lui nel suo esilarante "Il piccolo diavolo". Ma l'attore toscano, oltre alla sua dimensione umoristica, è anche capace di ruoli intensi, come accade nel suo ultimo film "La Vita è Bella". La sua serietà è altrettanto valida che il suo umorismo. Tutto sommato, Roberto Benigni è un artista estremamente versatile e completo.

16 Secondo l'articolo, in quale attività professionale hanno dominato gli americani?

1	nella moda	3	nell'architettura
2	nel cinema	4	nella cucina

16 _____

17 Qual è stato il primo film che ha risvegliato l'interesse internazionale per i film italiani?

    1 "Mediterraneo"
    2 "Nuovo Cinema Paradiso"
    3 "Il Postino"
    4 "La Vita è Bella"   17 _____

18 Che cosa ha creato una crisi temporanea nel cinema italiano?

    1 il costo di fare i film
    2 il cambiamento di governo
    3 l'influenza americana nel mondo cinematografico
    4 l'introduzione di nuove technologie   18 _____

19 Com'è conosciuto Benigni nel mondo artistico?

    1 come un attore comico
    2 come un critico cinematografico
    3 come un uomo politico
    4 come un amico degli attori americani   19 _____

20 Secondo l'articolo, che cosa dà intensità ai ruoli di Benigni?

    1 la sua carriera televisiva
    2 i suoi rapporti con gli Americani
    3 il suo carattere serio e comico
    4 il suo amore per la patria   20 _____

b Directions (21–25): Below each of the following selections, there is either a question or an incomplete statement. For *each,* choose the word or expression that best answers the question or completes the statement *according to the meaning of the selection,* and write its *number* in the space provided. [10]

21

JINNY chiede solo 15 minuti al giorno di attenzione: è così silenziosa, robusta, poco ingombrante ed in 7 modelli. Ha una caratteristica particolare: ha bisogno delle tue gambe per mettersi in movimento.
E più i pedali girano più il fisico si tonifica, la linea si fa snella e l'organismo diventa forte. Perchè l'artrosi, la rigidità muscolare e i disturbi cardiocircolatori stanno alla larga da JINNY.

SALUTE E BELLEZZA NELLA FORMA MIGLIORE

JINNY
Atala

POCHI MINUTI PER STAR BENE

What is "JINNY"?

1 a new clock
2 a new dance
3 a nutritional supplement
4 an exercise bicycle

21 _____

22

Il mondo ha un gioiello in più

Si, il mondo della donna, dell'uomo ha un gioiello in più: RICCIOLO D'ORO. L'unico bracciale sempre in forma grazie alla ricerca tecnologica che ha reso l'oro flessible e indeformabile. Le migliori gioiellerie saranno liete di mostrarvi la collezione RICCIOLO D'ORO.

According to this advertisement, what is a special feature of this bracelet?

1 It is made from synthetic materials.
2 It is able to change colors.
3 It maintains its original shape.
4 It is individually designed.

22 _____

23

BAMBINI

Con una favola, il pranzo è più gradito.

Far mangiare i bambini è sempre stato un problema per tutte le mamme. I ragazzi di oggi sono più esigenti, sanno ciò che vogliono e soprattutto amano scegliere quello che devono mangiare. Ma come fare a soddisfarli? Un'idea è venuta a Carmela Cipriani, che sulla scia del successo dei due precedenti libri, sempre sul tema del cibo, è uscita ora con *Mangia che ti racconto* (Sperling & Kupfer, 26 mila). "Ho pensato", dice Carmela Cipriani, "di far entrare una favola nel piatto, cucinando ricette che prendono il nome dalle fiabe, e di trasformare la tavola in un palcoscenico dove il cibo che mangiano i più piccoli si anima e li fa sognare".

According to this article, how can parents get their children to eat?

1 associate meals with popular fairy tales
2 invite friends to eat with their children
3 include their children in preparing meals
4 have the children eat close to bedtime

23 _____

24

Offerta Famiglia.
L'occasione giusta.

Offerta Famiglia è rivolta a chi attende il momento più conveniente per viaggiare. In vigore dal 1 Giugno 2001 al 31 Maggio 2002, prevede, infatti, per piccoli gruppi da tre a cinque familiari o amici, lo sconto del 30% sul prezzo globale del biglietto di prima e seconda classe, su tutti i treni. Maggiori informazioni le trovate a pag. 460 di Televideo RAI, a pag. 512 di Mediavideo, sul sito Internet http://www.fs-on-line.com, nelle stazioni o nelle agenzie di viaggio. Offerta Famiglia, per chi ama viaggiare insieme.

FERROVIE DELLO STATO   **Conviene muoversi. In treno.**

What is being offered by the Italian Railroad Service?

1 discounts for small groups
2 additional trains for the summer
3 television viewing on board
4 new and better connections   24 _____

25

A ritmo di vitamine

Va di moda l'aria pura, la lotta all'inquinamento, e perfino le notti milanesi si tingono di verde. È nata infatti la prima discoteca ecologica. Attenzione, non si tratta banalmente di un locale dove è vietato fumare: alla Danceteria, 54 via della scala tutto è in stile ecologico. Al bar solo bibite a base di concentrati di vitamine e succhi di frutta. Aria purificata da un apparecchio che la mescola con iodio sali minerali e vapori naturali. La musica si ascolta in una sala insonorizzata, dove si balla a piedi nudi.

Which is a feature of this discotheque?

1 There is no cover charge.
2 There is outdoor dancing.
3 Formal attire is required.
4 It has an environmental theme.

25 _____

c *Directions* (26–30): In the following passage, there are five blank spaces numbered 26 through 30. Each blank space represents a missing word or expression. For each blank space, four possible completions are provided. Only one of them makes sense *in the context of the passage*.

First, read the passage in its entirety to determine its general meaning. Then read it a second time. For each blank space, choose the completion that makes the best sense and write its *number* in the space provided.   [10]

Sport e Salute

Fare dello sport aiuta a restare giovani più a lungo e, soprattutto, a mantenersi in buona salute fino a tarda età. Insomma, l'attività fisica dà anni alla vita. Non sono slogan, ma affermazioni con una base scientifica: decine di studi in tutto il mondo.

Ricercatori dell'Università di San Diego, in California, hanno calcolato che dai 30 anni in poi la capacità di ossigenazione di una persona sedentaria diminuisce di circa il 2 per cento l'anno. Per mantenere cuore, polmoni e circolazione sanguigna ad un buon livello, è necessario fare regolare esercizio ___(26)___ .

Secondo lo studio della società Technogym, le persone tra i 30 e i 60 anni, che rimangono sedute in poltrona senza muoversi, subiscono una riduzione del 60 percento di tutte le loro funzioni fisiche. Invece negli individui ___(27)___ della stessa età, la diminuzione è solo del 15 percento. Fare un'attività fisica con regolarità, per una mezz'ora almeno tre volte la settimana, è un obbligo per chi vuole mantenersi in forma e invecchiare il più tardi possibile.

L'importante, però è non esagerare. Nè bisogna fare esercizio al punto di stressare il cuore. Altra avvertenza: chi è stato a lungo senza fare dello sport, prima di

__(28)__ un nuovo programma di ginnastica, deve farsi fare una visita medica con un elettrocardiogramma sotto sforzo. Lo psichiatra Ronald M. Lawrence dell'Università di Los Angeles, assicura, poi, che "un'attività fisica di lunga resistenza, ma non di eccessivo sforzo, previene gli effetti negativi della depressione".

Questi risultati hanno convinto numerose compagnie di assicurazione degli USA a offrire sconti dal 10 al 20 per cento ai clienti che dimostrano di seguire una costante attività __(29)__ . Lo sport è dunque una vera medicina, non solo una buona prevenzione. Oltre a ridurre i livelli di colesterolo nel sangue e l'ipertensione, muovere i muscoli aiuta a __(30)__ virus e certe malattie.

Per la gioia dei meno dinamici, è comunque certo che i vantaggi dell'attività sportiva sulla salute si possono ottenere anche solo camminando. Uno studio dell'Università della Virginia, recentemente pubblicato sul *New England Journal of Medicine,* dimostra che passeggiando ogni giorno per tre o quattro chilometri dimezza il rischio di morire di tumori e malattie cardiovascolari.

(26) 1 fisico   3 grammaticale

      2 mentale   4 scientifico   26 _____

(27) 1 robusti   3 intelligenti

      2 pigri   4 attivi   27 _____

(28) 1 abbandonare   3 cominciare

      2 finire   4 partire   28 _____

(29) 1 passiva   3 educativa

       2 lavorativa   4 sportiva   29 _____

(30) 1 produrre   3 aumentare

       2 combattere   4 introdurre   30 _____

PART FOUR

Write your answers to Part 4 according to the directions for *a* and *b*. [16]

a Directions: Write **one** well-organized note in Italian as directed below. [6]

> Choose **either** question 31 **or** 32. Write the number of the question you have chosen. Write a well-organized note, following the specific instructions given in the question you have chosen. Your note must consist of **at least six clauses.** To qualify for credit, a clause must contain a verb, a stated or implied subject, and additional words necessary to convey meaning. The six clauses may be contained in fewer than six sentences if some of the sentences have more than one clause.

31 While your Italian-speaking neighbor was away from home today, you accepted a delivery on his/her behalf. Write a note in Italian to your neighbor informing him/her that you have something for him/her.

In your note, you may wish to mention: what you did and why; who made the delivery and where it was from; what time the delivery was made; something about the nature of the delivery; and/or where you are keeping it. You may also want to include whether you will be home later or where or how you can be contacted when your neighbor returns home. **Be sure to accomplish the purpose of the note, which is** *to inform your neighbor that you have something for him/her.*

Use the following:

Salutation:	Caro/Cara [your neighbor's name],
Closing:	[your name]

The salutation and closing will *not* be counted as part of the six required clauses.

32 You do not want your Italian teacher to give a homework assignment tonight. Write a note in Italian to your teacher to ask your teacher not to give a homework assignment for tonight.

In your note, you may wish to mention: reasons for this request (other homework, plans for tonight, family obligations, party, sports event); and suggested options for your teacher (postpone the homework to another day, not give any homework at all for tonight). You may want to express your appreciation for considering your request. **Be sure to accomplish the purpose of the note, which is** *to ask your teacher not to give a homework assignment for tonight.*

Use the following:

Salutation:	Caro Professor/Cara Professoressa [your teacher's last name],
Closing:	[your name]

The salutation and closing will *not* be counted as part of the six required clauses.

b Directions: Write **one** well-organized composition in Italian as directed below. [10]

Choose **either** question 33 **or** 34. Write the number of the question you have chosen. Write a well-organized composition, following the specific instructions given in the question you have chosen. Your composition must consist of **at least 10 clauses.** To qualify for credit, a clause must contain a verb, a stated or implied subject, and additional words necessary to convey meaning. The 10 clauses may be contained in fewer than 10 sentences if some sentences have more than one clause.

33 In Italian, write a story about the situation shown in the picture below. It must be a story relating to the picture, **not** a description of the picture. Do **not** write a dialogue.

34 You would like to invite a former exchange student from Italy to spend some time with you this summer. In Italian, write a letter to the former exchange student inviting him/her to spend some time with you this summer.

You must accomplish the purpose of the letter, which is *to invite the former exchange student to spend some time with you this summer.*

In your letter, you may want to mention when you would like him/her to come; travel arrangements; amount of time; what you have been doing since you saw him/her last; activities planned; special clothing needs; money needed; arrangements to see old friends; possible travel plans; how your family feels about the invitation; and how soon you need to know his/her answer.

You may use any or all of the ideas suggested above *or* you may use your own ideas. **Either way, you must invite the former exchange student to spend some time with you this summer.**

   Use the following:

          Dateline: 19 giugno, 2001
          Salutation: Caro/Cara [exchange student's name],
          Closing: [your name]

The dateline, salutation, and closing will *not* be counted as part of the 10 required clauses.

Answers
June 2001
Comprehensive Examination
in Italian

PART ONE

This part of the examination was evaluated prior to the date of this written examination. [24 credits]

PART TWO

The following passages are to be read aloud to the students according to the directions given for this part at the beginning of this examination. The correct answers are given after number 15. [30 credits]

1. You are an exchange student in Italy. The teacher says to you:

> Hai fatto un bel lavoro. Il tema che hai scelto è molto interessante, e si vede che la tua conoscenza della lingua è migliorata. Ma ciò che mi ha colpito di più è stato lo sviluppo delle tue idee. Mi auguro che continuerai a fare progressi.

What did the teacher tell you?

2. A guest speaker is explaining to your class where many Romans spend their summer vacations. He says:

> Una destinazione preferita da molti Romani per le loro vacanze è l'isola di Ischia, in particolare l'albergo della Regina Isabella. Lì si può fare la cura termale, un'attività che era già popolare più di duemila anni fa. L'albergo è stato recentemente restaurato per mantenere il suo antico fascino.

What does the speaker say about the hotel?

3. You and a friend are discussing plans for lunch. Your friend says to you:

Cosa facciamo? È già ora di mangiare, e non vale la pena di tornare a casa. Perché non facciamo così? Compriamo dei salumi, del pane e dell'-acqua minerale, e mangiamo proprio qui in piazza. Io non ho i soldi per andare in ristorante, e la pizza l'abbiamo mangiata ieri sera. Mangiamo all'aperto!

What does your friend suggest?

4. You are listening to the radio in Italy and hear this advertisement:

Moda Stefano è una boutique molto particolare, specializzata in cami-cie già pronte oppure da confezionare su misura. Offre anche bellissimi pullover di ottima qualità. Scegli il modello, la taglia, il colore e il capo d'abbigliamento sarà pronto, su misura, nel giro di due settimane. Vieni al nostro negozio e ordina maglioni e camicie fatti esclusivamente per te.

What does this store offer?

5. You are watching television in Naples, Italy, and hear a commentator talk-ing about a teacher:

Grazia Francescato, insegnante in un piccolo istituto vicino a Napoli, insegna ai suoi alunni elementari una materia importante: l'amore per la natura e il bilancio ecologico. La signora Francescato presenta ai suoi stu-denti tutte le bellezze del nostro pianeta, dal sole che tramonta alla biodi-versità degli animali che ci circondano. Vuole che gli studenti rispettino l'ambiente dove viviamo, e che lavorino per proteggere gli alberi, fiori e tutte le creature che vivono con noi sulla terra.

What is the focus of this teacher's instruction?

6. Your Italian friend reads you this item from an Italian newspaper:

La prossima estate ci sarà sulle spiagge italiane un nuovo tipo di bagnino. Saranno cani della razza Terranova. Infatti, secondo gli esperti, questi animali sono molto adatti ad aiutare persone in pericolo nel mare. Un gruppo di cani Terranova addestrati ha già dimostrato l'abilità nel sal-vare persone che hanno simulato di essere in difficoltà in acqua.

What service do these dogs provide?

7. You meet your friend Anna in an Italian piazza. She tells you:

Sono appena tornata dalla biblioteca. Avevo un appuntamento lì con il mio amico Renato, ma non l'ho visto. L'ho cercato anche in pizzeria, ma non c'era. Se tu lo vedi, digli di venire in palestra alle cinque.

What does Anna want you to do?

8. As you and your friends are about to enter a restaurant in Milan, the host stops you and says:

Mi dispiace, ma vestiti così non si può entrare perché il regolamento non lo consente. Non si permettono i pantaloncini. Forse non avete visto il cartello fuori della porta. Ci sono altri posti per mangiare qui vicino, come la tavola calda all'angolo. Lì potrete entrare anche vestiti così.

Why are you unable to enter the restaurant?

9. While your host mother is reading a magazine article, she points to a picture and says:

Questo è Pasquale Bruni, un mio vecchio amico. Lavoravamo insieme nei laboratori di oreficeria di Valenza. Poi ha fondato con cinque colleghi l'azienda Gioelmoda che produce una linea chiamata "Amore". Creano bracciali, anelli e pendenti in oro giallo, bianco e rosa incisi con la parola "Amore". Adesso è molto conosciuto!

In what endeavor has Pasquale Bruni excelled?

10. You are listening to the radio and hear this announcement:

Perugia sta per diventare la capitale mondiale dei dolci e ci sarà una grandissima celebrazione. Ci saranno esposizioni di torte e crostate di tutti i gusti, paste tipiche di tutte le regioni italiane, e concorsi di arte pasticciera con i maestri del dolce più riconosciuti del mondo. Il pubblico potrà così assaggiare gratis tantissimi tipi di dolciume e biscotti. Infine ci sarà anche una sfilata di moda con abbigliamento fatto totalmente di cioccolato e di zucchero filato.

Che cosa si farà a Perugia?

11. You are listening to the radio and hear this consumer report:

Si chiama Ydea ed è il nuovo mezzo di trasporto per combattere il traffico della città. È una piccola auto a due posti e a due cilindri. La Canalini Ydea, che ha la lunghezza di mezza auto convenzionale, costa quasi il doppio di una macchina normale. Ma il vero vantaggio di questa macchina è nel poco consumo di benzina nella guida in città. Che grande Ydea!

Secondo questo annuncio, che cosa è Ydea?

12. You have just boarded your Alitalia flight to Rome and hear this announcement:

    Signore e Signori, il Comandante informa che, per cause tecniche, è necessario il cambio dell'aereo.

    Vi preghiamo di scendere con il bagaglio a mano e gli oggetti personali. I bagagli imbarcati in stiva saranno trasferiti direttamente sull'altro aereo.

    Ci scusiamo vivamente per il disagio e vi ricordiamo che è vietato fumare durante le operazioni di sbarco.

    Cosa bisogna fare adesso?

13. You are in Italy listening to a nutritionist being interviewed on the radio. He says:

    Per stare bene bisogna seguire una dieta sana. Si deve mangiare un po' di tutto, ma in moderazione: carne, pesce, formaggi, molta frutta e verdura, pasta, riso e pane di farina integrale. Anche i dolci sono permessi a una dieta equilibrata.

    Come bevande io suggerisco acqua e succhi di frutta.

    Che cosa suggerisce di mangiare questo esperto?

14. The Italian exchange student that you hosted last year calls you on the telephone and says:

    Salve! Ho voluto telefonarti per dirti che quest'anno non abbiamo un numero di studenti sufficiente per realizzare lo scambio. Per avere il permesso del consiglio della scuola, devono partecipare due terzi degli studenti della classe. Finora gli iscritti sono solo la metà. Mi dispiace, ma ho grandi speranze per l'anno prossimo.

    Perché è in pericolo lo scambio tra le due scuole quest'anno?

15. While you are in Rome, you hear this advertisement on the radio:

    Il Centro sociale comunale "Romana" presenta corsi pomeridiani e serali per bambini e per adulti, a vari livelli. Si fanno lezioni, a gruppi e individuali, di chitarra acustica ed elettrica, batteria, pianoforte, sassofono e flauto dolce. Le iscrizioni ai corsi sono aperte fino al 15 luglio. Per informazioni telefonare in orario pomeridiano.

    A chi può interessare questa pubblicità?

PART TWO

(a) (**1**) 4   (**4**) 3   (**7**) 2   (b) (**10**) 1   (**13**) 2
    (**2**) 1   (**5**) 1   (**8**) 4   (**11**) 3   (**14**) 3
    (**3**) 2   (**6**) 3   (**9**) 4   (**12**) 2   (**15**) 4

PART THREE

(a) (**16**) 2   (b) (**21**) 4   (c) (**26**) 1
    (**17**) 2   (**22**) 3   (**27**) 4
    (**18**) 3   (**23**) 1   (**28**) 3
    (**19**) 1   (**24**) 1   (**29**) 4
    (**20**) 3   (**25**) 4   (**30**) 2

PART FOUR

(a) **Notes in writing**

> *For each note, an example of a response worth six credits follows. The slash marks indicate how each sample note has been divided into clauses.*

31. Cara Anna,   19 giugno, 2001

    Oggi, quando ero a casa/₁ ho visto il postino con un pacco./₂ Lui è andato a casa tua/₃ ma gli ho detto che tu non c'eri./₄ Così ha lasciato il pacco con me./₅ Puoi venire a prenderlo/₆ quando torni a casa.

                                        Giacomo

32. Cara Professoressa _____,   19 giugno, 2001

    La prego di non darci compito per stasera/₁ perché domani ci sarà la partita di calcio più importante dell'anno./₂ Lei sa che nella nostra classe/₃ ci sono tanti giocatori!/₄ Faremo allenamento di sicuro fino a tardi./₅ Per favore, ci dia il compito domani sera./₆ Gliene saremo tanto grati.

                                        Mario

(b) Narrative based on picture/letter

For each narrative/letter, an example of a response worth 10 credits follows. The slash marks indicate how each sample narrative/letter has been divided into clauses.

33. Mentre la signorina prendeva il sole, si avvicina un bambino./$_1$ Marco non trova più sua madre/$_2$ e ha bisogno di aiuto./$_3$ La signorina gli chiede di descriverla./$_4$ Lui dice che/$_5$ la mamma è bionda, alta e magra/$_6$ e indossa un costume arancione./$_7$ È sotto un ombrellone bianco e azzurro./$_8$ Per fortuna si sente un annuncio./$_9$ C'è una mamma in cerca di un bambino con capelli castani di nome Marco./$_{10}$

34. Caro Luca,   19 giugno, 2001

La mia famiglia ti invita con tanto piacere a passare alcuni giorni con noi quest'estate./$_1$ Il periodo migliore per venire è la seconda e terza settimana di luglio/$_2$ perché anche mio padre sarà in vacanza./$_3$ Inoltre avremmo intenzione di andare in montagna a fare un campeggio./$_4$ Anche alla nostra famiglia piace tanto pescare./$_5$ Devi portare vestiti un po' pesanti/$_6$ perché fa fresco in montagna./$_7$ Non hai bisogno di tanti soldi; solo per cose personali./$_8$ Facci avere tutta l'informazione del volo./$_9$ Saremo all'aeroporto/$_{10}$ quando arriverai. Non vedo l'ora di vederti.

                                                                Rita

Examination June 2002

Comprehensive Examination in Italian

PART ONE

Your performance on Part 1, Speaking (24 credits), has been evaluated prior to the date of this written examination.

PART TWO

Answer all questions in Part 2 according to the directions for *a* and *b*. [30]

a Directions (1–9): For each question, you will hear some background information in English *once*. Then you will hear a passage in Italian *twice* and a question in English *once*. After you have heard the question, the teacher will pause while you read the question and the four suggested answers. Choose the best suggested answer and write its *number* in the space provided. Base your answer *on the content of the passage, only*. The passages that the teacher will read aloud to you are found in the ANSWERS section, Part 2, at the end of this examination. [18]

1 What was the purpose of the call?

    1 to tell someone to go to the hospital
    2 to remind someone about an appointment
    3 to postpone an appointment
    4 to report some laboratory test results   1 _____

2 What does the neighbor want?

  1 someone to do chores around his house
  2 someone to babysit his children
  3 someone to prepare meals for him
  4 someone to take him shopping   2 _____

3 What is being done to alleviate the congestion in the city of Florence?

  1 Tour buses will have to pay a tax to enter Florence.
  2 A shuttle bus will be provided for large groups.
  3 City dwellers will be asked to ride the bus instead of their cars.
  4 A limited number of tour buses will be allowed to come into the city.   3 _____

4 What is the health expert recommending?

  1 to walk at least 2 kilometers a day
  2 to keep in shape with a friend
  3 to exercise every other day
  4 to be flexible when dieting   4 _____

5 What is being advertised in this announcement?

  1 travel and study opportunities
  2 an international athletic competition
  3 job placement and counseling services
  4 special rates at youth hostels   5 _____

6 What did the speaker say about the exchange program?

  1 Host families for this program will be needed in the future.
  2 The program will continue for one more year.
  3 Students' participation in the program was excellent.
  4 The program needs financial support.   6 _____

7 What is your friend concerned about?

   1 He forgot a special occasion.
   2 He received bad news.
   3 He is running out of money.
   4 He is going to be late to a party.   7 _____

8 What does the clerk tell you?

   1 The reservation must be made in person.
   2 There are rooms available for the group.
   3 The room rate increases on weekends.
   4 It is necessary to pay with a credit card.   8 _____

9 What is the caller complaining about?

   1 Her friends will not talk to her.
   2 Her parents are very strict.
   3 Her friends argue too much.
   4 Her parents want her to study more.   9 _____

b Directions (10–15): For each question, you will hear some background information in English *once.* Then you will hear a passage in Italian *twice* and a question in Italian *once.* After you have heard the question, the teacher will pause while you read the question and the four suggested answers. Choose the best suggested answer and write its *number* in the space provided. Base your answer *on the content of the passage, only.* The passages that the teacher will read aloud to you are found in the ANSWERS section, Part 2, at the end of this examination. [12]

10 Perché il volo Alitalia parte con ritardo?

   1 per l'eccessivo traffico aereo
   2 per lo sciopero del personale
   3 per un guasto ai motori
   4 per il maltempo a Roma   10 _____

11 Che cosa invita a vedere questo annuncio?

    1 un museo-laboratorio per imparare e divertirsi
    2 una mostra di artisti giovani
    3 una nuova stazione televisiva
    4 una festa nel parco   11 _____

12 Che opinione ha questa ragazza degli americani?

    1 Sono molto occupati.
    2 Sono molto educati.
    3 Sono molto strani.
    4 Sono molto amichevoli.   12 _____

13 Cosa consiglia questo annuncio pubblico?

    1 di aumentare gradualmente l'intensità degli eser-
       cizi
    2 di non fare attività fisiche durante l'estate
    3 di fare esercizi all'aperto
    4 di sviluppare tutti i muscoli del corpo   13 _____

14 Perché è molto utile questo servizio?

    1 per andare all'aeroporto di Roma
    2 per fare la spesa a Roma
    3 per conoscere meglio Roma
    4 per viaggiare fuori Roma   14 _____

15 Che cosa è proibito fare oggi alla spiaggia?

    1 giocare
    2 mangiare
    3 nuotare
    4 bere   15 _____

PART THREE

Answer all questions in Part 3 according to the directions for *a*, *b*, and *c*. [30]

a Directions (16–20): After the following passage, there are five questions or incomplete statements. For *each,* choose the word or expression that best answers the question or completes the statement *according to the meaning of the passage,* and write its *number* in the space provided. [10]

Campodimele, un piccolo paesino vicino Roma, è famoso per una circostanza particolare. Anche se ha solamente 850 abitanti, quasi 350 di loro hanno già compiuto gli ottant'anni d'età e stanno tutti benissimo. E in questo gruppo ci sono ben 30 novantenni e due che hanno più cento anni.

Che cosa contribuisce alla loro stabile longevità? Ognuno ha una ragione personale ma tutti hanno questo in comune: l'importanza di mangiare al naturale e di consumare molta verdura. C'è chi afferma che è tutto merito dei suoi energici nipotini a mantenerlo giovane e forte, e c'è chi dice che il lavoro non fa mai invecchiare. Una donna di novant'anni, Quirina, ancora va in giardino a coltivare fagioli, carote, e cipolle. Giulio, di ottantacinque anni, fa il barbiere. Tutti hanno una storia da raccontare ma ognuno di questi longevi abitanti di Campodimele fa una dieta essenzialmente a base d'ortaggi freschi, frutta al naturale, e carni magre. Non manca la pasta che si consuma tutti i giorni da queste parti. Testimone di questa speciale dieta è l'unico ristorante del paese che si chiama appunto "Ristorante La Longevità". Il proprietario-cuoco usa solamente ricette locali e prodotti del luogo. In questo solitario stabilimento si gustano piatti nutritivi e sanissimi. Le "fettuccine alla longeva" sono preparate con un soffritto di carote, sedano e aglio verde che, aggiunti a melanzane e zucchini, formano la salsina fatta a mano, naturalmente. Anche l'acqua è purissima. È priva di contaminanti ed è sempre fresca.

La vita quotidiana è sempre rilassata e calma. Infatti, a Campodimele nessuno si ricorda di un crimine, un'infrazione, un evento negativo. Tutti si conoscono e si rispettano. Questo è molto importante nel determinare la tranquillità pubblica e per la longevità dei suoi straordinari abitanti. I turisti che non si conoscono sono generalmente ricevuti in comune dove devono registrare i loro dati personali, la durata della loro visita, e l'indirizzo del luogo che li ospita durante il loro soggiorno. Gli estranei vengono sorvegliati sia dall'amministrazione comunale che dalla gente locale. Ecco perché questo piccolo paesino rimane sempre tranquillo. La maggior parte dei turisti è costituita di attori e personalità del mondo dello spettacolo italiano. Vengono soprattutto dalla vicina Roma, e si possono permettere i prezzi esorbitanti di Campodimele. Oggi purtroppo, anche la tranquillità costa cara.

Per merito di un piccolo paesino, così piccolo da non fare nome nemmeno sulle mappe geografiche più dettagliate, l'Italia moderna ha stabilito il record europeo di paese con la vita media più alta. Non è cosa da poco, considerando che l'indice di nascita in Italia è quasi zero.

16 Che cosa è Campodimele?

1 una trasmissione televisiva
2 una cittadina molto interessante
3 un'industria agricola
4 un ristorante romano

16 _____

17 Perché gli abitanti sono molto speciali?

    1 Sono molto ricchi.
    2 Sono nuovi immigrati.
    3 Sono personaggi cinematrografici.
    4 Sono molto anziani.   17 _____

18 Che hanno tutti in comune?

    1 le famiglie famose
    2 la buona dieta giornaliera
    3 la stessa professione
    4 l'amore per la storia   18 _____

19 Com'è la vita a Campodimele?

    1 riposata e libera da stress
    2 vivace e caotica
    3 piena di problemi sociali
    4 tecnologicamente avanzata   19 _____

20 Secondo il brano, chi va a visitare Campodimele?

    1 uomini di affari
    2 grandi politici
    3 divi del cinema e della tv
    4 personaggi del settore sportivo   20 _____

b Directions (21–25): Below each of the following selections, there is either a question or an incomplete statement. For *each*, choose the word or expression that best answers the question or completes the statement *according to the meaning of the selection,* and write its *number* in the space provided.   [10]

21

Ferie sicure con la «card»

Una carta dei diritti e dei piaceri per i viaggiatori. Una nuova iniziativa che prevede migliori coperture assicurative, possibilità di sconti e tariffe speciali e agevolazioni. Un'opportunità che, per ora, è offerta solo dall'Alpitour. La carta è fornita gratuitamente a tutti coloro che hanno prenotato i viaggi entro il 30 aprile e dà questi vantaggi: si può modificare, per qualsiasi ragione e senza nessuna spesa aggiuntiva, la data di partenza, la destinazione, l'albergo, la durata del soggiorno e si può addirittura annullare l'intera vacanza fino a 15 giorni prima della data della partenza, semplicemente inviando comunicazione scritta all'agenzia viaggi e alla Compagnia Europea d'Assicurazione. Inoltre si hanno notevoli coperture assicurative.

What is one of the featured benefits of this card?

1 free vacation guidebooks
2 e-mail and fax services
3 roadside automotive assistance
4 travel discounts and insurance

21 _____

22

L'ITALIA A PORTATA DI TELEFONO
Notizie fresche di giornata da tutto il mondo

Da tutto il mondo, da un qualsiasi telefono, componi il numero **7779 6010*** e potrai avere "notizie fresche" su cosa succede, ogni giorno, in Italia e nel mondo, ascoltando **"Quotidiano Italia"**, un notiziario in lingua italiana curato dai servizi giornalistici per l'estero della RAI, che raccoglie in cinque minuti i principali avvenimenti politici, economici e di attualità.

Con **"Quotidiano Italia"**, un nuovo servizio telefonico dell'Italcable per tutti gli italiani che viaggiano o risiedono all'estero, da oggi le notizie sono realmente "a portata di telefono".

*Il numero deve essere preceduto dal codice di accesso alla teleselezione internazionale seguito dal prefisso per l'Italia (39).

A person would call the telephone number in this advertisement to

1 request directory assistance
2 subscribe to a magazine
3 get the latest news
4 express an opinion

22 _____

23

Dal 19 giugno, per chiamare in Italia, basta aggiungere lo zero.

Quale numero è più semplice dello zero?
Dal 19 giugno, per chiamare l'Italia, basta aggiungere
un semplice zero al prefisso interurbano. Così, per chiamare
ad esempio Milano, il +39 2 5555555, dal 19 giugno diventerà
+39 025555555. Niente di più facile.

 +39 **0** **25555555**

Il sistema telefonico italiano celebra così il suo ingresso in
Europa in linea con le Direttive Comunitarie sulla liberalizzazione
del mercato delle telecomunicazioni.
Dal 19 giugno, se chiami il paese più bello del mondo,
semplicemente ricordati lo zero.

What information about telephone service is being announced?

1 the necessity to call the overseas operator
2 the addition of a digit to the area code
3 the new area codes for some cities
4 the availability of multilingual operators   23 _____

24

Entrano in azione quando meno te lo aspetti, gli insetti.
Senti un ronzio alle orecchie, ed è già troppo tardi. E poi? Poi c'è Foille Insetti. Ne basta un po'
per prevenire l'infiammazione, ridurre il prurito e attenuare il gonfiore.
Si trova solo in Farmacia, insieme a Foille Sole, contro le scottature solari, e a Foille Pomata,
il capostipite della linea Foille, quello contro le scottature domestiche.

il pronto soccorso della pelle.

What is the recommended use for this product?

1 to relieve the discomfort of insect bites
2 to moisturize the skin
3 to reduce muscle and joint pain
4 to help prevent infection in minor cuts   24 _____

25

Touring Club Italiano

il vantaggio di essere soci!

Tanti sono i servizi e le agevolazioni che il TCI
offre in esclusiva ai suoi Soci! Vi ricordiamo lo SCONTO
DAL 10% AL 50% riconosciuto in oltre 90 TEATRI
e 200 MUSEI, e le VISITE GUIDATE GRATUITE
in circa 60 città italiane. Consultate La Guida
ai Vantaggi che avete trovato nel Pacco Soci 2002!

Scoprire le raccolte d'arte conservate nei musei
di tutta italia o trascorrere una serata speciale
a teatro ai soci conviene! Farsi svelare i segreti
di una città da guide esperte non costa addirittura
nulla! Approfitta delle agevolazioni che il TCI
offre ai suoi soci per apprezzare un patrimonio
culturale, storico e artistico ineguagliabile.

What does this organization offer?

1 monthly newsletters
2 private museum tours
3 backstage passes
4 discounts to members

25 _____

c Directions (26–30): In the following passage, there are five blank spaces numbered 26 through 30. Each blank space represents a missing word or expression. For each blank space, four possible completions are provided. Only one of them makes sense *in the context of the passage.*

First, read the passage in its entirety to determine its general meaning. Then read it a second time. For each blank space, choose the completion that makes the best sense and write its *number* in the space provided. [10]

'O sole mio

Quando il presidente d'Italia in visita ufficiale a Napoli nel 1990, ha cantato alcune note della canzone *'O sole mio* come grazioso tributo alla città, nessuna delle persone presenti si è meravigliata. Così, sulla lunga lista di persone che hanno cantato questa storica canzone, adesso troviamo anche il presidente.

Gli episodi straordinari nella vita di questa canzone famosa sono molti. Il cosmonauta russo Jurij Gagarin, ha mandato *'O sole mio* come saluto dallo spazio. L'abbiamo anche sentita cantare dai cinesi al presidente italiano Pertini durante la sua visita ufficiale del 1980 a Pechino. Insomma, ___(26)___ fa parte della storia.

Durante le Olimpiadi del 1920 in Belgio e del 1952 in Finlandia, le orchestre olimpiche di questi paesi avevano dimenticato di portare la musica scritta dell'inno nazionale italiano. Per risolvere il problema, hanno sostituito le note di *'O sole mio* a quelle ufficiali di *Fratelli d'Italia*. Il pubblico, al sentire le prime note, si è alzato in piedi e ciascuno ___(27)___ la famosa canzone napoletana nella propria lingua.

La canzone è stata scritta nel 1898 da Giovanni Capurro, impiegato al giornale *Il Roma*, diplomato in flauto e poeta per passione. Poverissimo e padre di sei figli, Capurro scriveva canzoni per aumentare ___(28)___ .

Ha scritto i versi di *'O sole mio* e li ha consegnati al suo amico musicista Eduardo di Capua il quale gli ha promesso di creare una melodia. Di Capua ha preso le parole all' ultimo momento prima di imbarcarsi da Napoli verso l'Est. Doveva accompagnare il padre violinista a una serie di concerti in Russia. Erano diretti a Odessa e a Mosca dove avrebbero dovuto suonare davanti allo zar Nicola II. Si dice che Di Capua ha trovato l'ispirazione ad Odessa durante una notte di tempesta. Lui sentiva una forte nostalgia e gli mancava il sole di Napoli. Cosí   __(29)__   la musica mentre fuori faceva maltempo.

Nel settembre del 1898, per la modesta spesa di 300 lire, l'editore Ferdinando Bideri ha acquistato la canzone. Bideri voleva incoraggiare i due autori perché *'O sole mio* non aveva ottenuto nessun premio al festival della canzone napoletana. Invece aveva vinto *Napule bella,* una canzone che subito dopo è stata dimenticata.

Purtroppo Capurro e Di Capua hanno finito i loro giorni praticamente in miseria, ma la loro canzone continua ad affascinare il pubblico e   __(30)__   famosi. Ricordiamo, fra i tanti, tenori di fama internazionale come Enrico Caruso, Luciano Pavarotti, Placido Domingo e Andrea Bocelli nonché personaggi celebri del mondo dello spettacolo da Frank Sinatra a Ray Charles e a Elvis Presley.

(26)   1   la canzone   3   la novella

       2   la sinfonia   4   la poesia   26 _____

(27)   1   ho letto   3   ha cantato

       2   ha comprato   4   ha scritto   27 _____

(28)   1   il tempo   3   la forza

       2   il salario   4   l'instruzione   28 _____

(29) 1 ha letto   3 ha composto

        2 ha venduto   4 ha pubblicato   29 _____

(30) 1 cantanti   3 musei

        2 fratelli   4 canali   30 _____

PART FOUR

Write your answers to Part 4 according to the directions for *a* and *b*. Your answers must be written in your own words; no credit will be given for a response that is copied or substantially the same as material from other parts of this examination. [16]

a Directions: Write **one** well-organized note in Italian as directed below. [6]

Choose **either** question 31 **or** 32. Write the number of the question you have chosen in the space provided. Write a well-organized note, following the specific instructions given in the question you have chosen. Your note must consist of **at least six clauses.** To qualify for credit, a clause must contain a verb, a stated or implied subject, and additional words necessary to convey meaning. The six clauses may be contained in fewer than six sentences if some of the sentences have more than one clause.

31 Your Italian Club recently held a festival at your school. Write a note in Italian to an Italian-owned business or organization that provided support for the festival to thank that business or organization for its support.

In your note you may wish to mention when the festival was held, what activities took place (such as games and movies), who attended, what the business or organization provided, and how it was used. **Be sure to accomplish the purpose of the note, which is *to thank the business or organization for its support of the festival.***

Use the following:

Salutation: Caro signor/Cara signora _____
Closing: [your name]

The salutation and closing will *not* be counted as part of the six required clauses.

32 You purchased a product from an Italian catalog company, but received something different from what you ordered. Write a note in Italian to the company to return or exchange the product.

In your note, you may want to identify the product, mention how much it cost, and how you paid for it (cash or credit card). You may also wish to discuss why you want to return the product and/or suggest a solution to the problem (refund or exchange). **Be sure to accomplish the purpose of the note, which is *to return or exchange the product.***

Use the following:

Salutation: Egregi Signori
Closing: [your name]

The salutation and closing will *not* be counted as part of the six required clauses.

b Directions: Write **one** well-organized composition in Italian as directed below.   [10]

Choose **either** question 33 **or** 34. Write the number of the question you have chosen in the space provided. Write a well-organized composition, following the specific instructions given in the question you have chosen. Your composition must consist of **at least 10 clauses.** To qualify for credit, a clause must contain a verb, a stated or implied subject, and additional words necessary to convey meaning. The 10 clauses may be contained in fewer than 10 sentences if some of the sentences have more than one clause.

33   In Italian, write a story about the situation shown in the picture below. It must be a story relating to the picture, **not** a description of the picture. Do **not** write a dialogue.

34 Your pen pal from Italy is writing an article for her school newspaper. The article is about what life is like for a teenager in the United States. Your pen pal has asked you to provide some information for the article. In Italian, write a letter to your pen pal providing information that could be used for a school newspaper article about what life is like for a teenager in the United States.

You <u>must</u> accomplish the purpose of the letter, which is *to provide information that could be used for a school newspaper article about what life is like for a teenager in the United States.*

In your letter you may wish to include: how American teenagers dress, afterschool and weekend activities, favorite foods, favorite music, family life, what a typical school day is like, and what your community is like.

You may use any or all of the ideas suggested above *or* you may use your own ideas. **Either way, you must provide information that could be used for a school newspaper article about what life is like for a teenager in the United States.**

Use the following:

Dateline:	21 giugno 2002
Salutation:	Caro/Cara [name]
Closing:	Ti abbraccio, [your name]

The dateline, salutation, and closing will *not* be counted as part of the 10 required clauses.

Answers
June 2002
Comprehensive Examination in Italian

PART ONE

This part of the examination was evaluated prior to the date of this written examination. [24 credits]

PART TWO

The following passages are to be read aloud to the students according to the directions given for this part at the beginning of this examination. The correct answers are given after number 15. [30 credits]

1. While staying in Rome with a host family, you hear this message from the doctor's office on the answering machine:

    Potrebbe rinviare l'appuntamento di oggi? Il dottore ha avuto un'emergenza e resterà all'ospedale fino a sera tardi. Se è possibile, potrebbe venire domani mattina verso le nove? Sarà il nostro primo paziente. Mi telefoni prima di mezzogiorno per confermare l'appuntamento. Siamo spiacenti del contrattempo.

    What was the purpose of the call?

2. Your next-door neighbor is talking to your host parent in Italy. The neighbor says:

    Ho bisogno di aiuto intorno alla casa per i mesi estivi. Cerco un giovane volenteroso per tagliare l'erba una volta alla settimana, fare un po' di pulizia in giardino e portare le bottiglie, le lattine e i rifiuti di plastica al centro di riciclaggio. Se trovo la persona adatta pago bene. Conosci qual-cuno?

What does the neighbor want?

3. While in Italy, you hear this news report on television:

Firenze è una città visitata ogni giorno da circa 50,000 ospiti che senza saperlo rendono molto difficile il ritmo normale della vita degli abitanti. Per risolvere il problema del traffico, l'ingresso ai pullman turistici sarà a intervalli e verranno ammessi non più di 150 autobus al giorno. Non solo sarà limitato il numero di autobus che possono entrare, ma sarà anche necessaria una prenotazione.

What is being done to alleviate the congestion in the city of Florence?

4. You are listening to a talk show on Italian television and a health expert says:

Fare esercizio in coppia è meglio. È un modo divertente per con-vincere anche i più pigri anche quando si tratta di una semplice passeg-giata. Però, è importante trovare un compagno compatibile e flessibile. Cioè, se uno dei due vuole andare più piano o cambiare ritmo o fare un altro esercizio, non c'è problema. Fare esercizio in due è piacevole e può contribuire alla motivazione per tenersi in forma.

What is the health expert recommending?

5. You are listening to the radio in Italy. You hear this announcement:

Cerchiamo giovani tra i 15 e i 18 anni che vogliano viaggiare all'estero. Se volete usare la lingua straniera studiata a scuola e scoprire la vita auten-tica di giovani di altri paesi, iscrivetevi al nostro programma facendo il nu-mero 74 07 22. Vi troveremo ospitalità per quest'estate!

What is being advertised in this announcement?

6. At the end of an exchange program you hear this speech at a reception:

I ragazzi americani ci hanno fatto onore partecipando con entusiasmo ed interesse alla vita scolastica e familiare italiana. Hanno dato un valido contributo parlando in diverse occasioni della loro vita in America. Tutti hanno apprezzato il loro buon comportamento e la loro maturità e compe-tenza linguistica.

What did the speaker say about the exchange program?

7. You are talking with an Italian friend who is visiting you in the States. He says:

Mamma mia! È passato l'anniversario di matrimonio dei miei genitori e ho completamente dimenticato d'inviare una cartolina o di telefonare. Ogni anno si riunisce tutta la famiglia per festeggiare quest'occasione speciale. Come ho fatto a dimenticare di fargli gli auguri? Mi dispiace proprio tanto! Pensi che sarebbe una buon'idea mandare dei fiori, anche con una settimana di ritardo?

What is your friend concerned about?

8. When you call a particular hotel in Siena for room information, the clerk who answers says:

Per quanto riguarda la richiesta di camere doppie disponibili per il prossimo mese, al momento non ci sono problemi per alloggiare il suo gruppo. Il prezzo per ogni camera, non includendo la colazione, è di 100 euro per notte. Se decide di prenotare, può telefonarci ogni giorno dalle nove alle venti. Può pagare direttamente in albergo. Grazie dell'interesse.

What does the clerk tell you?

9. You are listening to a call-in talk show on an Italian radio station. You hear a caller say:

Mi chiamo Martina. Ho 16 anni e non riesco ad andare d'accordo con i miei genitori. Mi controllano in tutto, criticano il mio modo di vestire e, soprattutto, mi proibiscono di uscire la sera fino a tardi. Come posso fare per convincerli a darmi maggior libertà? Non sono più una bambina! Ho il diritto di divertirmi e vedere gli amici! Se continuo a dire di no ai loro inviti finirò col perderli! Cosa mi consiglia di fare?

What is the caller complaining about?

10. While waiting in Rome's Fiumicino Airport to board your connecting flight to Sicily, you hear this announcement:

Informiamo i signori passeggeri diretti a Palermo con il volo Alitalia delle undici e quarantacinque che la partenza è stata rimandata. Prevediamo un ritardo di circa un'ora se le condizioni meteorologiche migliorano. Il ritardo è dovuto a un brutto temporale. Preghiamo i passeggeri di presentarsi al banco Alitalia per ulteriori informazioni.

Perché il volo Alitalia parte con ritardo?

11. You hear a commercial for a place that just opened in the city of Genova. The commercial states:

La "Città dei Bambini", aperta recentemente, è un posto magico. È un museo interattivo dove i bambini giocano e, nello stesso tempo, imparano e sperimentano. Ai più piccoli piace divertirsi lavorando ad una casa in costruzione, i più grandi possono scoprire le funzioni dei cinque sensi attraverso il computer, o preparare programmi televisivi in uno studio modernissimo. Anche i genitori rimarranno colpiti dalla scienza-gioco. Venite! Siamo aperti tutti i giorni dalle 10 alle 18.

Che cosa invita a vedere questo annuncio?

12. At her farewell party, your Italian exchange student says:

Com'è volato l'anno passato in America! È stata un'esperienza così bella che non potrò mai più dimenticarla. Ho imparato tante cose nuove e ho potuto continuamente praticare la lingua inglese. Quello che mi ha colpito di più è stato il carattere del popolo americano: molto affabile, estremamente piacevole e gentile, e sempre pronto a dare una mano. Sono sicura che ritornerò qui in vacanza dopo aver finito gli studi.

Che opinione ha questa ragazza degli americani?

13. You turn on the television in Italy and hear this health announcement:

Approfittate delle vacanze estive per la pratica di attività fisiche o di sport che vi piacciono, ma state attenti. Esercitatevi progressivamente, cioè cominciando con poca ginnastica e aumentandola un po' ogni giorno. Specialmente se siete stati inattivi durante i mesi precedenti, gli esercizi troppo intensi potrebbero causare forti dolori muscolari.

Cosa consiglia questo annuncio pubblico?

14. You are in Rome and hear this advertisement on television:

Scopri le bellezze di Roma! Prendi gli autobus con il cappello rosso, sarai trattato con i guanti. Li troverai puntuali, alle undici fermate del percorso, dalle 9:30 alle 18:00, sette giorni su sette. Puoi salire o scendere quando e dove vuoi. Il biglietto è valido per 24 ore. A bordo un' esperta autoguida ti aiuterà a capire la storia straordinaria e la grandezza dell'arte che fanno di Roma una città unica al mondo.

Perché è molto utile questo servizio?

15. As you and your friends are entering a beach, an employee says to you:

In questa spiaggia non è permesso nuotare a causa di un problema ecologico. Hanno trovato nell'acqua dei prodotti chimica che forse provengono da una fabbrica vicino. Potete rimanere sulla sabbia, ma non potete entrare nell' acqua.

Che cosa è proibito fare oggi alla spiaggia?

PART TWO

(a)	(1)	3	(4)	2	(7)	1	(b)	(10)	4	(13)	1
	(2)	1	(5)	1	(8)	2		(11)	1	(14)	3
	(3)	4	(6)	3	(9)	2		(12)	4	(15)	3

PART THREE

(a)	(16)	2	(b)	(21)	4	(c)	(26)	1
	(17)	4		(22)	3		(27)	3
	(18)	2		(23)	2		(28)	2
	(19)	1		(24)	1		(29)	3
	(20)	3		(25)	4		(30)	1

PART FOUR

(a) Notes in writing

For each note, an example of a response worth six credits follows. The slash marks indicate how each sample note has been divided into clauses.

31. Cara signora,

La ringraziamo tanto del suo aiuto per la nostra festa./₁ La festa è stata sabato sera/₂ ed è stata veramente un successo./₃ Con il suo assegno abbiamo comprato tutti i bei fiori che abbiamo messo sui tavoli./₄ Senza fiori, il nostro pranzo della "Celebrazione di Primavera" non sarebbe sembrato primavera./₅ Abbiamo avuto tanti complimenti sulla bellezza dei fiori./₆

Arianna

32. Egregi Signori,

Ho ricevuto la maglia che ho ordinato/₁ ma il colore è sbagliato./₂ La misura è giusta e anche il prezzo./₃ Ho ordinato il colore verde/₄ e ho ricevuto il colore blu./₅ Per favore, mi faccia sapere se ha la stessa maglia nel mio colore preferito./₆

Rita

(b) Narrative based on picture/letter

For each narrative/letter, an example of a response worth 10 credits follows. The slash marks indicate how each sample narrative/letter has been divided into clauses.

33. La signora Narducci ha avuto un problema con la sua macchina./₁ Adesso lei sta parlando con il meccanico./₂ Il meccanico le ha detto che/₃ ci vuole del tempo per riparare la macchina/₄ perché deve cambiare i freni./₅ Lui le ha anche detto che ha bisogno di calcolare il costo./₆ La signora non sa se ha abbastanza denaro/₇ e ha lasciato la carta di credito a casa./₈ Lei chiama suo marito/₉ perché non sa come tornare a casa./₁₀

34. Cara Rosetta,

Negli stati uniti arriviamo a scuola in autobus verso le otto meno dieci./₁ La prima classe comincia alle otto./₂ Ogni classe dura cinquanta minuti./₃ Abbiamo cinque classi al giorno più l'ora della seconda colazione./₄ Il cibo più comune che mangiamo a scuola è: hamburger, pizza o pollo fritto./₅ Le classi finiscono alle due/₆ pero molti di noi restiamo per attività sportive/₇ o per ricevere aiuto dai professori./₈ Nella scuola usiamo indumenti dell'ultima moda./₉ L'ultimo autobus parte alle cinque./₁₀ Il sabato e la domenica molti di noi abbiamo un impiego parziale per guadagnare dei soldi da spendere.

Examination June 2003

Comprehensive Examination in Italian

PART ONE

Your performance on Part 1, Speaking (24 credits), has been evaluated prior to the date of this written examination.

PART TWO

Answer all questions in Part 2 according to the directions for *a* and *b*.   [30]

a Directions (1–9): For each question, you will hear some background information in English *once*. Then you will hear a passage in Italian *twice* and a question in English *once*. After you have heard the question, the teacher will pause while you read the question and the four suggested answers. Choose the best suggested answer and write its *number* in the space provided. Base your answer *on the content of the passage, only*. The passages that the teacher will read aloud to you are found in the ANSWERS section, Part 2, at the end of this examination.   [18]

1 What vacation is your friend describing?

   1 spring   3 winter

   2 fall   4 summer   1 _____

2   What is being announced?

    1   Admission to museums for children and parents is free.
    2   All city museums will be open on Sunday.
    3   Art classes for young families are available.
    4   Opera tickets for children and parents are on sale.   2 _____

3   Why does your friend prefer to vacation in Molise?

    1   The town welcomes summer tourists.
    2   Its beaches are among the cleanest in Italy.
    3   The weather is always good there.
    4   It is not far from his home town.   3 _____

4   What is being advertised?

    1   a public health clinic
    2   a trip overseas
    3   an international cooking school
    4   an educational summer camp   4 _____

5   Where does the teacher want you to go first?

    1   to the host school
    2   to the bank
    3   to the snack bar
    4   to the post office   5 _____

6   What topic is being discussed?

    1   the Italian school system
    2   the mediterranean diet
    3   a family routine
    4   a special occasion   6 _____

7   What is this product for?

    1   jewelry   3   paintings
    2   furniture   4   cars   7 _____

8 What is *Erasmo*?

  1 a computer program
  2 a newspaper
  3 the name of a bank
  4 the name of a school   8 _____

9 What is being advertised on the sports channel?

  1 a swimming competition
  2 a volleyball tournament
  3 a new line of beachwear
  4 a sailboat race   9 _____

b Directions (10–15): For each question, you will hear some background information in English *once*. Then you will hear a passage in Italian *twice* and a question in Italian *once*. After you have heard the question, the teacher will pause while you read the question and the four suggested answers. Choose the best suggested answer and write its *number* in the space provided. Base your answer *on the content of the passage, only*. The passages that the teacher will read aloud to you are found in the ANSWERS section, Part 2, at the end of this examination. [12]

10 Qual è il valore di questo apparecchio tecnologico?

  1 traduce lingue straniere
  2 è venduto dappertutto
  3 è facile comunicare
  4 consuma poca elettricità   10 _____

11 Perché alla tua amica piace fermarsi in questo ristorante romano?

  1 I proprietari sono due simpatici fratelli.
  2 Il cibo è buono e si spende poco.
  3 È aperto sette giorni alla settimana.
  4 È vicino al centro storico di Roma.   11 _____

12 Come sono i prodotti Bugatti?

    1 utili in ogni occasione
    2 di alta qualità
    3 facilmente riparabili
    4 molto delicati   12 _____

13 A chi interesserebbe questo annuncio?

    1 a un banchiere
    2 a un appassionato di musica
    3 a un tifoso di sport
    4 a un matematico   13 _____

14 Che notizia ti dà il tuo amico?

    1 Si è laureato.
    2 Ha vinto una borsa di studio.
    3 Si è sposato.
    4 Ha trovato un lavoro.   14 _____

15 Di che tratta questo libro?

    1 come scegliere un cane giusto per te
    2 come riconoscere i vari tipi di cani
    3 come trovare i cani rari e unici
    4 come controllare un cane disobbediente   15 _____

PART THREE

Answer all questions in Part 3 according to the directions for *a*, *b*, and *c*. [30]

a Directions (16–20): After the following passage, there are five questions or incomplete statements. For *each,* choose the word or expression that best answers the question or completes the statement *according to the meaning of the passage,* and write its *number* in the space provided. [10]

Ecco a voi i partecipanti alla competizione "Grande Fratello"

Uno, due, tre via! Il 14 luglio i 10 partecipanti del concorso "Grande Fratello", il nuovo spettacolo televisivo ispirato da quello chiamato "Big Brother", entreranno nella casa-arena. La casa ha una superficie di 182 metri quadrati, più 180 di giardino, pollaio e piscina compresi. Resteranno isolati dal mondo sempre osservati dalle telecamere. Saranno senza televisione, libri, e telefono. Così vivranno insieme per 100 giorni, fino al 22 ottobre quando verrà annunciato il vincitore.

Nei prossimi mesi gli italiani incontreranno queste dieci persone in televisione, giornalmente. In gran segreto, i partecipanti sono appena stati scelti; hanno firmato contratti che li obbligano a rimanere totalmente anonimi fino al giorno dell'inizio. Chi rivela la sua identità è squalificato e perde l'opportunità di diventare famoso, inoltre perde il premio di 100 mila euro.

Chi sono i dieci protagonisti? Da dove vengono e cosa fanno? I personaggi sono di età compresa tra i 23 e 35 anni. Provengono da otto regioni italiane con una prevalenza di giovani meridionali. Sei di loro vengono dal Sud e dalle Isole, tre dal Nord e uno dal Centro. Le regioni più rappresentate sono la Puglia e la Sicilia con due concorrenti ciascuna. Solo tre arrivano da grandi città o capoluoghi di regione (Milano, Napoli, Ancona), tutti gli altri sono da città più piccole.

Hanno quasi tutti un titolo di studio: un laureato, due studenti universitari e per il resto, diplomi di scuola superiore. I più "vecchi" sono una signora milanese, bionda, atletica, sempre vestita di colori sgargianti, e un ingegnere pugliese, molto alto, che si distingue per la sua cultura.

Ci sono poi quattro ragazze: un'aspirante estetista dalla provincia pugliese, con una bellezza alla Sofia Loren, che vuole fare l'attrice. La prossima ragazza è studentessa universitaria siciliana. Poi c'è una pittrice; meno elegante delle colleghe, ma con bellissimi occhi a mandorla, all'orientale. L'ultima ragazza è una bagnina della Lombardia, bionda con fisico atletico. Tutte sono di altezza media.

Fra gli uomini, c'è uno studente napoletano; è bruno e vuole diventare avvocato. Dalle Marche figura anche un surfista, biondo con il fisico scolpito alla Baywatch. Dalla provincia veneta viene un macellaio, uno dei probabili leader del gruppo (secondo i risultati psicologici). Insieme all'ingegnere, il macellaio è l'altro personaggio atletico del gruppo. Nelle prove, ha dimostrato di avere una forte personalità, come il professionista pugliese e la signora milanese. Dalla città di Siracusa, in Sicilia, viene un pizzaiolo; magro, calvo ed anche furbo. Conta su questo per non essere eliminato già la prima settimana.

Negli esami preliminari sette giovani su dieci sono risultati estroversi. Carlo Alberto Cavallo, di 45 anni, lo psicologo e psicoterapeuta che ha selezionato i dieci partecipanti, dice che gli uomini sono più chiacchieroni e curiosi. Le donne, invece, sono meno flessibili, più indiscrete e tendono a dire più no che sì. I più intellettuali sono il surfista, l'ingegnere e l'aspirante attrice.

In cento giorni di convivenza, quale sarà il problema più grave? Saranno sicuramente i conflitti e le discussioni. In base ai test, tra gli uomini, il macellaio e il napoletano, con il surfista in terza posizione, sono i più aggressivi.

Tra le ragazze, tutte faranno meglio a non contraddire la signora milanese che ha il carattere più forte, ma la studentessa siciliana ha anche dimostrato di avere una personalità difficile. C'è poi da affrontare il problema della mancanza di contatti con l'esterno. Come andrà a finire? Non mancate al primo episodio il 14 luglio.

16 Quanti giorni durerà questa competizione televisiva?

1 10   3 100
2 22   4 180   16 _____

17 Cosa riceverà la persona che vincerà il gioco?

1 una casa
2 un sacco di soldi
3 un automobile
4 un viaggio all'estero   17 _____

18 Chi ha una buona cultura?

1 l'ingegnere   3 l'estetista
2 il macellaio   4 il surfista   18 _____

19 Chi ha scelto i membri del gruppo?

1 uno psicologo   3 una dottoressa
2 un'attrice   4 un presentatore   19 _____

20 Chi ha un carattere forte tra le donne?

1 la napoletana   3 la pugliese
2 la sarda   4 la milanese   20 _____

b Directions (21–25): Below each of the following selections, there is either a question or an incomplete statement. For *each*, choose the word or expression that best answers the question or completes the statement *according to the meaning of the selection*, and write its *number* in the space provided.   [10]

21

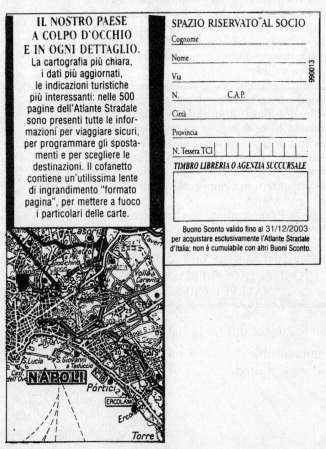

What does this advertisement invite you to buy?

1 a schedule of public events
2 a guide to the museums of Naples
3 a collection of maps and area information
4 a computer program for travelers

21 _____

22

Crescere in tutti i sensi.
PRIMESCOPERTE

I giochi Chicco realizzati per sviluppare le facoltà visivo-uditive dal primo giorno fino a 12 mesi. Suoni e colori che mettono il bambino in rapporto con il mondo che lo circonda.

Baby Carousel Chicco. Quando il bimbo si sveglia e piange. Baby Carousel Chicco lo sente e si attiva da sola.

Così un brutto sogno si trasforma nell'allegro girotondo di sei teneri, colorati pupazzetti. Sei veri amici, sempre attenti e vicini. Baby Carousel Chicco è la giostrina elettronica che si attiva automaticamente con la voce, può suonare senza girare ed è facile da usare. Baby Carousel Chicco è anche molto pratica, perché i suoi pupazzetti in velure sono staccabili e lavabili in lavatrice.

I giochi Primescoperte aiutano a crescere anche con le attività colorate e sonore del carillon Baby Dream, dell'orsacchiotto Teddy Reporter e del pulmino Musical Bus.

GIOCHI CHICCO PRIMA INFANZIA.
NATI PER CRESCITA.

One feature of this toy is that it is

1 unbreakable
2 voice activated

3 biodegradable
4 rechargeable

22 _____

23

> ## UNA TORINESE A MILANO
>
> *Ho 26 anni, sono torinese, ma tra poco mi trasferirò vicino a Milano, dove non conosco nessuno. Cerco amiche che abitino in quella zona. Mi interesso di teatro, mi piace viaggiare e camminare nel verde, amo la natura e gli animali.*
> *Igraine - Fermo Posta Cirié (To) - C.I.n. 73755283*

What is the purpose of this advertisement?

1 to find a new apartment
2 to obtain pen pals
3 to meet new people in a new city
4 to get a job in a different city

23 _____

24

per te

- ▷ UN ANNO IN 4 MESI
- IL DIPLOMA IN 24 MESI
- ▷ PROGRAMMI DI STUDIO PERSONALIZZATI
- E FACILITATI GRAZIE AL NOSTRO
- METODO ESCLUSIVO
- ▷ ANCHE PER TE CHE LAVORI
- ▷ ISCRIZIONI APERTE TUTTO L'ANNO
- SENZA OBBLIGO DI FREQUENZA
- ▷ CORSI DI STUDIO PER LA TERZA ETÀ
- ▷ CORSI PROPEDEUTICI
- ▷ RIPETIZIONI PRIVATE DI OGNI MATERIA
- PER TUTTE LE SCUOLE

ISTITUTI
PRINCIPE TARSIA

NUMERO VERDE
1678-67141

PER INFORMAZIONI URGENTI E GRATUITE

What does this advertisement encourage people to do?

1 get an education
2 take a vacation
3 work in a bank
4 teach nursery school

24 _____

25

illustrazioni
DISEGNI DA FIABA

C'era una volta, tanto tempo fa, quando ancora non esisteva la televisione, il libro di fiabe. I bambini ne erano affascinati. Soprattutto per le figure. Passavano ore intere a osservare quei disegni coloratissimi, sgranando gli occhi per non perdere neanche un particolare: l'abito della principessa, le torri del palazzo reale, i pentoloni sul fuoco nelle case dei contadini... Vi è venuta nostalgia? Allora non perdete questa bellissima mostra che nasce dal centenario della prima edizione delle *Novelle della nonna* di Emma Parodi.
Luisa Garcéa

Cent'anni di fiabe fantastiche: 1893-1993
Poppi (Arezzo), Castello dei conti Guidi fino al 31 ottobre

In mostra i bozzetti originali dei vecchi libri di favole.

What kind of exhibit is being announced?

1 illustrations from commercials on televisions
2 illustrations of foreign currency
3 illustrations from children's books
4 illustrations of fashion designs

25 _____

c Directions (26–30): After the following passage, there are five
questions or incomplete statements in English. For *each*, choose
the word or expression that best answers the question or completes the statement *according to the meaning of the passage*, and
write its *number* in the space provided.   [10]

La favola vera dell'alunna migliore d'Italia

Annalisa Rafanelli, quindici anni, bellina e bionda,
vive a pochi chilometri da Collodi, il paese di nascita del
famosissimo burattino Pinocchio. E grazie ai racconti
delle avventure del suo celebre "paesano", la piccola
Annalisa alla tenera età di tre anni ha scoperto la magia
e la sua importanza; il risultato è che Annalisa Rafanelli
è stata riconosciuta come la studentessa più brava
d'Italia. Questa quindicenne è stata promossa al secondo
anno dell'istituto tecnico commerciale e linguistico
Filippo Pacini di Pistoia con una pagella sensazionale
(e senza precedenti) di dieci in tutte le materie! (Il voto
di dieci in Italia sarebbe l'equivalente di cento negli
Stati Uniti.)

Ora come ve la immaginate? Un cervellone con il
naso sempre nei libri? Completamente sbagliato! In
realtà è una giovane, simpatica e bella, forse un po' troppo
modesta e non affatto antipatica. Per esempio, Annalisa
non è mai stata una di quei tipi super intelligenti che
preferiscono sedersi nel desiderato primo banco proprio
di fronte alla professoressa. Al contrario! Fin dalla
scuola elementare, quando già aveva i voti più alti di
tutti, la nostra Annalisa ha sempre preferito sedersi
nell'ombra dell'ultima fila, che di solito viene riservata
agli studenti meno studiosi.

"Là in fondo, mi sono sempre trovata meglio: posso
usare la mia immaginazione, se mi va", ha spiegato
quest'alunna modello. Come il suo "paesano", il
popolare bambino dal naso lungo, (parliamo qui del
suo amato Pinocchio), Annalisa ha avuto per miglior
consigliere un . . .Grillo Parlante! Sì, lo stesso Jimmy

Cricket del film disneyano, il compagno ingegnoso e vivace di Pinocchio, è diventato anche il compagno ispiratore di Annalisa.

"È vero", ride Annalisa, "quando avevo tra i quattro e i cinque anni, il mio gioco preferito si chiamava proprio *Grillo Parlante*. Era un gioco composto di tante lettere colorate, che io dovevo mettere insieme, unendo vocali e consonanti, secondo i suggerimenti del Grillo, per imparare a leggere e scrivere.

"Devo a quel gioco divertente, ma anche così istruttivo, tanto del mio successo scolastico. Grazie al Grillo, visto che già sapevo leggere e scrivere, ero preparata per il mio primo giorno di scuola. Questo è stato un vantaggio che mi ha accompagnato sempre, aumentando la fiducia in me stessa, e dandomi la speranza di poter sempre migliorare.

"Il gioco del Grillo Parlante è stato un regalo dei miei genitori: Sonia e Costantino. Quando ero piccola hanno creduto in me e mi hanno dato molti libri per farmi sognare, ma anche per aiutarmi a crescere e prepararmi al mondo dei grandi e della scuola.

"Una delle mie favole preferite era proprio quella di Pinocchio. Ma le storie più belle, quelle piene d'insegnamento, me le raccontava il mio nonno materno, Lamberto. Lui faceva il falegname come Mastro Geppetto. Il nonno aveva un'immaginazione meravigliosa ed incantevole. Non mi stancavo mai di ascoltarlo; ed è anche a lui che devo il mio straordinario successo scolastico. Anzi, lui mi ha ispirato non solo ad amare le favole e la lettura, ma anche a scrivere i miei propri racconti. Ogni giorno, da quando ero bambina, scrivo qualcosa per me anche se recentemente, a causa delle troppe ore di studio, non lo faccio tanto come prima. Del resto, non ho più tempo per il nuoto, il mio sport preferito, per poter studiare tutti i pomeriggi almeno cinque ore; altre cinque le passo in classe.

Studiare tante ore non è difficile per me perché mi piacciono tutte le materie. Non so che farò da grande, ma è sicuro andrò via da questo paesino che tanto amo per iscrivermi all'università di Firenze. Per me il mio paese è il posto più bello del mondo, ma il mondo è grande e c'è molto da imparare ancora.

26 What first inspired Annalisa to discover the pleasures and value of reading?

1 the history of her hometown
2 the story of Pinocchio
3 her mother's bedtime stories
4 her teacher's love of books   26 _____

27 For what academic achievement has Annalisa received extraordinary praise?

1 She had the only perfect report card in all of Italy.
2 She became the youngest student to graduate high school.
3 She was awarded early college admission.
4 She won a scholarship abroad.   27 _____

28 Why does Annalisa prefer to sit in the back of the classroom?

1 She is able to do other homework.
2 She can be near her best friend.
3 She is reluctant to participate in class.
4 She can use her imagination more freely.   28 _____

29 In addition to the people in her life who inspired her to excel, what else inspired her?

   1 an interesting poem
   2 a childhood pet
   3 an educational toy
   4 a favorite sport   29 _____

30 What does Annalisa want to do in the future?

   1 She wants to work with young children.
   2 She wants to write professionally.
   3 She wants to become a swimming coach.
   4 She wants to continue her studies at the university.   30 _____

PART FOUR

Write your answers to Part 4 according to the directions below. Your answers must be written in your own words; no credit will be given for a response that is copied or substantially the same as material from other parts of this examination. [16]

Directions: (31–33): Choose two of the three writing tasks provided below. Write your response to the two writing tasks you have chosen.

For each question you have chosen, your answer should be written entirely in Italian and should contain a minimum of 100 words.

Place names and brand names written in Italian count as one word. Contractions are also counted as one word. Salutations and closings, as well as commonly used abbreviations in Italian, are included in the word count. Numbers, unless written as words, and names of people are not counted as words.

You must satisfy the purpose of the task. Be sure to organize your response and to include a beginning, middle, and ending. The sentence structure and/or expressions used should be connected logically and should demonstrate a wide range of vocabulary with minimal repetition.

31 There are many activities or events of interest that occur at school and in your community. In Italian, write an article for your school's foreign-language newspaper describing an interesting activity or event that is going to take place in your school or community. In your article you may want to include:

- what the activity or event is
- the reason for the activity or event
- where and when the activity or event will be held
- the cost to attend the activity or event
- how long the activity or event will last
- a description in some detail of the activity or event
- the main attraction of the activity or event
- how many people are expected to attend or participate in the activity or event
- your opinion as to why people should attend this activity or event

32 A group of exchange students from an Italian-speaking country will be passing through your community. In Italian, write a letter to one of these students inviting him or her to visit your school. You may wish to include:

- what your classes are like
- what your language experience is
- what your favorite pastimes are
- a description of the area where you live
- when the student might be able to visit
- suggestions of possible activities
- a description of your school
- suggestions for meal arrangements

33 In Italian, write a story about the situation shown in the picture below. It must be a story relating to the picture, **not** a description of the picture. Do **not** write a dialogue.

— Bunny Hoest & John Reiner, "Laugh Parade," *Parade*

Answers
June 2003

Comprehensive Examination
in Italian

PART ONE

This part of the examination was evaluated prior to the date of this written examination.   [24 credits]

PART TWO

The following passages are to be read aloud to the students according to the directions given for this part at the beginning of this examination. The correct answers are given after number 15.   [30 credits]

1. While on a school vacation, your friend leaves this message on your answering machine:

> Ciao, ieri siamo arrivati un po' tardi perché siamo stati bloccati sull'autostrada per nove ore. La fila era di cinquanta chilometri, ma finalmente abbiamo raggiunto la spiaggia e il mare. Soffiava un vento gelido strano per agosto, gli ombrelloni volavano dappertutto e faceva un freddo bestiale. La bufera di vento ci ha persino portato via la tenda. E dire che siamo in estate! Speriamo che domani faccia più caldo.

What vacation is your friend describing?

2. You are listening to the radio in Siena and you hear this information:

Il Ministero dei Beni Culturali annuncia una nuova iniziativa. Per le quattro domeniche di giugno, i bambini possono entrare gratis nei musei della città. Anche ai genitori è permesso entrare senza pagare, ma solo se sono accompagnati da un bambino. L'iniziativa è uno sforzo del governo affinché i giovanissimi imparino a conoscere e ad apprezzare le grandi opere d'arte. Portate i vostri figli, non vi costa niente!

What is being announced?

3. Your new Italian friend is discussing summer plans with you. He says:

Quest'anno la mia famiglia passa una settimana in un paesino in montagna negli Abruzzi ma io preferisco stare al sole e al mare vicino a Termoli in Molise. Si dice che le spiagge lì sono tra le più pulite d'Italia con più del 96 per cento balneabile. Non sono come alcune altre che presentano dei problemi ecologici.

Why does your friend prefer to vacation in Molise?

4. You are listening to the radio in Italy when you hear this announcement:

. . . Fino al 27 agosto Les Cocinelles organizza settimane da sabato a sabato alternando sport estivi a corsi di lingua per bambini dai 3 ai 15 anni: 2 ore al giorno d'inglese, francese e tedesco. Prezzo: 700 euro alla settimana. La quota è comprensiva di vitto, alloggio, lavanderia, escursioni, piscina, pattinaggio, spettacoli e attività ricreative, lezioni di vela e di surf. Per informazioni, rivolgersi al numero 412423.

What is being advertised?

5. You are part of an exchange group and have just arrived in Italy. A teacher from your host school meets you at the airport and says:

Fra pochi minuti arriveremo alla scuola Carducci, dove troverete i vostri genitori italiani che vi aspettano. Immagino che siate stanchi e desideriate sistemarvi e riposarvi dopo tante ore di volo, ma prima dobbiamo presentarci tutti a scuola nell'ufficio del preside per un breve ricevimento. Alla conclusione della ceremonia potrete poi andarvene, ognuno col proprio corrispondente. Ci rivedremo poi domani a scuola.

Where does the teacher want you to go first?

6. You are watching a television talk show with your host family in Italy. You hear:

> Anni fa, quando frequentavo il liceo, arrivavo a casa verso le due meno un quarto da scuola. Il mio babbo arrivava dal lavoro poco prima delle due e quindi ci trovava a tavola, ma gli faceva piacere che lo aspettassimo. Lui si sedeva a capotavola e mangiavamo. A casa si pranzava e si cenava sempre tutti insieme, poi ognuno andava per conto suo. Di discorsi a tavola se ne facevano pochi, ma mio padre ci faceva stare seduti fino alla fine del pasto.

What topic is being discussed?

7. You are watching a television program in Cosenza, Italy, and you hear:

> Con i nuovi prodotti Arexons i tessuti tornano belli. Sono veri trattamenti specifici di bellezza per la cura dell'auto. Puliscono, igienizzano e rinnovano i colori originali, proteggendo a lungo dall'invecchiamento. Con i nuovi prodotti Arexons i vetri dell'auto sono sempre puliti sia dentro che fuori. Eliminano anche i cattivi odori nell'interno della macchina e rinnovano i sedili.

What is this product for?

8. You are listening to the radio in Italy and you hear:

> *Erasmo* è il primo quotidiano italiano per bambini e ragazzi. È formato da 12 pagine nei giorni feriali e 16 pagine nei festivi. È in edicola e costa solo un euro. Ma sarà comodo per tuo figlio o tua figlia ricevere il suo primo giornalino a casa che l'incoraggerà a leggere. Basta compilare una piccola scheda di *Erasmo* disponibile in ogni filiale della banca di Roma o fare un versamento su un contocorrente illustrato ad *Erasmo* in qualsiasi ufficio postale. Non perdete quest'occasione!

What is *Erasmo*?

9. You are watching the sports channel in Italy and you hear:

> In questi giorni sulle coste italiane si disputa il campionato nazionale di pallavolo sulla sabbia. È un'occasione per ammirare i campioni di uno sport che sta conquistando l'Italia. Inoltre, il giornale "la Gazzetta dello Sport", organizza un torneo di pallavolo che si svolgerà tutti i weekend contemporaneamente al campionato. Per partecipare, basta tanta voglia di divertirsi, un po' di allenamento e un costume comodo. Iscriversi è facile: visita il sito Internet o telefona allo 0262828.

What is being advertised on the sports channel?

10. You are sitting in a waiting room and overhear a conversation. One of the people is talking about a new technology available. He says:

È proprio una vera riunione elettronica, durante la quale è possibile vedere, ascoltare, e parlare con un gruppo di persone presenti in diverse località. È uno strumento ideale perché rende facile mantenersi in contatto con altre persone e non costa molto. Ci sono due servizi: la videotelefonia e la videoconferenza.

Qual è il valore di questo apparecchio tecnologico?

11. Your friend is telling you about a restaurant she always visits when in Rome. She says:

Quando sono a Roma mi fermo sempre a mangiare in una trattoria non molto lontana da Piazza Navona. Si chiama Ristorante Pantheon. È gestita da una famiglia locale con una lunga tradizione di specialità culinarie romane. Si mangia molto bene e i prezzi sono bassi. Con 15 euro si può mangiare un primo, un secondo e anche prendere qualcosa da bere. Il personale è molto gentile e ti senti proprio a casa tua.

Perché alla tua amica piace fermarsi in questo ristorante romano?

12. You are listening to a radio interview of a member of the Bugatti family who is talking about their famous line of products. You hear:

I nostri prezzi sicuramente non sono bassi, però sono prezzi giusti. Il prezzo corrisponde alla qualità dei prodotti. Se il prodotto costa di più dura di più, c'è un vantaggio. Oggi la gente preferisce comprare una cosa buona piuttosto che una cosa mediocre che costi di meno.

Come sono i prodotti Bugatti?

13. You are listening to the radio in Milan and hear this advertisement:

Nelle pagine sportive di Repubblica ogni martedì troverete le tabelle più aggiornate per costruire e gestire la vostra squadra su Fantacalcio, e ogni sabato troverete le ultimissime sulle probabili formazioni delle squadre calcistiche. Potrete così organizzare le sfide più appassionanti. Saprete subito e senza bisogno di calcoli il punteggio assegnato ai vostri campioni. E se avete allestito la formazione giusta, potete festeggiare la vittoria.

A chi interesserebbe questo annuncio?

14. Your friend in Italy leaves this message on your answering machine:

> Sono Gianfranco, da Roma. Telefonami appena ritorni. Ho una grande novità! Ho ricevuto un'offerta d'impiego! Lavorerò come lettore d'inglese! Si vede che sei stato un bravo insegnante durante il mio soggiorno da te. Comunque telefonami!

> Che notizia ti dà il tuo amico?

15. You are watching the Italian animal channel and you hear this advertisement for a book:

> Per educare o ri-educare il cane, è prudente capire la psicologia del cane. Per questo motivo é indispensabile il nostro manuale ricco di consigli per insegnare ai cani più indisciplinati a comportarsi secondo le regole stabilite. Il libro è scritto con chiarezza e in un linguaggio semplice. I rimedi per correggere la condotta indesiderata del cane sono spiegati. Per esempio, si può imparare cosa fare se il cane abbaia quando resta solo in casa o anche se è aggressivo.

> Di che tratta questo libro?

PART TWO

(a)	(1) 4	(4) 4	(7) 4	(b)	(10) 3	(13) 3
	(2) 1	(5) 1	(8) 2		(11) 2	(14) 4
	(3) 2	(6) 3	(9) 2		(12) 2	(15) 4

PART THREE

(a)	(16) 3	(b)	(21) 3	(c)	(26) 2
	(17) 2		(22) 2		(27) 1
	(18) 1		(23) 3		(28) 4
	(19) 1		(24) 1		(29) 3
	(20) 4		(25) 3		(30) 4

PART FOUR

A sample of an 8-credit response for each question in Part 4 follows:

31.   La settimana prossima il circolo italiano organizzerà un ballo per raccogliere soldi per i bambini meno fortunati della comunità.
Il ballo avrà luogo nella mensa della scuola. Gli studenti d'italiano decoreranno la mensa e la trasformeranno in una piazza all'italiana. Molte persone participeranno a questa bella attività. Il ballo inizierà alle diciannove e finirà alle ventitrè. I genitori e gli studenti prepareranno tante cose buone da mangiare. Il complesso musicale, "Spaccanapoli," suonerà canzoni moderne e popolari. Ci saranno dei premi per i partecipanti.
Ci sarà un ballo speciale dedicato ai bambini. Il gruppo chiamato "BLU" ballerà la tarantella e la insegnerà a chi vuole impararla quella sera.
Sarà un gran successo e tutti si divertiranno!

32. Cara Arianna,

Con piacere t'invito a visitare la mia scuola quando arriverete qui. La scuola non è grande o moderna, ma è il centro della nostra comunità. Io studio l'italiano da due anni e mi piace molto perchè qualche giorno voglio fare un viaggio in Italia. Tutte le classi sono piccole e amichevoli perché tutti ci conosciamo. Anche i professori abitano localmente. Nella nostra zona non ci sono molte industrie, quindi è difficile trovare lavoro. Gli sport sono molto importanti e abbiamo squadre di calcio, pallavolo, tennis e pallacanestro. Inoltre l'anno scorso hanno costruito nella scuola una bellissima piscina olimpica che tutti possono usare. Io sono contenta perché il nuoto è il mio sport preferito. Quando arriverai potrai partecipare ai nostri sport o forse possiamo fare delle partite fra le nostre scuole. Nel pomeriggio possiamo fare un picnic nel campo sportivo.

Arrivederci a presto,
Marianna

33.   È domenica pomeriggio e sono le tre. La famiglia Rossi ha appena finito di mangiare il pranzo. Tutti e tre si mettono davanti al televisore pronti a passare un bel pomeriggio insieme. Il papà prende il telecomando e accende il televisore. C'è una partita di calcio molto importante che lui desidera vedere. Ma c'è un piccolo problema. Al figlio non piace guardare gli sport alla tivù, lui preferisce fare sport fuori con gli amici. Quindi chiede alla mamma se può uscire un po' per stare con i suoi amici. La mamma gli dice di sì ma solo se lui ha già finito i compiti per le lezioni di lunedì. Il figlio corre fuori per incontrare i suoi amici e per divertirsi con loro.

Examination June 2004

Comprehensive Examination in Italian

PART ONE

Your performance on Part 1, Speaking (24 credits), has been evaluated prior to the date of this written examination.

PART TWO

Answer all questions in Part 2 according to the directions for *a* and *b*.   [30]

a Directions (1–9): For each question, you will hear some background information in English *once*. Then you will hear a passage in Italian *twice* and a question in English *once*. After you have heard the question, the teacher will pause while you read the question and the four suggested answers. Choose the best suggested answer and write its *number* in the space provided. Base your answer *on the content of the passage, only*. The passages that the teacher will read aloud to you are found in the ANSWERS section, Part 2, at the end of this examination.   [18]

1 What does this person suggest that you do?

   1 take a bus back to the square
   2 follow her back to the square
   3 ask for directions in the pharmacy
   4 follow the street signs along the way   1 _____

2 What alternate plan does your friend suggest?

  1 to go wind surfing
  2 to go on a bicycle trip
  3 to go to the beach another time
  4 to go see a new movie   2 _____

3 What does your friend suggest?

  1 an historical re-enactment
  2 a school event
  3 a food-tasting festival
  4 a hike in a nearby forest   3 _____

4 What is your host worried about?

  1 having to cancel reservations
  2 finding accommodations that will accept animals
  3 discovering that his uncle is unable to come along
  4 driving in the snow   4 _____

5 What is the purpose of this program?

  1 to increase language proficiency
  2 to find foreign pen pals
  3 to encourage political involvement
  4 to promote job training   5 _____

6 What is this advertisement about?

  1 a new video game
  2 a multimedia encyclopedia
  3 a book about dogs
  4 a music anthology   6 _____

7 What is your friend asking for?

  1 a ride to the beach
  2 some directions
  3 a telephone number
  4 some money   7 _____

8   What does your host brother ask you to do?

    1   help him to check his English homework
    2   help him to translate a letter into English
    3   help him to study for a test in English
    4   help him to improve his English pronunciation   8 _____

9   What does your friend want?

    1   to ask about your weekend plans
    2   to invite you on a trip with his family
    3   to invite you to go shopping
    4   to ask if you have ever visited a certain city   9 _____

b Directions (10–15): For each question, you will hear some background information in English *once*. Then you will hear a passage in Italian *twice* and a question in Italian *once*. After you have heard the question, the teacher will pause while you read the question and the four suggested answers. Choose the best suggested answer and write its *number* in the space provided. Base your answer *on the content of the passage, only*. The passages that the teacher will read aloud to you are found in the ANSWERS section, Part 2, at the end of this examination.   [12]

10   Che ti dice del servizio questo messaggio?

    1   È offerto solamente a studenti.
    2   È gratuito per tre giorni.
    3   Offre consigli sul lavoro.
    4   Offre un cellulare ad ogni famiglia.   10 _____

11   A chi interessa questo annuncio?

    1   a chi cerca un lavoro poco faticoso
    2   a chi ha bisogno di guadagnare molti soldi
    3   a chi ha meno di diciotto anni
    4   a chi ha voglia di aiutare l'ecologia   11 _____

12 Cosa dice la professoressa agli studenti?

1 di studiare per l'esame
2 di portare da mangiare
3 di non perdersi
4 di essere in orario 12 _____

13 Che cosa utilizza questo programma per insegnare l'inglese?

1 canzoni 3 favole
2 giochi 4 dizionari 13 _____

14 Che cosa non è incluso nel prezzo del pranzo?

1 il dessert 3 la bibita
2 la frutta 4 la pasta 14 _____

15 Qual è una caratteristica della moda di Valentino quest'anno?

1 I prezzi sono moderati.
2 I colori sono vivaci.
3 Ha creato una linea sportiva.
4 Ha disegnato vestiti molto leggeri. 15 _____

PART THREE

Answer all questions in Part 3 according to the directions for
a, b,* and *c. [30 credits]

a Directions (16–20): After the following passage, there are five
questions or incomplete statements. For *each,* choose the word or
expression that best answers the question or completes the statement *according to the meaning of the passage,* and write its *number*
in the space provided. [10]

Viaggio Nel Mondo Italiano Dei Graffiti

Si vedono dappertutto. Anche in Italia. Spuntano
alla mattina come funghi sui muri delle città: sono i
graffiti, quei coloratissimi e spettacolari disegni spesso
accompagnati da scritti e nomi a volte illeggibili.
Secondo molti il graffitismo non è un semplice atto di
vandalismo, bensì una forma aggiornata di espressione
artistica. Con le loro bombolette spray sempre a portata
di mano, i graffitisti si sentono spinti ad avventurarsi di
notte nelle stazioni, nei depositi della metropolitana e
nelle strade della città con lo scopo di proclamare non
solo la loro esistenza ma anche il loro messaggio. Questi
"artisti dell'aerosol" hanno ricominciato a far discutere
l'opinione pubblica. Per questa ragione ci metteremo
ora a parlare della cultura da cui provengono questi
"poeti" e "pittori" provocativi. Il movimento moderno
dei graffiti è il risultato del movimento dell'Hip Hop.
Infatti, il loro "scritto", cioè il nome esatto con cui
identificare il movimento dei graffiti, è una disciplina
dell'Hip Hop.

L'Hip Hop è nato negli anni settanta nei centri
urbani d'America, ed è composto di quattro discipline
fondamentali: "il DJing", cioè il mettere e mescolare fra
loro con interventi fonetici anche spettacolari i dischi;
"l'MCing", la velocissima e spontanea produzione di
rime tipica dei DJ maestri; "il breaking", ossia il ballare

al pavimento con mosse fantastiche e creative; e "lo scritto", l'arte di fare i graffiti. L'Hip Hop ha la sua propria cultura e la base di questa cultura è la musica. Il rap americano e l'Hip Hop italiano sono caratterizzati da rime continue e veloci, e dai suoni e ritmi molto apprezzati dai giovani.

Arte è la parola più importante per un graffitista. Di solito il graffitista di oggi non può crearla perchè è contro la legge, l'opinione pubblica e soprattutto le etichette morali. Se dipingere i muri è illegale, non si deve fare. Le ragioni per non fare i graffiti sono molto chiare; è vero.

Ma spesso la gente tende a non distinguere i graffitisti dai semplici vandali. La differenza c'è! Ed è molto evidente. "Lo scrittore" o "la scrittrice" ha come unico obiettivo il perseguire la propria arte, l'essere libero di esprimersi e di pensare come vuole. Il vero graffitista ha un codice di condotta: non scrive su chiese, luoghi sacri o monumenti. Il monumento per il graffitista è opera di un altro artista e come tale non va toccata. Così il graffitista non copre o non rovina il lavoro artistico di un altro. Il vandalo è senza scrupolo, scrive dove vuole, senza preoccuparsi di niente; e scrive messaggi politici, sportivi o amorosi, (ad esempio, i classici "Viva Roma!", "Forza Juve!" o "Marina, ti amo!"); con questi l'autore non intende fare arte. Comunque non dimentichiamo che sia il graffitista-artista e il vandalo, oltre che agire contro la legge, mancano di rispetto verso la proprietà degli altri.

16 Che cosa ci dice quest'articolo sui graffiti?

1 Può essere un'espressione d'arte.
2 È più popolare in Italia.
3 È legale in alcune città.
4 È più spesso di natura politica.

16 _____

17 Dove ha le sue origini il moderno graffitismo?

    1 nei centri universitari italiani
    2 nei licei classici italiani
    3 nelle scuole d'arte americane
    4 nelle grandi città americane   17 _____

18 Qual è l'elemento fondamentale dell'Hip Hop?

    1 lo studio   3 la legge
    2 la musica   4 i soldi   18 _____

19 Qual è la maggior difficoltà che incontra il graffitista moderno?

    1 il paragone ad artisti classici
    2 il costo delle bombolette
    3 l'attitudine negativa della società
    4 la mancanza di muri in bianco   19 _____

20 Secondo l'articolo, qual è la differenza tra un vero graffitista ed un semplice vandalo?

    1 Il graffitista rispetta l'arte di altri.
    2 Il graffitista viene pagato per la sua arte.
    3 Il vandalo scrive solo poesia.
    4 Il vandalo è molto più creativo.   20 _____

b Directions (21–25): Below each of the following selections, there is either a question or an incomplete statement. For *each*, choose the word or expression that best answers the question or completes the statement *according to the meaning of the selection*, and write its *number* in the space provided.   [10]

21

Non distruggiamo ma costruiamo assieme, con un sorriso.
Le Ferrovie Italiane vogliono rendere sempre più confortevole e puntuale il servizio offerto.
Ti chiediamo di collaborare con noi per evitare che certe persone fanno moltissimi danni.

Anche il tuo contributo risulta decisivo per non vanificare i nostri sforzi.

TRASPORTO LOCALE

What are passengers asked to do?

1   place suitcases on the racks above the seats
2   purchase tickets in advance
3   help prevent damage
4   make reservations well in advance   21 _____

22

CERCO LAVORO

Eurodisney, un'occasione per cuochi e camerieri

Il grande parco di divertimenti parigino "Eurodisney" è alla ricerca di personale. Due i profili professionali richiesti: il primo riguarda gli addetti al servizio al banco nei fast-food, il secondo i *commis de cuisine* (aiuto cuoco). Le selezioni per esaminare i candidati avranno luogo dal 3 al 5 maggio. Gli aspiranti dovranno essere maggiorenni e, per quanto riguarda il primo profilo, dovranno avere un livello medio di conoscenza della lingua francese e un livello scolastico di conoscenza della lingua inglese; per il se-condo profilo, servirà un livello scolastico/medio del francese e un livello scolastico dell'inglese.

Coloro che verranno assunti firmeranno un contratto a tempo determinato di 4-5 mesi e saranno impegnati per un totale di 169 ore lavorative al mese (l'equivalente di 39 ore settimanali). Per avere maggiori informazioni in merito, è necessario rivolgersi all'Agenzia per l'impiego del Lazio, in via Antonio Salandra 18, 00186 Roma, tel. 06/4874006-7-8.

What qualification must candidates have for these jobs?

1 They must know two foreign languages.
2 They must be able to drive.
3 They must have their own equipment.
4 They must have a good reference from a recent employer.   22 _____

23

What is the department store offering?

1 a reduction on purchases over 20 Euros
2 coupons for shopping in any store
3 an eight-hour sale
4 free parking with a minimum purchase   23 _____

24

> **Se vi brucia la luce,
> accendete Philips Risparmio
> Energetico.**
>
> Moltiplicate 8 Euro per il numero di
> lampade che utilizzate a casa vostra.
> Ecco quanto potete risparmiare ogni
> anno con le lampade Philips
> Risparmio Energetico.
>   Moltiplicate tutto questo per i dieci
> anni della loro durata. Philips
> Risparmio di luce emessa consumano
> 5 volte meno e durano 10 volte di più
> di quelle tradizionali. Illuminante!
>
> Lampade Philips Risparmi Energetico.
> La luce che più accendi e più risparmi.

What advice does this advertisement provide?

1 how to get money-saving coupons
2 how to pay less for a vacation
3 how to purchase an exercise machine
4 how to save money on electricity   24 _____

Desiderate ammirare un emozionante tramonto, con il sole che scompare dietro montagne alte quattromila metri? Amate i sentieri silenziosi, dove fare romantiche passeggiate incontrando poche persone e molti animali? Nutrite una sincera passione per il trekking, i rifugi, le mulattiere, alla scoperta del mondo segreto dei boschi e degli alpeggi? Provate un autentico trasporto per le escursioni a cavallo e in mountain-bike, su sentieri immersi nel verde brillante dei prati e l'azzurro terso dei cieli? In alto i cuori! In Valle d'Aosta, da giugno a ottobre potrete realizzare tutti i vostri sogni.

Valle d'Aosta
Vallée d'Aoste

ASSESSORATO REGIONALE DEL TURISMO
PIAZZA NARBONNE. 3 - 11100 AOSTA

25

A vacation in the area promoted in this advertisement would be most enjoyed by someone who especially likes

1 the excitement of city life
2 nature and outdoor activities
3 a variety of shopping opportunities
4 convenient transportation to public events   25 _____

c Directions (26–30): After the following passage, there are five questions or incomplete statements in English. For *each*, choose the word or expression that best answers the question or completes the statement *according to the meaning of the passage*, and write its *number* in the space provided. [10]

Gli italiani d'America

È una lunga storia che continua ancora oggi: l'America è la calamita del pianeta. Attira masse di emigranti da luoghi diversi che lasciano le proprie difficoltà per cercare una vita migliore in un'altra parte del mondo. Ancora oggi, al principio del nuovo millennio, migliaia di persone fanno questo passo nel buio. Chi pensa che gli italiani non emigrino più, si sbaglia. Continua oggi e sono i professionisti o uomini e donne di affari che arrivano negli Stati Uniti. Ma ogni anno, anche migliaia di giovani italiani entrano negli States, magari per uno studio, per un "master" all'università, o per un corso di specializzazione. Sono ricercatori, specialisti e tecnici che vogliono realizzare le loro aspirazioni, e molti in ultimo restano a vivere in USA. Oggigiorno, gli emigranti italiani non arrivano più in nave, ma in jumbo jet. Le vecchie valigie di cartone magari sono state sostituite da quelle di Gucci. Quasi tutti i nuovi emigranti hanno fatto un corso intensivo o una "immersion" e parlano, o si fanno capire, in inglese.

È molto cambiata dunque l'emigrazione italiana di oggi da quella del passato. L'emigrazione italiana è una delle pagine più belle del "sogno americano". Dalla metà dell'Ottocento fino ai nostri giorni, oltre 20 milioni di italiani sono entrati in America. La grande massa è arrivata tra il 1875 e il 1900, e tra le due guerre mondiali. Sono storie di successi, ma anche di sacrifici e di lacrime. Molte sono le storie di strade "ricoperte d'oro," ma ci sono anche quelle piene di sofferenze e di lavori umilissimi. Per gli emigranti sono state decisioni difficili, ma prese con la speranza di dare un futuro migliore ai propri figli. Per lo più gli uomini emigravano da soli e andavano ad abitare da parenti o amici oppure affittavano una camera che spesso condividevano con altri. Erano contadini, muratori e manovali disposti a lavorare duro. Intere città metropolitane, miniere di carbone, ferrovie e autostrade sono state costruite da emigranti che per anni hanno lavorato troppo, a volte senza vedere la luce del sole. Alle famiglie rimaste in Italia questi lavoratori mandavano gran parte del loro salario e quando possibile le facevano venire in America.

Due, tre e quattro generazioni dopo, i figli ed i figli dei figli di questi emigranti sono la realtà del "sogno americano". Politici, artisti, ricercatori, medici, avvocati, banchieri, poliziotti, insegnanti, inventori, giornalisti, poeti, imprenditori e altri professionisti: gli italiani d'America sono oggi una delle componenti più importanti degli States. Nella società americana, gli immigrati di origine italiana sono oggi perfettamente integrati e rispettati, e rappresentano serietà nel lavoro, tenacia, intelligenza, ambizione, sacrificio e unità familiare.

L'importanza della famiglia è evidente negli italo-americani. Infatti, i matrimoni fra italiani sono molto più stabili che nel resto del paese. Grandi risparmiatori, gli italo-americani investono nei piani pensionistici privati. Sono quasi tutti proprietari della casa in cui vivono e spendono molto per la ristrutturazione della propria abitazione. La tipica famiglia italo-americana è composta di quattro persone.

La massa della comunità di origine italiana è americano-italiana, cioè di seconda, terza e quarta generazione, profondamente parte della società americana, con tutti i gusti americani. Solo una minoranza è italo-americana, cioè cresciuta in Italia e poi emigrata negli Stati Uniti. Sono loro che continuano a tenere vive, dall'altra parte dell'Atlantico, le tradizioni, gli usi e i costumi regionali italiani. Ma questi italiani della più vecchia generazione spesso rappresentano un'Italia che non c'è più. Parlano dialetti che in Italia non si usano più. Mantengono vivi usi e tradizioni che in Italia non si praticano più.

Nella loro memoria restano tutte le cose belle che sono lontane. Ed è proprio la lontananza dal proprio paese che ingrandisce alcune sensibilità come la famiglia, la bandiera, la lingua, il patriottismo, il senso del dovere. Queste cose che nel paese di origine vengono date per scontate, la lontananza aumenta. Ecco allora una contradizione interessante: gli italiani d'America sono più "italiani" di quelli che vivono in Italia.

26 Which statement is best supported by the passage?

1 Italians are traveling less now than in the past.
2 Many Italian Americans are returning to Italy.
3 Italian immigration to the United States has changed.
4 Most Italians vacation primarily in the United States.   26 _____

27 What does this passage tell about many of the early Italian immigrants?

1 They quickly gave up their old customs.
2 They arrived with a high degree of education.
3 They met few obstacles to their success.
4 They came without their families.   27 _____

28 What type of work did the early Italian immigrant do?

1 manual work   3 professional work
2 social work   4 administrative work   28 _____

29 The passage suggests that today the descendents of
    the early immigrants

    1 live primarily in rented apartments
    2 have limited opportunities for employment
    3 are fully assimilated into American society
    4 are returning to the land of their ancestors   29 _____

30 According to the passage, what is most highly val-
    ued by the majority of Italian Americans?

    1 starting their own business
    2 the importance of the family
    3 political influence
    4 dual citizenship   30 _____

PART FOUR

**Write your answers to Part 4 according to the directions below.
Your answers must be written in your own words; no credit
will be given for a response that is copied or substantially the
same as material from other parts of this examination.** [16]

Directions: (31–33): Choose *two* of the three writing tasks provided
below. Write your response to the two writing tasks you have chosen.

For each question you have chosen, your answer should be written
entirely in Italian and should contain a minimum of 100 words.

Place names and brand names written in Italian count as one
word. Contractions are also counted as one word. Salutations
and closings, as well as commonly used abbreviations in Italian,
are included in the word count. Numbers, unless written as
words, and names of people are not counted as words.

You must satisfy the purpose of the task. Be sure to organize your
response and to include a beginning, middle, and ending. The
sentence structure and/or expressions used should be connected
logically and should demonstrate a wide range of vocabulary with
minimal repetition.

31 Your Italian teacher has asked your Italian class for suggestions about a class trip. In Italian, write a letter telling him/her where you would like to go. You may wish to include:

- destination
- your reasons for making this suggestion
- dates or times for the trip
- method of transportation
- cost of the trip
- ways to earn money for the trip
- possible activities during the trip
- length of time that the trip will take
- number of people going on the trip
- who will go on the trip

32 You have just found out that one of your friends is moving away. In Italian, write a journal entry expressing how you feel. You may wish to include:

- a description of your friend
- why this person is your friend
- how long you have known each other
- why you will miss your friend
- activities that you did together
- when your friend is leaving
- where your friend will be living
- how you can stay in contact with each other
- when you can visit each other

33 In Italian, write a story about the situation shown in the picture below. It must be a story relating to the picture, **not** a description of the picture. Do **not** write a dialogue.

— Bunny Hoest & John Reiner, "Laugh Parade," *Parade*
(adapted)

Answers
June 2004

Comprehensive Examination
in Italian

PART ONE

This part of the examination was evaluated prior to the date of this written examination. [24 credits]

PART TWO

The following passages are to be read aloud to the students according to the directions given for this part at the beginning of this examination. The correct answers are given after number 15. [30 credits]

1. You are lost in an unfamiliar neighborhood in Rome. You ask someone how to return to the main square. You are told:

   Senta, non è lontano, ma è un po' complicato. Non conviene camminare. Venga qui. Vede quella farmacia all'angolo? Quando arriva là, in via Marconi giri a sinistra e vada dritto. Dopo cinquanta, sessanta metri, c'è la fermata dell'autobus che va in piazza. Può prendere quell'autobus e così ritorna in piazza in dieci minuti.

   What does this person suggest that you do?

2. You and your Italian friend are discussing plans for Saturday. He says to you:

Che ne pensi di questa idea? Sarebbe divertente passare questo sabato a Marina di Carrara. La spiaggia è bella e vengono anche altri compagni di scuola. Però secondo le previsioni del tempo ci sono buone possibilità di pioggia e vento. Se il tempo sarà brutto, possiamo andare a vedere l'ultimo film di Benigni.

What alternate plan does your friend suggest?

3. You are spending a month with an Italian family. A friend has an idea for a weekend activity. Your friend says:

Senti, domani si festeggia la Sagra del Formaggio nel bosco di Orco Feglino, in provincia di Savona. Lì si pranza sotto gli alberi con specialità liguri come pasta paglia e fieno e si assaggia la formaggetta di latte di pecora servita fresca con le verdure o sott'olio. Che ne dici? Vorresti provare questi cibi locali?

What does your friend suggest?

4. You are spending the winter holidays with an Italian family in Udine and they have a concern. Your host says:

Vogliamo passare un weekend bianco sulle piste da sci ma dobbiamo trovare un albergo che accetta anche i cani. Mio zio conosce un posto a Canazei nelle Dolomiti a solo un'ora e mezzo da Udine dove i cani non sono solamente benvenuti ma dove si offre loro un menú speciale. Se facciamo le prenotazioni possiamo andarci tutti insieme.

What is your host worried about?

5. You are listening to the radio in Italy. You hear.

Studenti di lingue, volete migliorare il vostro inglese, francese, spagnolo, o qualsiasi altra lingua che studiate a scuola?... Fatelo con noi non in un'aula ma sul luogo ... nel paese dove la lingua si parla. Il nostro programma, Lingua Viva, è proprio per voi! Viaggerete all'estero con un gruppo di giovani per vivere la lingua, alloggiando in vari ostelli. Visiterete i posti più interessanti della zona, e seguirete quattro ore di lezione al giorno.

What is the purpose of this program?

6. You are listening to an advertisement on television. You hear:

Non aspettare settembre, impara anche durante l'estate e divertiti allo stesso tempo. L'enciclopedia Treccani inaugura la produzione di quattro CD-ROM. Dal 31 giugno, potrete non solo leggere ma anche provare un nuovo metodo per imparare cose nuove: eventi importanti, personaggi e fatti storici. L'enciclopedia Treccani non ha rivali.

What is this advertisement about?

7. You are talking to a friend. Your friend says:

Pronto, mi fai un favore? Non trovo il numero di telefono di Maurizio, me lo dai? Mi aveva invitato a passare una settimana al mare con alcuni amici. Purtroppo, sono a casa con l'influenza. Ho bisogno di parlargli al più presto perché dovrò rimanere a casa per qualche giorno! Sarà per un' altra volta.

What is your friend asking for?

8. While staying with a host family in Italy, your host brother says to you:

Senti, desidero chiederti un favore. Tu sai che studio l'inglese al mio liceo da tre anni, e lo trovo abbastanza facile. In classe, faccio bene agli esami, non ho problemi con i compiti, ricevo buoni voti, ma il mio accento non sembra molto naturale. Anzi è orrendo. Vorrei imparare a pronunciare l'inglese come te. Mi aiuti?

What does your host brother ask you to do?

9. While you are in Torino, you receive a telephone call from a friend. Your friend says:

Senti, io e i miei genitori faremo una vacanza ad Agrigento. So che tu non ci sei mai andato. Vorresti venire con noi? Se ti piacerebbe venire, parla con i tuoi genitori e fammelo sapere. Troverai molto interessante vedere le affascinanti rovine antiche di quella città siciliana.

What does your friend want?

10. You call an automated travel service and hear this message:

L'Ufficio Turismo Telefonico offre questo servizio esclusivamente a studenti che vogliono ricevere informazioni sul turismo italiano. Dopo il segnale lasci il nome e l'indirizzo. L'informazione arriverà a casa sua fra tre giorni. Se ha bisogno di altre informazioni rimanga al telefono.

Che ti dice del servizio questo messaggio?

11. You are listening to a radio station in Italy and hear this announcement:

Se amate l'ambiente naturale, potete iscrivervi alla campagna VOLONTARI AMBIENTE. Si tratta di lavorare insieme in varie attività: mantenere puliti i campeggi di montagna, ricostruire barriere, lavorare per la prevenzione degli incendi e ripulire le spiagge. Sono vacanze di lavoro, spesso piuttosto duro, ma di grande soddisfazione. Vi offriamo vitto e alloggio. Età minima: 18 anni.

A chi interessa questo annuncio?

12. You are in Italy at your host school. You hear the host teacher say to the students:

Ragazzi, mi raccomando! Non siate in ritardo domani! Portate i vostri compagni americani a scuola per le 5 e mezzo, perché il pullman partirà puntualmente alle sei per la gita a Capri. Perdiamo una bellissima giornata se non siete qui per quell'ora. Se non prendiamo il traghetto delle nove e mezzo non possiamo fare la visita alla Grotta Azzurra.

Cosa dice la professoressa agli studenti?

13. You are listening to the radio in Torino and you hear this advertisement:

Cari amici, continuate l'appuntamento con SPEAK EASY, il programma che propone un modo simpatico e divertente per migliorare il vostro inglese, per imparare o perfezionare la lingua in modo semplice. Ogni giorno, infatti, con l'aiuto della musica, in particolare con i testi di famose canzoni, cerchiamo di insegnarvi qualcosa di più, per farvi imparare nuove parole da usare al momento giusto.

Che cosa utilizza questo programma per insegnare l'inglese?

14. You and a friend are in a restaurant in Naples. The waiter explains today's specials:

> Signori, buongiorno. Il menù turistico di oggi consiste di un primo piatto di spaghetti con la scelta di varie salse napoletane. Il secondo è una frittura di pesce e una verdura. Poi c'è frutta di stagione e dolce. La bevanda fredde è extra. Il tutto è di 15 euro, compreso il coperto.

Che cosa non è incluso nel prezzo del pranzo?

15. You are watching a fashion show broadcast on television in Italy. You hear:

> I più grandi stilisti della moda italiana autunno-inverno annunciano che quest'anno c'è una maggiore libertà nel vestire. Per esempio nei disegni del famoso stilista Valentino ci sono molti colori brillanti come il rosso, l'arancione, l'azzurro, e vanno bene sia per il giorno che per la sera.

Qual è una caratteristica della moda di Valentino quest'anno?

PART TWO

(a) (1) 1   (4) 2   (7) 3   (b) (10) 1   (13) 1
    (2) 4   (5) 1   (8) 4   (11) 4   (14) 3
    (3) 3   (6) 2   (9) 2   (12) 4   (15) 2

PART THREE

(a) (16) 1   (b) (21) 3   (c) (26) 3
    (17) 4   (22) 1   (27) 4
    (18) 2   (23) 4   (28) 1
    (19) 3   (24) 4   (29) 3
    (20) 1   (25) 2   (30) 2

PART FOUR

A sample of an 8-credit response for each question in Part 4 follows:

31. Caro Professore,

Per la gita da fare con la nostra classe io propongo di andare a Ellis Island. È un posto interessante dove possiamo imparare tante cose a proposito degli emigranti in America.

Possiamo prendere il treno fino a New York e poi il traghetto. Il treno non dovrebbe costare molto. Forse possiamo partire la mattina presto e tornare la sera tardi. Se abbiamo abbastanza soldi possiamo passare una notte a New York e andare a vedere il nuovo Planetario al Museo di Storia Naturale o possiamo visitare uno dei musei. Ci sono tante cose interessanti da fare a New York! Sono sicuro che tutti verranno volentieri. Possiamo tutti trovare qualche lavoro da fare: baby-sitting, lavare le macchine, ripulire i giardini... Dobbiamo avere un po' di soldi noi, poi speriamo che i genitori ci aiutino. Professore, le piace la mia proposta? Spero di sì.

Distinti saluti,
Mario Petrelli

32.   Ho saputo che Claudia andrà ad abitare in un'altra città; partirà con la famiglia alla fine della scuola. Suo padre ha un nuovo impiego in Rhode Island e Claudia è molto preoccupata. A me dispiace moltissimo perdere la mia grande amica. Claudia è una ragazza molto intelligente, buona e generosa. Frequentiamo la stessa scuola da tre anni e spesso facciamo i compiti insieme. Abbiamo molti interessi in comune, ci piace la musica e suoniamo la chitarra, studiamo italiano e speriamo di fare un viaggio in Italia insieme.

Claudia non sa come sarà la nuova scuola e non vorrebbe andar via. Io sono sicura che avrà presto dei nuovi amici, perchè è una ragazza meravigliosa ed è impossibile non volerle bene. A me Claudia mancherà moltissimo! Meno male che c'è l'internet e potremo scambiare messaggi senza spendere tanto!

33.   Antonio e Franca hanno deciso di andare al cinema, ma non hanno il giornale e non sanno se c'è un bel film da vedere. Vanno al centro commerciale dove ci sono tante sale cinematografiche e incominciano a leggere la lista dei film. Ma Antonio e Franca hanno gusti differenti. Ad Antonio piacciono i film di guerra e di avventura, Franca preferise i film d'amore. Come si fa? Bisogna trovare un film molto bello anche se non è né di guerra, né di avventura, né d'amore. Antonio chiede consiglio alla persona che vende i biglietti, che suggerisce un film storico del tempo degli antichi Romani. Ma Franca non è interessa. C'è un film di fantascienza, ma non piace ad Antonio. Allora Antonio e Franca tornano a casa.

Examination June 2005

Comprehensive Examination in Italian

PART ONE

Your performance on Part 1, Speaking (24 credits), has been evaluated prior to the date of this written examination.

PART TWO

Answer all questions in Part 2 according to the directions for *a* and *b*. [30]

a Directions (1–9): For each question, you will hear some background information in English *once*. Then you will hear a passage in Italian *twice* and a question in English *once*. After you have heard the question, the teacher will pause while you read the question and the four suggested answers. Choose the best suggested answer and write its *number* in the space provided. Base your answer *on the content of the passage, only*. The passages that the teacher will read aloud to you are found in the ANSWERS section, Part 2, at the end of this examination. [18]

1 What is your friend inviting you to?

   1 his graduation from eighth grade
   2 his brother Pino's school dance
   3 his parents' anniversary dinner
   4 his dog Luciano's birthday party   1 _____

2 What is new about this type of hamburger?

  1 It has a variety of flavors.
  2 It has a different texture.
  3 It has a special shape.
  4 It has a new label.   2 _____

3 How does this person prefer to travel?

  1 plane   3 train
  2 car   4 bus   3 _____

4 What did the exchange student say about her teacher in Italy?

  1 The teacher has an unusual accent.
  2 The teacher lacks patience.
  3 The teacher speaks too fast.
  4 The teacher is inexperienced.   4 _____

5 What does the doctor say about children who want to play sports?

  1 They should begin at a young age.
  2 They should wait until they have stopped growing.
  3 They should begin when they are in middle school.
  4 They should wait until they are in high school.   5 _____

6 What is your host inviting you to do?

  1 to go to a dance
  2 to see a show
  3 to watch a soccer match
  4 to go shopping   6 _____

7 What was the purpose of the telephone call?

  1 to say that Anna cannot give Gina a ride
  2 to tell Gina that Anna does not feel well
  3 to invite Gina to Anna's birthday party
  4 to ask Gina to take a walk with Anna   7 _____

8 What is being announced?

   1 The store is going out of business.
   2 The store is relocating.
   3 The store is closing for the day.
   4 The store is having a special sale.   8 _____

9 According to your friend, why is this café so popular?

   1 It offers a complete menu.
   2 It has air-conditioning.
   3 It has flavored coffees.
   4 It is conveniently located.   9 _____

b Directions (10–15): For each question, you will hear some background information in English *once*. Then you will hear a passage in Italian *twice* and a question in Italian *once*. After you have heard the question, the teacher will pause while you read the question and the four suggested answers. Choose the best suggested answer and write its *number* in the space provided. Base your answer *on the content of the passage, only*. The passages that the teacher will read aloud to you are found in the ANSWERS section, Part 2, at the end of this examination.   [12]

10 Qual è la professione di questo signore?

   1 Fa il medico.   3 Fa il professore.
   2 Fa l'avvocato.   4 Fa l'ingegnere.   10 _____

11 Che problema ha il tuo amico?

   1 Le scarpe sono un po' piccole.
   2 Preferisce un colore diverso.
   3 Non ha abbastanza soldi.
   4 Il venditore non accetta la carta di credito.   11 _____

12 Dove vuole andare la tua "sorella" italiana?

  1 in biblioteca 3 al cinema
  2 in libreria 4 ad una festa 12 _____

13 Cosa vuole fare Salvatore?

  1 abitare in Italia
  2 cucinare piatti complicati
  3 invitare i parenti in America
  4 telefonare alla mamma 13 _____

14 Che cosa devi portare tu alla festa?

  1 del pane 3 dei dolci
  2 della musica 4 delle riviste 14 _____

15 Che tipo di giornale è?

  1 di pubblicitá commerciale
  2 di articoli letterari
  3 di bollettini meteorologici
  4 di notizie piacevoli 15 _____

PART THREE

Answer all questions in Part 3 according to the directions for
a, b, and c.   [30 credits]

a *Directions* (16–20): After the following passage, there are five
questions or incomplete statements. For *each,* choose the word or
expression that best answers the question or completes the statement *according to the meaning of the passage,* and write its *number*
in the space provided.   [10]

Italia, Eterna Stagione

   In Italia sono i colori che segnano il cambio delle
stagioni. La natura assume colori diversi in ogni stazione:
il verde durante la primavera, colori vivaci durante
l'estate, rosso e giallo in autunno, e infine biancho e
azzurro in inverno. Il turista che viene dall'estero non
ha bisogno di scegliere una stagione particolare per
visitare il paese perché l'Italia è un'unica, continua
stagione. Per gli amanti della natura ci sono le
meravigliose passeggiate tra i fiori alpini sulle dolci
colline della Toscana che hanno un leggero profumo
di fiori in primavera. Se si è appassionato dello sport si
può praticare la vela nei nostri mari in estate.

   La natura ha tante stagioni colorate, ma le grandi
città e i paesini fanno dell'Italia una terra di singola
"stagione". L'Italia, con la sua arte e il suo modo di
vivere, offre ogni giorno qualcosa di nuovo da scoprire.
Nelle città e nei paesini, la realtà della vita di tutti i
giorni, trova un'atmosfera e uno spirito unico a ciascuno
di loro.

   Venezia, ad esempio, con i suoi incantevoli canali
e palazzi, vive dei suoi ristoranti, dei suoi camerieri
affabili, della gente cordiale e gentile e dei gondolieri
che cantano. Poi c'è Napoli con le sue splendide ville;
Capri, decorata di case bianche tra fiori di molti colori,
e Pompei dove c'è l'eterna memoria della vita passata ai
piedi del vulcano Vesuvio.

Se preferite la città più commercialmente attiva e cosmopolita d'Italia, visitate Milano. Là potete ammirare il Duomo, un meraviglioso esempio di stile gotico, la Galleria, un luogo raffinato d'incontro, e La Scala, uno dei più grandi tempi dedicati all'opera lirica. Scendendo verso la valle dell'Arno si attraversa la Toscana con Firenze, la culla delle arti, e Siena, la città del famoso Palio, una corsa di cavalli che risale al medioevo. Potete continuare il vostro viaggio in Umbria che possiede le città più antiche e meglio conservate d'Italia. Poi verso il Tirreno per conoscere meglio la città, oltre ad essere la capitale d'Italia è stata per secoli un simbolo della sua grandezza, e cioè Roma. Con le sue rovine, i suoi resti romani. Questa città è anche il luogo dello stato più piccolo del mondo, la città del Vaticano.

È chiaro, dunque, che non esiste una particolare stagione per visitare l'Italia per godere le sue bellezze perché tutto fa parte della singola stagione italiana.

16 Secondo il brano, che cosa offrono al turista le città e i paesini italiani?

1 i negozi di moda italiana
2 i musei d'arte italiana
3 le caratteristiche della vita italiana
4 la cucina tipica italiana   16 _____

17 Com'è la gente a Venezia?

1 cortese
2 famosa
3 interessante
4 indifferente   17 _____

18 Secondo il brano, quale città offre particolare interesse a chi si occupa d'affari?

1 Roma   3 Napoli
2 Capri   4 Milano   18 _____

19 In quale regione d'Italia si trovano le città più vecchie e ben mantenute?

    1 Toscana   3 Umbria

    2 Lazio   4 Veneto   19 _____

20 Secondo il brano, quali stagioni dovrebbe scegliere il turista per visitare l'Italia?

    1 l'autunno e la primavera

    2 l'inverno e l'estate

    3 le stagioni calde

    4 tutte le stagioni   20 _____

b Directions (21–25): Below each of the following selections, there is either a question or an incomplete statement. For *each*, choose the word or expression that best answers the question or completes the statement *according to the meaning of the selection*, and write its *number* in the space provided.   [10]

21   MILANO (a.b.) — "In questo palazzo ci sono nato", ha raccontato con una punta di commozione Dario Fo, ex allievo di Brera, al pubblico di grandi e bambini che affollava ieri sera la sala IX della Pinacoteca, dove il Nobel ha illustrato il suo dipinto preferito: Il ritrovamento del corpo di San Marco del Tintoretto. La conferenza di Fo ha concluso una giornata memorabile per il museo milanese. Bambini al museo era lo slogan dell'iniziativa, promossa dalla società Art'è col ministero dei Beni culturali e il gruppo Espresso-Repubblica. Ingresso gratuito per i più piccoli, e per gli adulti purché accompagnati da un bambino, 21 i musei statali coinvolti, per 5 domeniche. Ieri il debutto, nelle prime quattro città. Tremila visitatori alla Pinacoteca di Brera, 750 al Museo Nazionale dell'Aquila, 750 anche

al Museo Nazionale di Ravenna, e 1200
all' archeologico di Sassari, dove le presenze
domenicali, di solito, sono poche decine. "Un
successo emozionante", commenta Marilena
Ferrari, presidente di Art'è "I musei vengono
spesso percepiti come luoghi noiosi. La nostra
scommessa è rompere questi pregiudizi".
Bambini al museo ritorna il 2 maggio a Palermo
(palazzo Abatellis), Venosa (museo archeologico),
Bologna (galleria d'arte moderna) e a Trento
(palazzo delle Albere).

21 What is the purpose of this article?

1 to report the results of some scientific research
2 to promote travel within Italy
3 to publicize a proposed change in a law
4 to encourage children's attendance at museums 21 _____

22

> Vi scrivo perché ho disperatamente bisogno di
> aiuto. Io sono un disabile al 100%, e l'unica
> risorsa che posso usare è il computer: con questo
> io vorrei poter lavorare da casa mia perché,
> come potrete ben capire, è molto difficile per
> me poter uscire. Io vorrei che voi mi aiutaste a
> trovare del lavoro di creazione e gestione di
> pagine Web. Vorrei qualche lavoro non solo
> per una questione finanziaria ma anche per
> far passare le giornate che sono molto lunghe
> quando uno non sa cosa fare tutto il giorno.
>
> Valerio P
> —@isiline.it

22 What is this person asking for in this e-mail?

1 financial aid for college
2 information about a new computer
3 at-home work opportunities
4 a refund for a product recently purchased

22 _____

23

ALITUR

CENTRO INTERNAZIONALE
SPECIALIZZATO IN VIAGGI STUDIO
ALL'ESTERO

Viaggi studio individuali.
Anche corsi intensivi e
differenziati per ogni
esigenza professionale.

Vacanze studio estive
per ragazzi dai 7 ai 15
anni e per giovani
dai 16 anni in poi.

Assistenza continua,
tempo libero organizzato.

80 Centri gestiti
dalle più prestigiose
scuole internazionali
con insegnanti di
madrelingua.

EUROPA E STATI UNITI
CON VOLI DI LINEA.
SISTEMAZIONE IN
FAMIGLIA, COLLEGE,
HOTEL.

23 Who would be most likely to take advantage of this advertisement?

1 a businessperson who needs to travel at the lowest cost
2 a young person who wants to study overseas
3 a new teacher who is seeking employment
4 a student who is looking for housing

23 _____

24

VUOI RICEVERE
IL RICETTARIO DI CASA BUITONI?

Scrivici: te lo invieremo. E se hai una ricetta particolare
con una delle Basi Fresche Buitoni, mandacela!
Potrebbe essere pubblicata con il tuo nome nel Grande
Ricettario Buitoni. Se invece vuoi darci dei suggerimenti
saremo lieti di risponderti.

Servizio Consumatori Dalla Casa Buitoni
C. P. n. 20 - 52037 Sansepolcro (AR)

NOME _____ COGNOME _____

INDIRIZZO _____

CITTÀ _____ TEL. _____

Star bene a tavola.   GE

24 What is this advertisement asking you to do?

   1 to participate in a cooking contest
   2 to receive or send recipes
   3 to go to a restaurant
   4 to obtain information about nutrition   24 _____

25

PRENOTA LA TUA VACANZA

- Iniziando dal Sud tra arte e cultura - sette giorni e sei notti in hotel Tre Stelle,
trasferimenti in pullman e pasti con bevande comprese
da Lunedì 8 a Domenica 14 Settembre 2005 partendo da Pozzallo.

1° Giorno: Reggio Calabria e Rocca Imperiale;	5° Giorno: giornata intera a Capri, serata libera a
2° Giorno: Matera, Metaponto e Miglionico;	Napoli;
3° Giorno: Benevento, Nola, serata libera a Napoli;	6° Giorno: giornata intera al grande parco
4° Giorno: Pozzuoli, il lago di Averno e i Campi	archeologico di Paestum;
Flegrei;	7° Giorno: Padula, Cosenza ... e rientro a Pozzallo;

Per informazioni e organizzazione tecnica rivolgersi a «**Barocco Viaggi**»
Tel. 0931/573537 - Fax: 573535 - NOTO (SR)

INCARICATO DI POZZALLO: Salone Pietro CARBONARO - Via R. Pilo, 6

---

25   What is included in this vacation package?

    1   hotel and transportation

    2   air fare

    3   complimentary souvenirs

    4   entertainment   25 _____

c *Directions* (26–30): After the following passage, there are five questions or incomplete statements in English. For *each*, choose the word or expression that best answers the question or completes the statement *according to the meaning of the passage*, and write its *number* in the space provided. [10]

Il Parco dei mostri

Questa è la storia della rinascita di un bizzarro museo all'aperto nel bosco di Bomarzo, un paesino vicino a Viterbo. È la storia di un giardino incantato, popolato da strane creature, che ha terrorizzato i contadini dell'Alto Lazio per quattro secoli e oggi continua a sorprendere i visitatori moderni. La storia incomincia con Pier Francesco Orsini, duca di Bomarzo, che i familiari e la moglie Giulia chiamavano Vicino. L'origine di questo nome è un mistero come la sua motivazione a creare uno degli ambienti più strani del mondo.

I cronisti ci dicono che Vicino era un soldato, un sognatore, un poeta, un uomo romantico e un condottiero coraggioso. A 33 anni era ufficiale dell'esercito del Papa. Si era già fatto otto anni di guerre e tre di prigione. Dopo questo periodo di tristezza e malinconia il duca decide di popolare il bosco intorno al suo castello di personaggi fantastici, di animali di pietra colossali, di pesci immensi che diventavano sassi non appena uscivano dalle acque del torrente. Dà ordini ad architetti e boscaioli, scultori e contadini di dar vita agli alberi, alle rocce, alle radici contorte e al gioco delle acque per realizzare un giardino zoologico surreale nelle foreste del suo piccolo regno personale.

Quest'opera enorme è il primo vero esempio di "land art" al mondo. È facile immaginare Vicino Orsini che scende a cavallo nella sua foresta e al suo fianco cavalca l'amico Pirro Ligorio, architetto e progettista. Ligorio era già famoso nelle corti di Roma per il suo lavoro (dopo la morte di Michelangelo) sulla basilica di San

Pietro e anche per la favolosa Villa a Tivoli per il Cardinale Ippolito d'Este. Vicino sfida l'architetto con il comando: «Costruiscimi qualcosa di soprannaturale.» E l'architetto lo prende in parola.

Nel 1552 l'ambiente attorno a Bomarzo comincia a cambiare: diviene davvero irreale, mitologico, si trasforma in un mondo di strane creature che prendono forme dai disegni di Ligorio. La corte stessa di Vicino diventa un centro di solitudine per molti artisti e letterati che cercano un mondo di rifugio da Roma. Ma la pace rurale di Vicino Orsini è interotta violentemente nel 1557 dalla morte dell'amata moglie Giulia. Era una delle donne più famose del periodo. Lui incomincia a disegnare per conto suo nuovi mostri per il suo giardino selvaggio.

Ci vogliono quasi trent'anni per costruire il "Bosco sacro." Attorno al 1580 è davvero uno zoo fantastico. Ci sono delle figure misteriose: un elefante che porta una torre mobile, un drago cinese che combatte feroci cani da guardia, un' immensa testa di orco con bocca aperta, un Ercole che ammazza Caco, una tartaruga che porta una colonna che si trasforma in una donna e molti altri mostri e personaggi mitologici. C'è anche una delle case più strane d'Italia: la casa pendente che fa perdere l'equilibrio a chi entra.

Pier Francesco Orsini muore nel 1585 a 62 anni. La sua famiglia non è capace di proteggere il suo giardino e la proprietà di Bomarzo è venduta ai principi Lante della Rovere e poi ad altre famiglie nobili. La storia del bosco surreale vive solamente nelle leggende dei contadini vicini. Dopo molti anni rientra nella cultura popolare con visite dal famoso pittore spagnolo Salvador Dalí ed altri artisti come il famoso regista cinematografico Michelangelo Antonioni. Dagli anni 2000 il giardino è restaurato ed è aperto al pubblico.

26 What does the passage state about the nickname of
    Pier Francesco Orsini?

    1 It describes his profession.
    2 Its origin is unknown today.
    3 Its meaning has family significance.
    4 It was given to him at a young age.   26 _____

27 According to the passage, when did Orsini create
    this fantastic environment?

    1 after his family requested it
    2 after he lost his fortune
    3 after his participation in the war
    4 after a competition with other aristocrats   27 _____

28 According to the passage, what was used to create
    the monsters?

    1 ceramics and glaze
    2 reinforced concrete
    3 a rudimentary form of plastic
    4 materials found in the forest   28 _____

29 What event interrupted the calm of Orsini's court?

    1 the continued visits of artists and writers
    2 his reentry into military service
    3 Ligorio's inability to create
    4 the death of his beloved wife, Giulia   29 _____

30 What happened to Orsini's fantastic garden?

    1 It was restored for the public to enjoy.
    2 It was dismantled and taken to a new location.
    3 It was recently destroyed and no longer exists.
    4 It was maintained by his family for many genera-
       tions.   30 _____

PART FOUR

**Write your answers to Part 4 according to the directions below.
Your answers must be written in your own words; no credit
will be given for a response that is copied or substantially the
same as material from other parts of this examination.** [16]

Directions: (31–33): Choose *two* of the three writing tasks provided
below. Write your response to the two writing tasks you have chosen.

For each question you have chosen, your answer should be written
entirely in Italian and should contain a minimum of 100 words.

Place names and brand names written in Italian count as one
word. Contractions are also counted as one word. Salutations
and closings, as well as commonly used abbreviations in Italian,
are included in the word count. Numbers, unless written as
words, and names of people are not counted as words.

You must satisfy the purpose of the task. Be sure to organize your
response and to include a beginning, middle, and ending. The
sentence structure and/or expressions used should be connected
logically and should demonstrate a wide range of vocabulary with
minimal repetition.

31 You are running for president of your Italian club. Write a presentation to your Italian club explaining why you will make a
good president. You may wish to include:

• an introduction
• how long you have studied Italian
• your language skills and abilities
• other qualities that will make you a good president
• what you plan to do as president
• why you want to do those things
• how you will carry out your plans

32 It is the end of the school year. Write a journal entry for your
Italian class about the school year that is ending. You may wish
to include:
- how you feel about the past school year
- your favorite subject and teacher
- extracurricular activities you participated in
- special school events that took place
- what you liked and disliked
- how well you did

33 In Italian, write a story about the situation shown in the picture
below. It must be a story relating to the picture, **not** a description of the picture. Do **not** write a dialogue.

— Bunny Hoest & John Reiner, "Laugh Parade," *Parade*
(adapted)

Answers
June 2005

Comprehensive Examination in Italian

PART ONE

This part of the examination was evaluated prior to the date of this written examination. [24 credits]

PART TWO

The following passages are to be read aloud to the students according to the directions given for this part at the beginning of this examination. The correct answers are given after number 15. [30 credits]

1. You are talking with your Italian friend. He says:

Vieni! Ti invito alla festa per il compleanno del mio cane, Luciano. La festa sarà celebrata al ristorante "Pino" per l'anniversario della sua nascita. Luciano compie due anni. La torta sarà a forma di bistecca. Anche la tavola sarà decorata. Un'orchestrina suonerà la canzoncina, 'Tanti auguri a te'.

What is your friend inviting you to?

2. You are listening to the radio and you hear this advertisement about hamburger:

Una grande novità è pronta per dare più gusto alla vostra tavola. Con carni italiane selezionate, la nostra compagnia produce i nuovi hamburger. Sono preparati, freschi così possiate gustare i loro vari sapori: agli spinaci, al formaggio, alla pizzaiola, alla cipolla e al naturale. Freschezza, qualità e ampia scelta: un sogno a forma di hamburger.

What is new about this type of hamburger?

3. You are on a bus in Rome. You hear a conversation between two passengers. One of them says:

> Lavoro nel campo dell'informatica per una ditta. La mattina esco di casa alle sette e rientro alle otto di sera. Molto spesso lavoro in posti diversi, quindi, preferisco andare in treno perché non mi piace fare lunghi viaggi in macchina. Mi piace leggere un libro o una rivista invece di guidare. Non parliamo degli aerei. Ne ho una paura matta.

How does this person prefer to travel?

4. An exchange student is telling you about one of her teachers in Italy. The exchange student says:

> Sai, ho una brava professoressa che è molto simpatica. Spiega tutto abbastanza bene ed è anche paziente, ma tutti dicono che parla troppo rapidamente. Parla con estrema chiarezza, però, a volte è così veloce, che non riesco a capirla.

What did the exchange student say about her teacher in Italy?

5. You are watching a television talk show. A pediatrician is talking about children's physical activities. The doctor says:

> È meglio che i bambini iniziano a muoversi fin da piccoli. Il gusto per l'attività fisica, il piacere per un certo tipo di esercizio muscolare, si imparano soprattutto da piccoli. I bambini non hanno l'età per fare i professionisti dello sport, ma hanno sempre l'età per fare movimento. Non esiste un' età minima per cominciare un'attività sportiva. Più piccoli sono, meglio è.

What does the doctor say about children who want to play sports?

6. Your Italian host invites you to join her and some friends. She says:

> Stasera vado con un gruppo di amici alla spiaggia. Perché non vieni con noi? Lì davanti al mare, c'è un palcoscenico, e si presenteranno vari complessi musicali, cantanti ed attori comici. Pensiamo di andarci verso le sette perché lo spettacolo è gratis, e s'aspetta molta gente.

What is your host inviting you to do?

7. Anna calls her friend Gina and says:

Ciao, Gina. Sono Anna. Mi dispiace tantissimo di chiamarti proprio adesso. Non posso venire a prenderti perché la mia macchina è dal meccanico per delle riparazioni. Non so cosa fare. Perché non andiamo alla festa di compleanno di Giulia in autobus? Cosa ne pensi?

What was the purpose of the telephone call?

8. As you are shopping in a department store in Siena, you hear this announcement:

Siamo molto lieti di informare i nostri clienti che domani, in occasione della festa della mamma, offriamo prezzi speciali su tutti gli articoli di abbigliamento femminile. Ci saranno sconti dal venti al cinquanta per cento. Non perdete questa ottima occasione per risparmiare e celebrare la persona che vi sta a cuore.

What is being announced?

9. You are with a friend at a café in Rome. Your friend says:

Quanta gente! Tutti vengono qui a prendere il caffè dopo pranzo. In questo bar fanno un caffè buonissimo, e come vedi, il locale è piacevole e spazioso. Ma sai perché è così popolare questo bar? Ora d'estate tutta la gente viene qui per l'aria condizionata, cosa che non si trova in tutti i bar.

According to your friend, why is this café so popular?

10. Adriana is telling her mother about her boyfriend's father. She says:

L'altra sera ho finalmente conosciuto il papà del mio ragazzo. È una persona simpaticissima e tanto divertente. Siamo stati a parlare per molto tempo. Io gli parlavo dei miei studi universitari e dei miei interessi. Ho saputo che lui insegna lettere e filosofia alla mia stessa università. Che sorpresa!

Qual è la professione di questo signore?

11. You are in an open-air market in Florence. Your friend is talking to the vendor about a pair of shoes he likes. He says:

   Senta, mi piacciono tanto queste scarpe. Hanno uno stile classico e sono bellissime. Il prezzo è giusto e cercavo proprio questo colore qui. Ma ho bisogno di una misura più grande. Queste mi stanno un po' strette. Può vedere se c'è un paio più grande?

   Che problema ha il tuo amico?

12. You are staying with a host family in Italy. Your host sister says to you:

   Senti, se non hai niente da fare, perché non vieni con me in centro? Sabato è il compleanno di papà, e vorrei comprargli qualche libro perché a lui piace leggere. C'è una nuova libreria accanto al cinema Metropolitan. Forse là gli troverò il regalo giusto!

   Dove vuole andare la tua "sorella" italiana?

13. Salvatore is from Italy and has lived in the United States for many years. He says to you:

   "Quando posso, ritorno al mio paese, Mammola, in Italia. Ci vado il più spesso possibile. È veramente bello rivedere i parenti e la gente del paese dove sono nato. Quando sarò vecchio ritornerò a Mammola a vivere. I miei figli amano la Calabria, sono certo che anche loro vorranno venire a vivere in Italia."

   Cosa vuole fare Salvatore?

14. You and your Italian friend are discussing plans for an upcoming party. He says to you:

   Allora, tutto a posto! Io e Michele porteremo le bibite, le ragazze pre-pareranno dei panini e Matteo mi ha detto che suo padre farà delle pizze. Sai, abbiamo anche bisogno di un pò di musica e, se vuoi, puoi portare dei ciddìo delle cassette. Non ci mancherà niente.

   Che cosa devi portare tu alla festa?

15. You are watching television in Italy and hear this commercial:

Sui giornali di oggi leggiamo spesso notizie e articoli tristi. Ma noi abbiamo creato un giornale fatto solo ed esclusivamente di buone notizie. È
IDEE Positive, un giornale che stampa solo gli eventi più belli della vita, e
offre un po' di serenità a tutti i lettori stanchi di leggere sempre notizie
cattive.

Che tipo di giornale è?

PART TWO

(a) (1) 4   (4) 3   (7) 1   (b) (10) 3   (13) 1
    (2) 1   (5) 1   (8) 4   (11) 1   (14) 2
    (3) 3   (6) 2   (9) 2   (12) 2   (15) 4

PART THREE

(a) (16) 3   (b) (21) 4   (c) (26) 2
    (17) 1   (22) 3   (27) 3
    (18) 4   (23) 2   (28) 4
    (19) 3   (24) 2   (29) 4
    (20) 4   (25) 1   (30) 1

PART FOUR

A sample of an 8-credit response for each question in Part 4 follows:

31.   Buon giorno, mi chiamo Giovanni e studio l'italiano da cinque anni. Ho
incominciato a studiarlo quando frequentavo la seconda media. Mi piace lo
studio della grammatica, ma è la lingua e la cultura italiana che sono diven-
tate parte della mia vita.

Io credo di essere un ottimo candidato per fare il presidente perchè ho
sempre fatto parte del club di questa scuola. Ho un grande progetto per
l'anno prossimo: voglio organizzare una serata all'opera e vedere Rigoletto
con Pavarotti. Questa serata sarà un'immensa esperienza culturale perchè
sarà l'ultima volta che il famoso Pavarotti canterà qui a New York. La serata
sì concluderà con una cena a un famoso ristorante italiano, dove potremo
gustare i cibi preferiti.

Voglio fare questa esperienza non solo per me, ma anche per dare molte opportunità a tutti gli studenti della scuola.

Questo sogno si potrà realizzare solo con il vostro aiuto e con l'esperienza del nostro professore d'italiano.

32. Questo è stato un anno molto intenso per me. Ho seguito alcuni corsi divertenti e facili come musica, fotografia ed arte. Ma ho anche studiato matematica, inglese, storia, scienze e naturalmente italiano. I professori sono stati cortesi e comprensivi, mi hanno aiutato molto. Dopo scuola mi sono divertito moltissimo a giocare al calcio con i miei amici. Anche se la nostra squadra non ha vinto il campionato, è stato bello giocare insieme. Ci alleneremo di più e sono sicuro che vinceremo l'anno prossimo.

La festa di ballo di fine anno è stata meravigliosa. Sono andato con la mia ragazza e ci siamo divertiti moltissimo. Abbiamo ballato, cantato, mangiato e abbiamo fatto tante foto insieme ad altri amici. È stata una serata divertente!

Sono contento che quest'anno sia finito perché ho bisogno di riposarni durante queste vacanze estive.

33. Luisa è una brava ragazzina. Ha solo dieci anni e obbedisce sempre ai suoi genitori. Se la mamma dice "Luisa, fai i compiti", Luisa li fa. Se il babbo dice "Luisa, pulisci la tua camera", lei lo fa. Fa quasi sempre tutto quello che le dicono i suoi genitori. C'è solo una cosa che non piace a Luisa: non vuole andare a letto la sera. Preferisce guardare la tivù o giocare con le sue bambole o anche navigare su Internet, ma proprio non ha voglia di andare a letto. I genitori di Luisa hanno trovato un modo speciale per convincerla ad andare a dormine: a Luisa piacciono moltissimo i libri su Harry Potter. Ogni sera quando è l'ora di andare a letto la mamma o il babbo le leggono una delle storie di Harry Potter e Luisa va a letto felice e contenta.

Examination
June 2006

Comprehensive Examination in Italian

PART ONE

Your performance on Part 1, Speaking (24 credits), has been evaluated prior to the date of this written examination.

PART TWO

Answer all questions in Part 2 according to the directions for *a* and *b*.   [30]

a Directions (1–9): For each question, you will hear some background information in English *once*. Then you will hear a passage in Italian *twice* and a question in English *once*. After you have heard the question, the teacher will pause while you read the question and the four suggested answers. Choose the best suggested answer and write its *number* in the space provided. Base your answer *on the content of the passage, only*. The passages that the teacher will read aloud to you are found in the ANSWERS section, Part 2, at the end of this examination.   [18]

1 What is your friend talking about?

   1 the beach umbrellas
   2 the weather forecast
   3 the number of people on the beach
   4 the suntan lotion

       1 _____

2   What is being advertised?

   1   a meat dish
   2   a restaurant
   3   a vegetable dish
   4   a cookbook   2 _____

3   When can a person listen to these concerts?

   1   noon
   2   every weekend
   3   in the morning
   4   at midnight   3 _____

4   What is Renzo Piano's latest project?

   1   the introduction of a clothing line
   2   the extension of a famous museum
   3   the construction of a private mansion
   4   the inauguration of a design institute   4 _____

5   What is being advertised?

   1   a way of learning to write in Italian
   2   a way of getting news on the Internet
   3   a new product available in bookstores
   4   a new product delivered every six months   5 _____

6   What is a special feature of this store?

   1   There is a liberal exchange policy.
   2   The prices are inexpensive.
   3   Installment payments can be made.
   4   Each item is handcrafted.   6 _____

7   What is the specialty of the restaurant of this hotel?

   1   seafood   3   dessert
   2   soup   4   coffee   7 _____

8 What is included in this trip?

   1 traveling in first class
   2 visiting seven islands in a week
   3 sailing lessons
   4 round-trip airfare   8 _____

9 What did your friend's mother say to you?

   1 She needs some help.
   2 She wants to hear more English spoken.
   3 She is looking for something.
   4 She is happy about your visit.   9 _____

b Directions (10–15): For each question, you will hear some background information in English *once*. Then you will hear a passage in Italian *twice* and a question in Italian *once*. After you have heard the question, the teacher will pause while you read the question and the four suggested answers. Choose the best suggested answer and write its *number* in the space provided. Base your answer *on the content of the passage, only*. The passages that the teacher will read aloud to you are found in the ANSWERS section, Part 2, at the end of this examination.   [12]

10 Che suggerimento ci dà l'autore?

    1 come utilizzare meglio il tempo
    2 come cucinare meglio
    3 come capire la nuova tecnologia
    4 come affrontare il brutto tempo   10 _____

11 Secondo il tuo ospite, dove preferiscono passare gli italiani le loro serate estive?

    1 in cucina
    2 davanti al televisore
    3 fuori casa
    4 in camera   11 _____

12 Che suggerisce questa compagna di classe?

   1 di conoscersi meglio
   2 di parlare della lezione
   3 di andare ad una festa
   4 di studiare insieme   12 _____

13 Che vantaggio ha questa carta?

   1 È offerta gratis agli studenti.
   2 È accettata in molti posti in città.
   3 Si può usarla per fare telefonate.
   4 Funziona come la patente di guida.   13 _____

14 Perché viene in America il tuo amico?

   1 per lavorare
   2 per studiare
   3 per vedere i parenti
   4 per imparare l'inglese   14 _____

15 Qual' è la reazione della guida dopo l'esperienza nel ristorante?

   1 paurosa e stupita
   2 delusa e arrabbiata
   3 triste e dispiaciuta
   4 contenta e soddisfatta   15 _____

PART THREE

**Answer all questions in Part 3 according to the directions for
a, *b*, and *c*.**   [30 credits]

a Directions (16–20): After the following passage, there are five
questions or incomplete statements. For *each,* choose the word or
expression that best answers the question or completes the statement *according to the meaning of the passage,* and write its *number*
in the space provided.   [10]

Su un isola della leggendaria Statua della Libertà a
New York, di fronte a un pubblico di sedicimila
spettatori, ci è stato un concerto che Andrea Bocelli ha
dedicato agli immigranti italiani in America. Il repertorio
era dal suo album "Viaggio italiano," canzoni classiche
che cantavano Gigli e Caruso molti anni fa. "Queste
canzoni erano quelle che accompagnavano gli italiani
nei loro viaggi in nave quando abbandonavano il loro
paese per trovare una nuova vita dall'altra parte
dell'oceano," ha osservato Bocelli.

Questo lavoro ha rappresentato un gesto di affetto
non solo per chi soffre nostalgie della lontananza, ma
anche nei confronti del padre Alessandro, che è morto
qualche anno fa. Bocelli ha detto che "il concerto è nato
da una promessa che il mio manager, Michele Torpedine,
ha fatto al mio papà dopo la mia vittoria al Festival di
San Remo. Era il sogno del mio papà che io cantassi in
America e facessi un concerto sotto la Statua della
Libertà. Gli americani hanno apprezzato molto la mia
musica e lo spettacolo è stato un grande successo."

Dopo il concerto in un'intervista con Silvia Bizio del
giornale la Repubblica ecco come ha risposto Andrea
Bocelli.

S. B.: "Signor Bocelli, Lei si è mai identificato con i
        sentimenti degli emigranti?"

A. B.: "Certo, la mia vita è molto diversa da quella
        degli emigranti di cent'anni fa, e oggi i nuovi

emigranti sono molto più privilegiati. Ma ho capito cosa è la nostalgia di casa durante i miei primi anni di carriera, quando dai miei primi concerti in America, dove non mi conosceva nessuno, ero volato in Russia per registrare 'Viaggio italiano.' Mio figlio era nato da poco e, per la prima volta nella mia vita, sono stato fuori di casa per più di un mese. Quando sono tornato ho voluto intitolare l'album 'Viaggio italiano' e dedicarlo a tutti quelli che avevano lasciato la patria per sempre. Il repertorio era quello che gli emigranti cantavano sulle navi quando lasciavano l'Italia e andavano soprattutto in America: canzoni napoletane, arie d'opera famose, canzoni tradizionali come 'Vaghissima sembianza' o 'Occhi di fata'."

S. B.: "Canzoni care anche a Lei?"

A. B.: "Canzoni care anche a me da sempre e ancora oggi. Fin da ragazzino ero appassionato dei dischi di Gigli e di Caruso e di tutti i grandi tenori del secolo scorso. Le loro sono voci uniche, hanno caratterizzato un secolo, dato al mondo tanta gioia e fatto versare lacrime di felicità anche a me. Io conservo tutti i loro dischi e ho comprato il format CD. Hanno lasciato una traccia indelebile che serve a noi per capire come era il mondo allora e amare la loro musica."

S. B.: "Lei ha appena finito un periodo di studio sulla voce?"

A. B.: "Quando si ha una carriera bisogna sempre dare il meglio di noi stessi e migliorare. Ho studiato con un maestro italo-americano di Los Angeles, Gary Catona, specializzato in un antico metodo di sviluppo della muscolatura laringea che influenza le corde vocali. Già

sento che la mia voce sta cambiando e sta di-
ventando più grande, più forte."

S. B.: "Altri progetti musicali?"

A. B.: "Oltre alla preparazione di un nuovo album
alla fine d'anno usciranno le registrazioni di
un'opera e un altro disco di arie che ho fatto
con il maestro Mehta. Dopo il concerto di
New York andrò a Londra per registrare
un'opera di Verdi."

S. B.: "Lei era a Rotterdam per un concerto per la finale del campionato. L'abbiamo anche visto fra
i commentatori. Deluso?"

A. B.: "Come non esserlo. Io sono italiano e ho la
passione per il calcio da quando ero bambino.
Sono orgoglioso della nostra squadra. Pensavo
sarebbe uscita molto prima. Ma quello che
conta è essere arrivati in finale!"

16 Che cosa ha avuto luogo sull'isoletta della Statua
della Libertà?

1 un concerto di canzoni classiche per onorare gli
immigranti
2 un concerto di musica per bambini
3 un concerto di canzoni di compositori moderni
4 un concerto di musica rock   16 _____

17 A chi è venuta l'idea di fare il concerto a New York?

1 ad Andrea Bocelli
2 al padre di Andrea Bocelli
3 ad una giornalista
4 ad un ammiratore   17 _____

18 A chi è dedicato l'album musicale "Viaggio italiano"?

    1 alla sua famiglia
    2 alle persone che hanno lasciato l'Italia
    3 ai tifosi di calcio
    4 agli italiani che tornano in Italia dopo molto tempo   18 _____

19 Quale passione aveva Andrea Bocelli da ragazzo?

    1 cantare quando era in compagnia di amici
    2 viaggiare per il mondo
    3 ascoltare i grandi tenori del passato
    4 suonare l'organo nella chiesa del suo paese   19 _____

20 Che cosa pensa di fare Andrea Bocelli nel futuro?

    1 di continuare a registrare la musica
    2 di imparare a parlare inglese
    3 di dedicare più tempo alla famiglia
    4 di studiare le funzioni delle corde vocali   20 _____

b Directions (21–25): Below each of the following selections, there is either a question or an incomplete statement. For *each*, choose the word or expression that best answers the question or completes the statement *according to the meaning of the selection*, and write its *number* in the space provided. [10]

21

Merende sane (e golose)

Nonne, se siete in vacanza con i nipoti, attente alle merendine. «Durante l'estate i bambini hanno più occasioni per mangiare, fuori pasto, patatine, leccalecca, gelati, pizzette» spiega Anna Bagnara, dietologa dell'Ospedale Sacco di Milano. E oggi molti bambini rischiano di essere in sovrappeso fin da piccoli. Secondo uno studio della Società Italiana di Endocrinologia e Diabetologia, nel nord Italia è obeso il 15 per cento dei bimbi fra i 7 e i 10 anni, nel sud il 25

per cento. Ce ne sono poi molti che superano
del 40 per cento il loro peso ideale. E rischiano
di diventare adulti diabetici o ipertesi. Cosa
fare? I dietologi suggeriscono a mamme e nonne
di usare un po' di furbizia. E scegliere merende
gustose, ma che non compromettono la linea.
Come il sorbetto. Quelli confezionati hanno
circa la metà delle calorie dei gelati perché non
contengono né panna né zucchero (solo succhi,
latte magro e dolcificanti). E se lo fate in casa è
ancora meglio. Ecco la ricetta. La dose è per
quattro e ogni porzione non supera le 70 calorie.
Mescolate uno yogurt bianco, il succo di
un'arancia e di un limone, una pera, una
manciata di fragole e un cucchiaio di miele. E
mettete in freezer per un'ora.

21 According to this article, what is a concern in Italy
today?

   1 Many children eat too many snacks.
   2 Many adults are unemployed.
   3 Many children play video games for too long.
   4 Many adults travel without insurance.   21 _____

22

UN MESE DI PROVA GRATUITA

**Grandi
Scuole**

**Recupero Anni Scolastici
Divisione Scolastica CEPU**

**Un mese per conoscere Grandi Scuole,
per provare com'è facile,
veloce . . . e divertente prepararsi al diploma!**

Se sei indietro con gli studi, se devi recuperare
uno o più anni scolastici o anche se
semplicemente ci sono delle materie in cui hai
più difficoltà
Grandi Scuole ti offre la possibilità, per un
mese, di provare a studiare
gratuitamente con i suoi tutor, con un metodo
personalizzato e con tutta la flessibilità nella
scelta di giorni e orari di frequenza.

**Grandi Scuole è la scuola che volevi!
Hai un mese per provarla!
In tutte le sedi CEPU**

---

22 This advertisement would be of most interest to
students who

  1   are trying to get a driver's license
  2   need a loan for college
  3   want to learn another language
  4   need extra help with their studies

22 _____

23

La Romekeycard è la nuova carta turistica realizzata dal Comune di Roma e dall'Agenzia per il Turismo in collaborazione con ATAC, Alitalia, Maggiore, Vastours,
Sedin e Compagnie di navigazione Ponte S. Angelo.

La Card è inserita in un kit che contiene la cartina della città,
la cartina della rete dei trasporti, del materiale informativo e
la guida ai servizi commerciali convenzionati.
Il costo è di € 19,00 e l' 1% della sua vendita è donato all'Unicef.

La Romekeycard prevede i seguenti prodotti e servizi:

- un giro turistico sui bus Gran Turismo con guida plurilingue (inglese, francese, spagnolo, tedesco e giapponese);
- un carnet di 6 biglietti per il trasporto pubblico, ciascuno valido per 75 minuti.
- un viaggio in battello lungo il Tevere al prezzo scontato di € 1,00
- ingresso gratuito ai Musei Capitolini
- ingresso ridotto ai Musei Comunali;
- sconti in 100 servizi commerciali, su presentazione della carta, quali: librerie, cinema, teatri, negozi e ristoranti
- speciali ed esclusive tariffe per il noleggio di auto, moto, shuttle service e uno sconto del 30% sulle tariffe standard praticate dalla Maggiore Group

La Romekeycard è in vendita presso:

- I seguenti Punti Informativi Turistici — orario: 9.30 — 19.30: Via Minghetti — Piazza delle Cinque Lune — Via dei Fori Imperiali — Castel Sant'Angelo

23 To whom would the "Romekeycard" be most useful?

1 someone needing access to a bank account
2 someone touring the city for the first time
3 someone purchasing a large appliance
4 someone making a business investment   23 _____

24

> Vuoi una pizza a casa tua e la vuoi prima che ti
> passi la fame? E poi vuoi orari di spettacoli
> cinema di prima visione, un ristorante con
> cucina regionale, il parcheggio di taxi più
> vicino? O vuoi partire per un viaggio in aereo?
> Vuoi tutte queste cose e altro ancora nel modo
> più veloce possibile? Chiedi all'89.24.24, Pronto
> Pagine Gialle. Non serve neanche il prefisso. I
> nostri operatori ti rispondono 24 ore su 24,
> ovunque tu ti trovi. E se preferisci, ti inviano un
> messaggio direttamente sul cellulare.

24   What is this telephone number used for?

1   to request services from anywhere
2   to report emergencies
3   to order products from a shopping channel
4   to hear the weather report anytime   24 _____

25

Lo stupendo villaggio turistico, immerso nel verde
di un ampio e curatissimo parco con piante
tropicali ed agrumi, offre molti appartamenti
dotati di angolo cottura, frigorifero, telefono, patio,
stoviglie e biancheria. I vari servizi forniti includono
ristorante-pizzeria, piscine con zona bambini,
ombrelloni e sdraio, campi da tennis, di calcetto o
pallavolo, e parcheggio.

25   What is being described in this article?

1   a school for graduate students
2   a shopping center
3   a resort for travelers
4   a movie theater   25 _____

c Directions (26–30): After the following passage, there are five questions or incomplete statements in English. For *each*, choose the word or expression that best answers the question or completes the statement *according to the meaning of the passage*, and write its *number* in the space provided.   [10]

SALVIAMO L'ARTE DI FIRENZE

La Contessa Simonetta Brandolini d'Adda ha creato nel 1998 una fondazione chiamata "Amici di Firenze". Lo scopo della fondazione è di finanziare progetti di restauro di alcuni capolavori nella capitale toscana.

Che gli americani amassero l'Italia si sapeva, che preferiscono la campagna toscana anche. Ma che sarebbero diventati grandi difensori delle opere d'arte di Firenze è una piccola sorpresa. Piccola perchè, già da trent' anni sostengono una fondazione, "Salva Venezia", che si è occupata di preservare le opere d'arte e l'architettura della laguna veneziana.

Però, gli americani amano da sempre la Toscana e in un modo concreto. Cioè, hanno finanziato progetti di restauro importantissimi, come le sculture di marmo della Loggia della Piazza della Signoria, il Davide e altri capolavori.

La Contessa d'Adda ha chiesto a molte persone ricche e importanti di aiutarla con questo progetto. Allora ha incluso nomi di antiche famiglie fiorentine e altri bei nomi del mondo della cultura italiana: (Franco Zeffirelli, Piero Antinori, e Bona e Vittorio Frescobaldi.) Tra i nomi stranieri più conosciuti ci sono: Zubin Mehta, Sting, Mel Gibson e sua moglie. Sting visita Firenze molto spesso da molti anni. Lui ha una villa al sud della città. Mel Gibson e sua moglie sono sempre al Palio di Siena. I signori Gibson hanno dato ben settantamila euro per il restauro del Davide e di un quadro di cui si sono innamorati.

La contessa racconta la storia della fondazione e dice che il progetto è nato un pò per caso. Aveva pensato di chiedere aiuto a sua sorella e a suo cognato, avvocati a Washington, DC. Aveva anche pensato di chiedere ad alcuni americani che vanno spesso in Italia e sono innamorati di Firenze. Lei sapeva che avrebbero facilmente finanziato qualche restauro di prestigio in questo modo. E così è stato: un fiume di generosità. E così la stessa storia si è ripetuta con molte famiglie ricche italiane.

"Amici di Firenze" hanno dato fino ad oggi per l'arte fiorentina un milione e trecentomila euro. Una bella cifra per un gruppo di privati. Il primo restauro che hanno finanziato è stato il "Ratto delle Sabine", del Giambologna, in Piazza della Signoria, che era in cattivissimo stato. Donare cifre come quelle in dollari, non è cosa di tutti i giorni. Ma l'arte fa miracoli! Per il Davide di Michelangelo, i contributi sono stati impressionanti e velocissimi: in ventiquattro ore la contessa ha ricevuto duecentomila euro.

La contessa conclude dicendo che a Firenze ad ogni angolo c'è così tanta arte che sembra di vivere in un museo. Che abbondanza d'arte! Quello che a volte gli americani mettono in molti musei, in Italia si trova in una sola stanza. Per il governo curare tutte queste opere d'arte è difficile. Così gli americani aiutano. E gli amici americani, che chiedono in cambio di tanta generosità? Si organizzano cene nelle ville per loro e vengono periodicamente a vedere le opere d'arte in occasione delle aperture speciali dei musei. In questo modo possono ammirare i frutti della loro generosità.

26 What is the aim of the "Amici di Firenze" organization?

  1   to sell artwork in Florence
  2   to buy art at reasonable prices
  3   to teach students the importance of art
  4   to save and restore precious artwork   26 _____

27 Members of this organization are mainly

   1 government officials
   2 wealthy foreigners and Italian citizens
   3 directors of art museums
   4 collectors of Italian art   27 _____

28 How is the reaction of the people contacted best described?

   1 They were generous.
   2 They were skeptical.
   3 They were worried.
   4 They were confused.   28 _____

29 Why is it difficult for the Italian government to take care of artwork?

   1 There is a lack of interest in the artwork.
   2 The museums are too small.
   3 The museum curators are too busy.
   4 There is so much of the artwork.   29 _____

30 What do the American donors expect in return?

   1 to buy the artwork at a discount
   2 to bring the artwork to the United States
   3 to view the artwork at special openings
   4 to be able to photograph the artwork   30 _____

PART FOUR

**Write your answers to Part 4 according to the directions below.
Your answers must be written in your own words; no credit
will be given for a response that is copied or substantially the
same as material from other parts of this examination.** [16]

Directions: (31–33): Choose *two* of the three writing tasks provided
below. Write your response to the two writing tasks you have chosen.

For each question you have chosen, your answer should be written
entirely in Italian and should contain a minimum of 100 words.

Place names and brand names written in Italian count as one
word. Contractions are also counted as one word. Salutations
and closings, as well as commonly used abbreviations in Italian,
are included in the word count. Numbers, unless written as
words, and names of people are not counted as words.

You must satisfy the purpose of the task. Be sure to organize your
response and to include a beginning, middle, and ending. The
sentence structure and/or expressions used should be connected
logically and should demonstrate a wide range of vocabulary with
minimal repetition.

31 You recently visited a relative who lives in a distant city. Write a
letter to your pen pal in Italian telling him or her about the visit.
You may wish to include:

- who the relative is
- where the relative lives
- when you visited the relative
- how you traveled
- the purpose of the visit
- gifts that you brought
- activities during your visit
- how you felt about seeing your relative

32 Write a journal entry for your Italian class describing your favorite place to spend time. You may wish to include:

- when you go there
- why you like this place
- a description of the place
- how you get there
- who else goes there
- what you do while you are there
- how much time you spend there
- how you feel after you have been there

33 In Italian, write a story about the situation shown in the picture below. It must be a story relating to the picture, **not** a description of the picture. Do **not** write a dialogue.

— Gregory, *New Yorker* (adapted)

NOTE: The rubric (scoring criteria) for a Part 4 response receiving maximum credit appears below.

Regents Comprehensive Examinations in Modern Languages

Dimension	A response receiving maximum credit:
Purpose/Task	Accomplishes the task, includes many details that are clearly connected to the development of the task, but there may be minor irrelevancies.
Organization The extent to which the response exhibits direction, shape, and coherence.	Exhibits a logical and coherent sequence throughout, provides a clear sense of a beginning, middle, and end. Makes smooth transitions between ideas.
Vocabulary	Includes a wide variety of vocabulary that expands the topic, but there may be minor inaccuracies.
Structure/Conventions • Subject-verb agreement • Tense • Noun-adjective agreement • Correct word order • Spelling/diacritical marks	Demonstrates a high degree of control of Checkpoint B (Regents level) structure/conventions: • subject-verb agreement • present, past, future ideas expressed as appropriate • noun-adjective agreement • correct word order • spelling/diacritical marks (e.g., accents) Errors *do not* hinder overall comprehensibility of the passage.
Word Count	Contains 100 words or more

Answers
June 2006
Comprehensive Examination
in Italian

PART ONE

This part of the examination was evaluated prior to the date of this written examination.   [24 credits]

PART TWO

The following passages are to be read aloud to the students according to the directions given for this part at the beginning of this examination. The correct answers are given after number 15.   [30 credits]

1. You arrive at the beach in Riccione with your Italian friends. One of them says:

> Questi ombrelloni si chiamano Brezza e sono l'ultima novità per chi vuole di più da un ombrello da spiaggia che la protezione dal sole. Come vedi, hanno TV, stereo, frigo portatile, ventilatore e perfino una cassetta di sicurezza. Se ne trovano anche da voi in America?

What is your friend talking about?

2. While watching RAI International, you hear this commercial announcement:

Un vero e proprio manuale per diventare esperte in cucina in modo facile e veloce. Un vastissimo repertorio di ricette tradizionali, con illustrazioni e con le sequenze di preparazioni per i piatti meno semplici. In ogni volume troverai le ricette più tradizionali della tavola come "Pasta con fantasia", "Pizze e torte salate", "Risi e risotti", "Carni rosse", "Verdure d'autunno" e tantissime altre. Il prezzo è solo cinque euro per volume.

What is being advertised?

3. You are an exchange student in Italy. You hear your host mother talking to her neighbor. She says:

Ogni giorno, possiamo ascoltare pezzi e concerti interi di musica classica alla radio. Per esempio, dal lunedì al giovedì di mattina, tra le 9.00 e le 10.30, Radio Tre trasmette musica classica. La trasmissione si chiama *Concerto del mattino*. Il presentatore Guido Ricci presenta le musiche e dà informazioni sulla vita e le opere degli autori. Così, cominceremo il giorno con la bella musica.

When can a person listen to these concerts?

4. You are watching Italian television, and you hear this part of an interview with Renzo Piano:

Sì, è il quarto progetto che realizzo per New York. Ho già disegnato la nuova sede del NY Times, le nuove sale della Morgan Library e un campus della Columbia University. Ora sono stato scelto per pilotare l'espansione del Whitney Museum. Disegnerò un'ala dove si metterà in mostra parte della collezione permanente del museo, ma dove ci sarà anche un centro per le scuole, un auditorio e una biblioteca. Questo mio edificio sarà costruito in un'area alle spalle del museo esistente.

What is Renzo Piano's latest project?

5. While listening to the radio in Bari, Italy, you hear this announcement:

"Gazzetta Del Sud On Line" è il nuovo servizio a pagamento che mette a disposizione dei suoi lettori per la consultazione del giornale attraverso il Web. Con questo servizio sarà possibile consultare il giornale in due modi. Si può usare l'Edizione Testuale, con relativa ricerca su tutti gli articoli o l'Edizione in PDF. La ricerca potrà essere riportata sul proprio computer e stampata. Per ricevere "La Gazzetta del Sud On Line" bisogna prima riempire un modulo e selezionare una delle formule di abbonamento per sei mesi o tutto l'anno.

What is being advertised?

6. While you are in Italy, an Italian friend offers suggestions about gift buying:

I gioielli sono cose che piacciono quasi a tutti. Perché non andiamo da Luisa Mariotti? Il suo lavoro è magnifico. Ogni pezzo che fa è unico. Non esistono altri simili. Puoi trovare articoli fatti di pietre dure o vetro lavorato su fili di rame e d'argento. Fa anche delle spille interamente dipinte a mano. Non puoi sbagliare se compri una di quelle o un bracciale.

What is a special feature of this store?

7. Your friend tells you about a hotel where he recently stayed. He says:

È vicinissimo al mare ed offre ogni comodità. È modernissimo. Ha l'aria condizionata, idromassaggio, parcheggio custodito, e camere con servizi. La mia camera aveva anche TV satellite, telefono e un balcone. Il ristorante dell'albergo è famoso per le specialità marinare. A tutti piace il delizioso pesce che preparano. Si includono antipasti a buffet e c'è pensione completa per i mesi di maggio e giugno.

What is the specialty of the restaurant of this hotel?

8. You are watching Italian television and hear this advertisement for a travel agency that is promoting a trip:

Sette isole per sette giorni! È vero, una settimana in barca a vela alla scoperta delle isole Eolie. C'è la partenza ogni domenica cominciando dal 16 giugno fino al 22 settembre. Su una barca a vela, di 12 metri con 6 posti più 2 cuccette, si ferma a Lipari, si continua a viaggiare verso le spiagge nere dell'isola vulcanica Stromboli, e finalmente si visitano le isole di Panarea, Alicudi, Filicudi e Salina. Sarà un viaggio indimenticabile!

What is included in this trip?

9. You are in Italy staying with a friend. Your friend's mother says to you:

Siamo tutti così contenti della tua visita in Italia e di poter passare un po' di tempo insieme. Da quando sei arrivato, noi non facciamo altro che parlare di te; e vogliamo fare del tutto affinché tu faccia una bellissima esperienza qui in Italia con noi. Infatti io ho già organizzato una gita a Capri per il prossimo weekend. Ci divertiremo.

What did your friend's mother say to you?

10. An author is advertising his book on an Italian television talk show. He says:

Dobbiamo imparare ad usare in un modo migliore il tempo che abbiamo a nostra disposizione. Subito ritroveremo la serenità e il gusto della vita. Nel mio libro "L'arte del tempo", vi darò alcune idee che aiuteranno a conoscere il valore del tempo e vi insegnerò a trascorrerlo meglio. Vi sentirete padroni della vostra vita.

Che suggerimento ci dà l'autore?

11. You are staying in Calabria for the summer with your host family. Your host brother explains how they spend their summer evenings:

Beh, ho sentito dire che noi italiani andiamo a letto più tardi che in America. Per noi è molto importante la vita sociale fuori casa. Si cena tardi, anche dopo le nove di sera, e poi si esce con gli amici. Non rimaniamo quasi mai a casa, a guardare la tivù o stare in camera. Preferiamo andare in discoteca o vedere qualche film all'aperto sotto le stelle al parco o in piazza. E poi dato che il tempo è sempre bello, si può stare all'aperto quasi tutta la notte.

Secondo il tuo ospite, dove preferiscono passare gli italiani le loro serate estive?

12. You are in Italy. One day after class, you hear one of your classmates say to another:

Scusami, non voglio mica fare l'indiscreta, ma è da giorni che ti vedo qui a scuola, e mi sembra che tu non abbia molti amici. Dopo la lezione, te ne vai subito a casa, e la sera non vai in piazza, al caffè o al cinema. Se me lo permetti, vorrei conoscerti meglio. Perché non facciamo amicizia? Che ne dici? Andiamo al caffè dove possiamo conversare più tranquillamente.

Che suggerisce questa compagna di classe?

13. You are staying with friends in Naples and want to see as much of the city as possible. Your friend makes these suggestions:

Perché non compriamo una "Napoliartecard"? È come una carta di credito che si usa sui mezzi di trasporto pubblici, e ti permette di entrare nei musei; inoltre offre sconti in librerie, discoteche e cinema. Possiamo comprarla qui vicino. Usandola possiamo evitare le file.

Che vantaggio ha questa carta?

14. An Italian friend you met last year calls you and says:

Ciao, come stai? E come stanno tutti a casa? Senti, sono contentissimo di darti questa bella notizia. Verrò in America il mese prossimo. Ho trovato lavoro e vorrei fermarmi a casa tua per un paio di giorni prima di continuare il viaggio. A San Francisco incontrerò i rappresentanti della compagnia. Sarete a casa la prima settimana di luglio?

Perché viene in America il tuo amico?

15. You are on a tour with a group of friends in Florence. Your tour guide says:

Ieri sono stata in un ristorante fuori Milano con la mia famiglia. Il locale era piacevolissimo, la cena era superba, il conto era abbastanza giusto e il cameriere è stato molto gentile e premuroso. Tant'è vero che gli ho lasciato una buona mancia. Ritornerò di nuovo per il mio compleanno. È il ristorante più conveniente della zona.

Qual'è la reazione della guida dopo l'esperienza nel ristorante?

PART TWO

(a)
(1) 1		**(4)** 2		**(7)** 1	**(b)**	**(10)** 1		**(13)** 2
(2) 4		**(5)** 2		**(8)** 2		**(11)** 3		**(14)** 1
(3) 3		**(6)** 4		**(9)** 4		**(12)** 1		**(15)** 4

PART THREE

(a)		(b)		(c)	
(16) 1		**(21)** 1		**(26)** 4	
(17) 2		**(22)** 4		**(27)** 2	
(18) 2		**(23)** 2		**(28)** 1	
(19) 3		**(24)** 1		**(29)** 4	
(20) 1		**(25)** 3		**(30)** 3	

PART FOUR

A sample of an 8-credit response for each question in Part 4 follows:

31. Cara Francesca,

Ciao, Bella! Come stai? Come vanno le cose? E la famiglia? Tutti bene, spero.

Noi qui abbiamo appena finito l'anno scolastico, e subito dopo gli ultimi esami, sono andato con i miei genitori e mia sorella a fare una visita ai miei nonni. Loro abitano in California in un bel condominio moderno vicino al mare. La loro città si chiama San Diego; ed è veramente una bella città. In molti aspetti, sembra una città italiana; il clima è favoloso, la gente è molto simpatica, e il ritmo della vita è molto tranquillo.

È da qualche anno che non vediamo i nonni. Stanno molto bene lì in California, ma sentono nostalgia dei loro anni trascorsi qui in New York. Come regalo, gli abbiamo portato una bella selez ìone di cibi e bevande che non si trovano là. Gli è piaciuto moltissimo! Il tempo che abbiamo passato con loro, non lo dimeticherò mai.

Non vedo l'ora di ritornare da loro. Magari possiamo andare insieme uno di questi giorni. Che ne dici? Scrivimi e fammi sapere cosa ne pensi.

A Presto
Giovanni

32. Gentilissimi signori:

Mi chiamo Riccardo Cavoli e sono presidente del Circolo Italiano di Jefferson High School. Ogni anno facciamo una cena a febbraio per celebrare il Carnevale. Quest'anno siamo interessati a trascorrere la serata al vostro ristorante.

Vorremmo fare la nostra festa il 22 o ii 23 febbraio. Per cortesia potete informarci se c'è una sala libera per quelle sere? Vorremmo anche avere un menù per la cena. Di solito facciamo un buffet che consiste di pasta, pollo, vitello, verdure, patate e un dolce. Noi siamo tutti ragazzi dell'high school e quindi possiamo bere le bevande come la Coca Cola, l'aranciata, l'acqua o il caffè.

Un altra cosa che ci interessa è di avere la musica per ballare. Ci sarà un discjockey per la serata. La sala in cui mangiamo deve avere una pista da ballo.

Mandateci tutte le informazioni sulla sala, il menù e i prezzi alla nostra scuola. Vi ringraziamo in anticipo della vostra attenzione alle nostre domande.

> Cordiali saluti
> Riccardo

33.   Il signor Rossi si sta preparando per le sue vacanze. Sua moglie vuole andare a un posto dove anche i due giovani figli possono divertirsi. L'anno scorso erano andati ad Orlando in Florida a visitare "Disneyworld" e per questo motivo preferiscono andare ad un posto diverso. Il signor Rossi non sa dove andare e neanche sua moglie ha un'idea precisa. Allora lui decide di andare ad un'agenzia di viaggi per cercare aiuto. L'agente gli suggerisce certi bei posti come Roma, Parigi o Londra ma il signor Rossi le spiega che questi non sono luoghi ideali per i suoi ragazzi. L'agente suggerisce allora di andare ad un villaggio in un'isola tropicale dove tutti potranno divertirsi. Il signor Rossi considera questa una buona idea.

Examination June 2007

Comprehensive Examination in Italian

PART ONE

Your performance on Part 1, Speaking (24 credits), has been evaluated prior to the date of this written examination.

PART TWO

Answer all questions in Part 2 according to the directions for *a* and *b*. [30]

a Directions (1–9): For each question, you will hear some background information in English *once*. Then you will hear a passage in Italian *twice* and a question in English *once*. After you have heard the question, the teacher will pause while you read the question and the four suggested answers. Choose the best suggested answer and write its *number* in the space provided. Base your answer *on the content of the passage, only*. The passages that the teacher will read aloud to you are found in the ANSWERS section, Part 2, at the end of this examination. [18]

1 Why is Liliana upset?

   1 She has been ill.

   2 She argued with her mother.

   3 Her dog ran away.

   4 Her mother wants her to stay home.   1 _____

2 What does this travel agency offer?

   1 a cruise to countries in the Orient
   2 a map of a popular tourist site
   3 a slide presentation about ancient cities
   4 a trip around the world during the summer   2 _____

3 According to your host mother, why would this be of interest to her husband?

   1 He can help out on a working farm.
   2 He can swim in the sea.
   3 He can listen to music.
   4 He can learn some new recipes.   3 _____

4 In which activity does Franca need your help?

   1 a swimming contest
   2 a sculpture contest
   3 a talent show
   4 a school project   4 _____

5 Who participates in this new program?

   1 young parents
   2 audience members
   3 common people
   4 new citizens   5 _____

6 What does the designer say about her villa?

   1 It holds a lot of personal memories for her.
   2 It is furnished with items chosen by her daughter.
   3 It has a lot of expensive furnishings.
   4 It gives her inspiration for her work.   6 _____

7 What does the Airbus have to offer?

   1 lower fares
   2 fuel economy
   3 more first-class seats
   4 new technology   4 _____

8 What is the subject of this T-shirt?

   1 the celebration of a national holiday
   2 the founding of a prestigious university
   3 a popular political movement
   4 an important date in Italian art history   8 _____

9 What does Mr. Palumbo need?

   1 a restaurant reservation
   2 a school for his children
   3 hotel rooms
   4 airline tickets   9 _____

b Directions (10–15): For each question, you will hear some background information in English *once*. Then you will hear a passage in Italian *twice* and a question in Italian *once*. After you have heard the question, the teacher will pause while you read the question and the four suggested answers. Choose the best suggested answer and write its *number* in the space provided. Base your answer *on the content of the passage, only*. The passages that the teacher will read aloud to you are found in the ANSWERS section, Part 2, at the end of this examination. [12]

10 Che novità c'è sul mercato?

   1 un uovo di cioccolato solido
   2 un uovo con una sorpresa dentro
   3 un uovo cotto più grande del normale
   4 un uovo di un animale enorme   10 _____

11   Che cosa potresti fare a questo evento?

    1   mangiare la pizza
    2   giocare a calcio
    3   visitare il museo
    4   imparare a ballare   11 _____

12   Per chi è questo tipo di vacanza?

    1   per chi ama costruire le case
    2   per chi ama godersi la natura
    3   per chi ama praticare lo sci
    4   per chi ama ascoltare la musica   12 _____

13   Qual è la passione di Linus?

    1   la televisione
    2   il ciclismo
    3   la ginnastica
    4   il calcio   13 _____

14   Di che cosa tratta quest'annuncio?

    1   una competizione scolastica
    2   un programma di studio
    3   un circolo sociale a scuola
    4   un'associazione di viaggiatori   14 _____

15   Che tipo di vacanza propone l'agente di viaggi?

    1   una vacanza al mare
    2   una vacanza culturale
    3   una vacanza sportiva
    4   una vacanza in montagna   15 _____

PART THREE

Answer all questions in Part 3 according to the directions for *a, b,* **and** *c.* [30 credits]

a Directions (16–20): After the following passage, there are five questions or incomplete statements. For *each,* choose the word or expression that best answers the question or completes the statement *according to the meaning of the passage,* and write its *number* in the space provided. [10]

Campi di Volontariato in mezzo alla Natura

     Legambiente è la più grande associazione italiana per la protezione dell'ambiente. Ha più di 115.000 sostenitori, 1000 circoli locali e 3000 Bande del Cigno dentro e fuori la scuola. Legambiente gestisce direttamente o, in collaborazione con altri soggetti, 57 aree nelle quali dirige delle attività di conservazione e protezione della natura. Tra le iniziative più importanti della Legambiente è quella dell'educazione e della riscoperta delle culture locali. Più di 10.000 ettari di superficie del territorio italiano fanno parte delle aree protette e amministrate. Tra questi sono inclusi territori un tempo profondamente degradati che grazie alle iniziative della Legambiente sono stati riqualificati dall'azione e dalla partecipazione del volontariato.

     In vent'anni di attività ecologiche, Legambiente ha organizzato grandi campagne di educazione ambientale, ed in particolare ha promosso e fatto crescere la mobilitazione contro lo smog. Solo nella stagione estiva ogni anno oltre 4000 giovani e adulti si dedicano al restauro di chilometri di sentieri, alla pulizia di centinaia di spiagge, alla salvaguardia dei beni culturali e alla rimozione di rifiuti dai nostri preziosi mari. Iscrivendosi a Legambiente, i giovani possono partecipare ai campi di volontariato nei mesi estivi.

Se desiderate trascorrere una vacanza diversa dal solito, Legambiente, vi offre tante possibilità interessanti. È un'occasione per tutti coloro che desiderano fare delle attività utili in luoghi da sogno che meritano di essere salvati e per stare con altri volontari anche loro mossi dal desiderio di agire, realizzando cose importanti.

Quest'anno i campi di volontariato sono sulle isole di Favignana e Asinara oltre a Portofino, Pantelleria e Sardegna. Poi ci sono anche campi nelle isole Eolie, Ustica, Lampedusa, Capri, ed Elba. Per chi, invece, desidera mettersi alla prova all'estero, si trovano i campi di Legambiente in Nicaragua e a Cuba, oltre alla Costa d'Avorio, il Nepal, l'Ecuador, la Mongolia e l'Honduras.

Molte proposte sono rivolte ad altre attività che servono a valorizzare aree di importanza naturalistica e storico-culturale e ad offrire opportunità di sviluppo in zone economicamente depresse. La pulizia delle spiagge e dei boschi, la manutenzione del territorio, l'avvistamento e lo spegnimento degli incendi, la bonifica di piccole e grandi discariche rappresentano solo alcune delle attività che ogni giorno vedono impegnati i volontari di Legambiente: un volontariato attivo e positivo per la salvaguardia del proprio territorio, ma anche una produttiva solidarietà che raggiunge tutta l'Italia e tutto il mondo. Per diventare volontari non è necessario avere particolari abilità, ma solo per i campi internazionali è richiesta la conoscenza dell'inglese.

16 Che tipo di vacanza offre Legambiente?

  1 una vacanza per passare il tempo da soli
  2 una vacanza per salvare l'ambiente naturale
  3 una vacanza per lavorare in centri urbani
  4 una vacanza per studiare l'arte   16 _____

17 Per chi è questo tipo di vacanza?

  1 per chi vuole dare un contributo alla natura
  2 per chi vuole fare gli acquisti
  3 per chi vuole pagare poco
  4 per chi vuole dormire spesso   17 _____

18 In che stagione si svolge il lavoro nei campi di
   volontariato?

  1 primavera   3 autunno
  2 estate   4 inverno   18 _____

19 Qual è uno scopo di questo programma?

  1 fare ginnastica
  2 andare a pescare
  3 pulire le spiagge
  4 trovare nuovi amici   19 _____

20 Che cosa è necessario per alcuni campi?

  1 avere molti soldi
  2 conoscere l'inglese
  3 conoscere molte persone
  4 avere molta pazienza   20 _____

b *Directions* (21–25): Below each of the following selections, there
  is either a question or an incomplete statement. For *each*, choose
  the word or expression that best answers the question or completes
  the statement *according to the meaning of the selection*, and write
  its *number* in the space provided.   [10]

21

— L'OFFERTA ALITALIA —
PER DISNEYLAND® PARIGI?
C'È ANCORA CHI
NON CREDE AI SUOI OCCHI!

Volo diretto A/R per Parigi ✚ 3 notti ✚ 2 giorni al Parco a partire da €499!

Tutta la città ne parla! Alitalia e Disneyland® Parigi vi propongono

la più bella offerta della stagione: il volo A/R per Parigi con tutto

il comfort dei voli diretti Alitalia, 3 notti in una residenza di

montagna americana o in un altro dei favolosi mondi degli

alberghi Disney e 2 giorni di ingresso libero alle oltre 50 attrazioni

e spettacoli del Parco ad un prezzo... che supera le frontiere. E le

sorprese non finiscono qui! Per il suo 5° Anniversario, Disneyland

Parigi vi riserva alcune splendide novità: una nuova parata

con i personaggi del Gobbo di Notre Dame, un sontuoso spetta-

colo con le più belle canzoni dei film Disney e... un'atmosfera

di festa senza eguali. Magia, spettacolo, emozioni e, in più,

vi voliamo bene! Partite subito in vacanza con i vostri eroi!

Per approfittare di questa offerta e per ogni ulteriore dettaglio,

rivolgetevi al vostro agente di viaggi.

What does this travel package to Disneyland in Paris include?

1   admission to the park
2   meals and beverages
3   a souvenir family photo
4   a tour of nearby museums   21 _____

22

PORTAMI A CASA.
GRATIS.

Fermatevi. C'è un grande regalo che vi aspetta nelle stazioni Fina aderenti all'iniziativa. Ricordatelo. Dal 15 maggio al 31 luglio, con €20 di benzina per la vostra auto, subito, gratis, un magnifico bicchiere da bibita per la vostra casa. Non perdetelo. E'un bicchiere molto capiente ed elegante, dal colore blu trasparente, dal design attualissimo ed originale. Non servono punti, non servono bollini, non servono cartoline. Chiedete e vi sarà dato.

FINA

SUBITO A CASA UN BICCHIERE
OGNI €20 DI BENZINA.

What should you do in order to get a free glass?

1   purchase €20 worth of gasoline
2   purchase one glass at the regular price
3   purchase certain products to collect points
4   purchase a case of soft drinks for €20   22 _____

23

> Costruita dallo scrittore e medico svedese Axel Munthe, la Villa di San Michele è una costruzione imponente con grande libertà stilistica. La residenza raccoglie molta archeologia dall'epoca romana trovata a Capri. D'estate la Fondazione Axel Munthe offre un concerto su una bellissima terrazza con vista sul Golfo di Napoli.

Where would this information most likely be found?

1 in a medical textbook
2 in a traffic report
3 in a train schedule
4 in a tourism brochure   23 _____

24

> CONSOLATO GENERALE D'ITALIA
> DIREZIONE DIDATTICA
> 690 Park Avenue
> New York, New York 10021
>
> BOLLETTINO
> Luglio Numero 2
>
> Attività linguistico-culturali promosse e
> coordinate dal Consolato Generale
> nei tre Stati di New York, del Connecticut
> e del New Jersey
>
> Per il terzo anno sono state consegnate
> borse di studio in Italia agli studenti migliori,
> tra i 12 e i 17 anni, che fanno parte delle
> scuole e dei centri gestiti dallo IACE. I
> ragazzi sono stati premiati nel corso di una
> cerimonia presieduta dal Console Generale
> durante la quale ciascuno ha letto un brano
> della composizione richiesta per la
> partecipazione al concorso. Il programma
> prevede un soggiorno di due settimane, dal 5
> al 19 luglio, presso la Scuola Italiana di Villa
> Casanova, antica fattoria toscana del 18°
> secolo situata sulle colline lucchesi.
> L'iniziativa offre l'opportunità d'immersione
> nella lingua (giornate di studio) e nella
> cultura (escursioni e visite nei dintorni).

What were students requested to do to participate in this program?

1 submit drawings
2 send in transcripts of their grades
3 host an exchange student
4 write compositions   24 _____

25

> **FUORI CLASSE VALLECCHI**
>
> **Collana di letteratura per giovani scrittori diretta da Lidia Ravera**
>
> Se avete meno di 30 anni, se amate leggere, se vi piace scrivere, c'è per voi un
>
> **BANDO DI CONCORSO**
>
> Si tratta di scrivere un piccolo libro: 60/80 pagine, con un argomento assegnato, da sviluppare, analizzare, raccontare. È un po' come a scuola. Tema; svolgimento. Però è molto meglio: lo stile, la forma, il genere lo sceglierete voi. A scegliere la o il migliore ci sarà un comitato di redazione capitanato da me, *Lidia Ravera*. Questo è un concorso che rende omaggio allo stile, al talento nel trovare le parole giuste. I temi sono 6. I titoli verranno pubblicati ogni anno, a partire dal gennaio 2008. I testi dovranno pervenire entro e non oltre il 30 settembre 2007.

What is this advertisement about?

1 an athletic competition for teenagers
2 a contest for young writers
3 a song writing contest
4 an afterschool tutoring program   25 _____

c *Directions* (26–30): After the following passage, there are five questions or incomplete statements in English. For *each*, choose the word or expression that best answers the question or completes the statement *according to the meaning of the passage*, and write its *number* in the space provided.   [10]

Le Terme di Caracalla

I resti degli acquedotti che attraversano tante parti della campagna romana sono evidenza dell'attenzione dedicata alla distribuzione dell'acqua ai cittadini di Roma antica. Infatti, solo i ricchi avevano case dotate di acqua corrente e di bagni privati. La maggior parte dei cittadini comuni doveva però usare i bagni pubblici, anche chiamate "le terme", dove potevano lavarsi e fare la ginnastica nelle enormi palestre.

Le grandi terme dei Romani si distinguevano dalle moderne strutture sportive perché offrivano opportunità, non solamente per l'esercizio fisico, ma anche per gli interessi culturali di tutti quelli che le frequentavano. Avevano le biblioteche (di solito una biblioteca latina e una greca), degli spazi per le rappresentazioni teatrali e musicali, e delle opere d'arte. Erano proprio musei pubblici di scultura e di pittura. Tutto questo ha contribuito a fare le terme dei luoghi di divertimento per tutti i livelli della società.

Le terme erano aperte di pomeriggio, tra mezzogiorno e il tramonto. Di mattina erano chiuse per le pulizie e le operazioni preparatorie, come il riscaldamento dell'acqua e degli ambienti. Di solito gli uomini e le donne frequentavano i bagni separatamente secondo turni diversi.

Le prime terme pubbliche sono state stabilite da Agrippa a Roma vicino al Pantheon nell'anno 12. Nei secoli seguenti ne sono state costruite molte altre. Quelle di Diocleziano erano le più grandi. Le terme di

Caracalla aperte nell'anno 216 non erano le più grandi ma erano famose per la loro eleganza. Si calcola che alla loro costruzione abbiamo lavorato almeno novemila operai per cinque anni. Tra i materiali usati c'erano 252 colonne solide di marmo ed altre pietre preziose che coprivano l'intero edificio.

Per molti secoli queste terme erano considerate una delle meraviglie di Roma. Dalle seimila alle ottomila persone venivano a queste terme in un solo giorno. L'acqua arrivava dalle colline vicino Roma ed era conservata in diciotto cisterne per garantire la sua abbondanza ai clienti delle terme. Il sistema di riscaldamento consumava dieci tonnellate di legname al giorno. All'interno del complesso c'erano il *calidarium*, un' ampia sala rotonda con sette vasche per bagni caldi, il *tepidarium* con due vasche di acqua tepida, il *frigidarium* con quattro vasche di acqua fredda e poi una grande *natatio*, cioè una piscina all'aperto. Al piano superiore c'erano stanze per i massaggi terapeutici e le altre cure del corpo.

La parte termale del complesso era circondata da un giardino che dava sugli altri ambienti dedicati alla conversazione, alla lettura, alla musica e alle rappresentazioni teatrali. Al lato posteriore c'erano due biblioteche. Tutti questi ambienti erano sontuosamente decorati con pavimenti di mama di diversi colori oppure di mosaico con le pareti di marmo. Molte decorazioni erano scolpite come parte dell'architettura. Alcune delle bellissime statue che abbellivano le terme di Caracalla sono conservate nei principali musei del mondo di oggi.

Le favolose terme hanno visto la loro fine dopo tre secoli nell'anno 537 durante la guerra gotica quando, i barbari hanno distrutto gli acquedotti. Dopo molti secoli i resti delle terme hanno una nuova funzione: il teatro dell'opera di Roma presenta il suo programma musicale durante la stagione estiva. È un'esperienza

unica vedere "l'Aida" di Verdi la sera all'aperto nelle
terme di Caracalla!

26 Who used these ancient Roman "terme" or baths?

  1 Roman senators
  2 guests of the emperor
  3 the royal family
  4 the general population   26 _____

27 In addition to physical activities, the ancient Roman
baths also provided

  1 overnight lodging   3 cultural activities
  2 religious services   4 legal services   27 _____

28 Where did the water come from that flowed into
the baths?

  1 from a distant lake
  2 from hills near Rome
  3 from the nearby sea
  4 from the Tiber River   28 _____

29 In the *calidarium, tepidarium, frigidiarium,* and
natatio you would find

  1 gardens   3 libraries
  2 pools   4 kitchens   29 _____

30 According to the passage, the Baths of Caracalla are
now used as a center for

  1 musical performances
  2 trade shows
  3 a community health club
  4 a swimming complex   30 _____

PART FOUR

Write your answers to Part 4 according to the directions below. Your answers must be written in your own words; no credit will be given for a response that is copied or substantially the same as material from other parts of this examination.   [16]

Directions: (31–33): Choose *two* of the three writing tasks provided below. Write your response to the two writing tasks you have chosen.

For each question you have chosen, your answer should be written entirely in Italian and should contain a minimum of 100 words.

Place names and brand names written in Italian count as one word. Contractions are also counted as one word. Salutations and closings, as well as commonly used abbreviations in Italian, are included in the word count. Numbers, unless written as words, and names of people are not counted as words.

You must satisfy the purpose of the task. Be sure to organize your response and to include a beginning, middle, and ending. The sentence structure and/or expressions used should be connected logically and should demonstrate a wide range of vocabulary with minimal repetition.

31   The Italian-language club in your school has decided to organize a surprise birthday party for one of the Italian teachers. In Italian, write a letter to the president of the language club suggesting some ideas for the party. You may wish to include:
- the name of the teacher
- why you think that this is a good idea
- the date and time of the party
- the location of the party
- who will be invited
- refreshments
- musical entertainment
- games

32 You are going to be an exchange student in Italy next year. In Italian, write a letter to your host brother/sister introducing yourself. You may wish to include:

- information about you and your family
- information about your personal interests and hobbies
- what you would like to do and learn in Italy
- why you want to be an exchange student
- questions about the host family
- questions about the host school
- questions about what you should take with you to Italy

33 In Italian, write a story about the situation shown in the picture below. It must be a story relating to the picture, **not** a description of the picture. Do **not** write a dialogue.

— Hank Ketcham, "Dennis the Menace" (adapted)

NOTE: The rubric (scoring criteria) for a Part 4 response receiving maximum credit appears below.

Regents Comprehensive Examinations in Modern Languages

Dimension	A response receiving maximum credit:
Purpose/Task	Accomplishes the task, includes many details that are clearly connected to the development of the task, but there may be minor irrelevancies.
Organization The extent to which the response exhibits direction, shape, and coherence.	Exhibits a logical and coherent sequence throughout, provides a clear sense of a beginning, middle, and end. Makes smooth transitions between ideas.
Vocabulary	Includes a wide variety of vocabulary that expands the topic, but there may be minor inaccuracies.
Structure/Conventions • Subject-verb agreement • Tense • Noun-adjective agreement • Correct word order • Spelling/diacritical marks	Demonstrates a high degree of control of Checkpoint B (Regents level) structure/conventions: • subject-verb agreement • present, past, future ideas expressed as appropriate • noun-adjective agreement • correct word order • spelling/diacritical marks (e.g., accents) Errors *do not* hinder overall comprehensibility of the passage.
Word Count	Contains 100 words or more

Answers
June 2007

Comprehensive Examination in Italian

PART ONE

This part of the examination was evaluated prior to the date of this written examination. [24 credits]

PART TWO

The following passages are to be read aloud to the students according to the directions given for this part at the beginning of this examination. The correct answers are given after number 15. [30 credits]

1. You are staying with a host family in Palermo. A friend of the family is visiting and says:

Sono molto preoccupata per la figlia di Fausta, la più piccola, quella che si chiama Liliana. Ieri è rimasta aperta la porta di casa e il suo cagnolino è scappato. La povera bambina è disperata. Il cane non è tornato. Liliana piange dalla mattina alla sera e non vuole mangiare. La mamma non sa proprio come fare.

Why is Liliana upset?

2. While traveling in Genova, you hear this advertisement for a travel agency:

Via dall'inverno verso Oriente. Una crociera che riscopre il puro piacere di viaggiare. Tutto quello che può offrire l'Oriente sfilerà davanti ai vostri occhi. Antiche civiltà e metropoli si alterneranno in un fantastico itinerario che tocca ben venti paesi diversi. Questo fa della Grande Crociera in Estremo Oriente un avvenimento unico.

What does this travel agency offer?

3. You are staying with a family in Italy. Your host mother makes this suggestion for a family vacation:

Ho fatto le prenotazioni con l'azienda Fasani. Passeremo una settimana a Laurito, in un posto che si specializza nell'agriturismo. Possiamo visitare la città antica di Paestum, che sta lì vicino. Poi, mentre i ragazzi si divertono ad andare a cavallo, papà ed io possiamo seguire un corso di cucina regionale all'Accademia della Cucina Cilentana e Mediterranea. A lui piace imparare e creare piatti tradizionali e voi avrete il piacere eventualmente di mangiarli.

According to your host mother, why would this be of interest to her husband?

4. Your Italian friend, Franca, left this message on your answering machine:

Sono così contenta che la scuola stia per finire presto e che tu venga a trovarmi fra qualche settimana. Qui a Cervia, c'è una competizione sulla spiaggia per chi può costruire la migliore scultura di sabbia. Tu che sei tanto artistico mi potresti aiutare? Immagina che tipo di castello di sabbia possiamo fare insieme! Chissà se non vinciamo un bel premio?

In which activity does Franca need your help?

5. You are watching television and hear this information about a new program:

La nuova trasmissione di Mara Venier si occupa di quelle persone comuni che, nel corso della loro vita, hanno reso felice l'esistenza di altri grazie a un gesto di generosità. Le storie di questa gente normalissima vengono raccontate anche attraverso le testimonianze dei loro amici, aiutati da un personaggio dello spettacolo. L'intento è far diventare semplici cittadini star della TV per una sera.

Who participates in this new program?

6. You are watching Italian television and hear the famous Italian designer Laura Biagiotti discuss her villa. She says:

La mia villa di Fregene l'ho acquistata con i miei primi guadagni di stilista, quasi trent'anni fa. Questo mio rifugio marino alle porte di Roma l'ho arredato con i mobili delle altre case, con oggetti ricordo di viaggi felici in Cina, Russia ecc., e con piccole cose comprate nei negozietti. Mia figlia ha imparato a camminare sul prato della villa. Per me, dunque, questa casa è il luogo dei ricordi, ma anche la casa degli avanzi.

What does the designer say about her villa?

7. You are listening to the radio and hear this advertisement:

Recentemente alla flotta del Gruppo Alitalia è stato aggiunto l'aereo Airbus A321. È il nuovo aviogetto scelto da Alitalia per i voli tra l'Europa e il Medio Oriente. Disegnato e costruito dalla società europea Airbus, questo aereo è l'ultimo prodotto di una nuova generazione a tecnologia avanzata. Nel corso dell'anno entreranno in servizio altri 4 nuovi aerei.

What does the Airbus have to offer?

8. You notice the T-shirt of an exchange student from Italy. The exchange student says:

Ti piace? Anche a me. È diventata la mia preferita. L'ho ottenuta in occasione del cinquecentesimo anniversario del David di Michelangelo. È stato un periodo qui a Firenze, di mostre, concerti e fuochi d'artificio per festeggiare la presentazione al pubblico, 500 anni fa, della statua che è forse la più famosa scultura di Michelangelo.

What is the subject of this T-shirt?

9. You are sightseeing in Rome and overhear a man talking on his cell phone. He says:

Buon giorno! Sono il signor Palumbo, Giuseppe, e sono appena arrivato qui a Roma con la mia famiglia. Resteremo per diversi giorni ed ho bisogno di due camere con doccia per tre giorni a cominciare da oggi. Siamo in quattro: mia moglie e due ragazzi. Saremo di partenza sabato mattina.

What does Mr. Palumbo need?

10. Your friend in Italy is explaining to you a new product on the Italian market. He says:

Sono sicuro che ti interesserebbe questo nuovo tipo di uovo. Lo chiamano "uovo lungo" perché è infatti lungo 40 centimetri. È un semplice uovo di gallina che viene venduto cotto e che poi si taglia a fette come un salame; per fare tramezzini, in insalate, sulle pizze, ecc. La ditta Ovopel l'ha messo sul mercato. La lunghezza viene ottenuta cuocendo separatamente il bianco e il rosso dell'uovo che poi viene reinserito nel bianco. Ecco il nuovo uovo sodo gigante!

Che novità c'è sul mercato?

11. You are listening to the radio and you hear this announcement:

Preferite la classica margherita o volete provarne una più elaborata? Per tre giorni al Palazzo dello Sport di Salsomaggiore potrete assaggiare centinaia di pizze. L'occasione è la settima edizione del Campionato del mondo della pizza. Più di 200 professionisti arrivano per conquistare titoli gastronomici o di abilità. Godersi lo spettacolo e assaggiare non costa niente. Buon appetito!

Che cosa potresti fare a questo evento?

12. You are listening to Italian radio and hear this promotion:

Estate in montagna per chi ama fare lunghe passeggiate nei boschi stare a diretto contatto con la natura e praticare anche attività sportive del tennis e del nuoto. Residence Hotels di Trento propone un soggiorno presso il residence a Madonna di Campiglio. I soggiorni in appartamenti con una o più camere da letto, bagno, e cucinino durano una o più settimane. Sono previste settimane del bambino con sconti per ragazzi in determinati periodi.

Per chi è questo tipo di vacanza?

13. You are listening to Linus, a popular Italian disc jockey. He says:

I miei genitori sono meridionali ed io sono nato a Foligno, che si trova in Umbria, vicino a Perugia. Mio padre era uno sfrenato tifoso della Juventus, la squadra calcistica più amata dai meridionali e così anch'io condivido la sua grande passione. Guardo sempre le partite di pallone e sono appassionato anche di Formula 1.

Qual è la passione di Linus?

14. You are watching Italian television and hear this announcement:

Attenzione ragazzi! Iscrivetevi al Touring Club per i giovani! È un servizio per i ragazzi dai 14 ai 20 anni di età che apre ampie possibilità di viaggiare in Italia. Il club vi offre le informazioni turistiche, un centro di documentazione, l'organizzazione dei viaggi e anche gli sconti negli alberghi e nei ristoranti in tutta la penisola.

Di che cosa tratta quest'annuncio?

15. You and your friend are in Taranto with a travel agent discussing a vacation. The travel agent says:

Se avete voglia di una vacanza all'insegna della cultura, l'Archeoclub di Licata propone un tipo di turismo che permette di partecipare ad una ricerca archeologica. Se decidete di partecipare a questo tipo di vacanza, potete anche seguire seminari sull'arte e la cultura della Sicilia, o potete partecipare ad escursioni e a tante altre attività.

Che tipo di vacanza propone l'agente di viaggi?

PART TWO

(a)	(1) 3	(4) 2	(7) 4	(b)	(10) 3	(13) 4
	(2) 1	(5) 3	(8) 4		(11) 1	(14) 4
	(3) 4	(6) 1	(9) 3		(12) 2	(15) 2

PART THREE

(a)	(16) 2	(b)	(21) 1	(c)	(26) 4
	(17) 1		(22) 1		(27) 3
	(18) 2		(23) 4		(28) 2
	(19) 3		(24) 4		(29) 2
	(20) 2		(25) 2		(30) 1

PART FOUR

A sample of an 8-credit response for each question in Part 4 follows:

31. Cara Francesca,

Sai che sta per arrivare il compleanno del signor Scarpa, il nostro professore d'italiano? Il suo collega me l'ha detto ieri alla riunione del club d'italiano. Dovremmo fare qualcosa veramente di speciale per lui perché ben lo merita: È sempre cosi generoso con noi, ci aiuta con la lingua, ci accompagna in tutte le nostre gite scolastiche, ecc., ecc. E poi a chi non piace fare festa?

Dato che tu sei la presidentessa del club quest'anno, tocca a te organizzare qualche festa o attività per festeggiare il compleanno del professore. Ma io ben so che tu hai molte altre cose da fare, quindi ti vorrei offrire una mano, cioè un po' di aiuto, nelle preparazioni.

La festa la possiamo fare venerdì pomeriggio, lo stesso giorno del suo compleanno, al ristorante di mio padre. Inviteremo tutti i soci del club, i suoi colleghi ed anche la sua famiglia. Mio padre potrà preparare un bel pranzo all'italiana, ma non costerà molto. E poi tu ed io penseremo al programma: la cerimonia, la musica, qualche gioco, ecc.

Che ne pensi? Fammelo sapere subito perché non c'è tempo da perdere.

                               Con affetto,
                               Giovanni

32. Cara Sara,

Mi chiamo Anna e sono di Syracuse, New York. Ho sedici anni e frequento il liceo dove studio molte materie accademi che come la storia, la matematica, le scienze ed anche l'italiano. A parte l'italiano, la mia materia preferita è l'arte – mi piace molto disegnare e pitturare. Tutti mi dicono che sono brava, ma io so bene che ho moltissimo ancora da imparare. Così, ho deciso di venire in Italia; il paese puì famoso e puì ricco d'arte dove oltre ad imparare posso anche ammirare le opere d'arte dei più celebri artisti italiani. Non sai quanto sono felice di aver fatto questa scelta!

E tu, cosa studi? Com'è la tua scuola? Quali sono i tuoi passatempi preferiti? Hai fratelli e sorelle? Io ho solo un fratello. Ha dieci anni e al momento pensa soltanto a giocare calcio.

Che tempo fa lì? D'inverno c'è molta neve? Ho bisogno degli stivali? Ho tantissime altre domande, ma te le chiederò di presenza.

A presto,
Ciao! Anna

33.   È lunedì, una bella giornata di sole e Dennis deve andare a scuola. Questa mattina lui ha un esame di matematica ma non ha studiato. Allora, lui inventa una storia sul suo Cagnolino, Nico. Appena entra in aula racconta alla maestra che il suo cane l'ha seguito fino a scuola nonostante le sue continue richieste di ritornare a casa. Adesso Nico è proprio lì fuori l'edificio e il povero cagnolino non può rimanere lì tutto il giorno. È necessario che Dennis l'accompagni a casa e non sa se è gli possibile ritornare a scuola in tempo per l'esame di matematica. Ne è veramente dispiaciuto, ma non sa che altro fare!

NOTES